陰陽五行思惟體系論

陰陽五行思惟體系論

1판 1쇄 / 2005. 2. 25.
1판 2쇄 / 2005. 4. 1.
1판 3쇄 / 2015. 7. 31.
1판 4쇄 / 2022. 11. 21.

저　　자 / 魯炳漢
발 행 인 / 이 창 식
발 행 처 / 안암문화사
등　　록 / 1978. 5. 24. 제2-565호
　　　　　135-200서울시 강남구 자곡로 230
　　　　　　　　　포레APT 311동 807호
　　　　　전화 (02)2238-0491
　　　　　Fax (02)2252-4334
　　　　　E-mail anam2008@naver.com

Copyright© 2005 by An Am Publishing Co.
Printed in Seoul, Korea.

ISBN 89-7235-031-1 03150

陰陽五行思惟體系論

東方大學院大學校 敎授

魯 炳 漢 博士 著

圖書出版 **안암문화사**

▌著者 魯 炳 漢 博士▌

· 1954年 甲午生 / 全南 咸平産
· 實學研究家-陰陽五行學/風水學/天命四柱學/遁甲學 等

經 歷
· 檀國大學校 行政學博士
· 러시아科學아카데미 極東研究所 政治學博士
· 慶州觀光開發公社 監事
· (社)建設機械安全技術研究院 院長
· 高速道路管理公團 監事
· 檀國大·明知大·瑞一大 等 外來教授
· 서울市公務員教育院 招聘教授
· 京畿大學校 兼任教授
· 〔現〕(社)玄門風水地理學會 企劃擔當常任理事
· 〔現〕巨林家宅風水研究所長
· 〔現〕東方大學院大學校 民俗文化學科(風水環境專攻) 敎授

主要著書
· 巨林家宅風水學(2003년 知訣堂)
· 陰陽五行思惟體系論(2005년 안암문화사)
· 巨林天命四柱學〔上卷·下卷〕(2005년 안암문화사)
· 巨林明堂風水學 (2005년 7월 出刊豫定 안암문화사)

序　文

　　동방의 思惟方法(사유방법)에 있어서 가장 중심을 이루는 음양오행을 모르고서는 동방을 이해할 수가 없다. 동방의 다양한 학문과 문화적인 유산들은 음양오행이라는 패러다임을 바탕으로 형성되어 왔다. 天文地理人事(천문지리인사)를 이해하려는 학문적인 접근방법은 천문학·역경학·육효학·역점학·육임학·기문둔갑학·풍수학·사주학·관상학·무속신명학·주천행공학 등 다양하다.

　　동방학문의 출발점은 천문이고 그 다음이 지리와 인사인데 이들은 自然律(자연율)과 밀접한 상관성을 가지고 있다고 보고서 출발하였다. 이렇게 자연의 질서를 알고자함은 바로 시간과 공간의 왕래하는 질서를 알고자함이다. 그래서 동방사유체계가 궁구하는 천문지리인사는 時空學問(시공학문)이라고 할 수 있을 것이다.

　　우주는 太極體(태극체)이며 그 이면에는 時空이 음양으로 맞물려 있다. 宇(우)는 공간을 뜻하고 宙(주)는 시간을 뜻하는데 이들은 각각 확장과 수축운동을 하고 있다. 이렇게 시간과 공간이 합쳐져서 태극을 이루고 있는 대우주에는 헤아릴 수 없이 무수한 소우주들이 존재하고 있다. 크고 작은 소우주들은 제각기 태극을 이루면서 대우주의 품속에서 살아가고 있는 것이다.

　　인간에게 있어서 이성의 발달은 변함없는 질서를 제공하는 하늘에 존재하는 천문의 별들을 관찰하면서 가능해졌다고 할 수 있겠다. 별들은 시간과 공간의 의미를 내포하며 지상에서 일어나는 모든 변화의 근원이 되기 때문일 것이다.

이러한 日月星辰(일월성신) 별들의 질서가 인간생활의 전반적인 규범이 될 수 있다는 사실을 깨닫는 데에는 많은 세월이 요구됐다. 그리고 별들의 질서는 神의 뜻으로 숭배되고 그 뜻은 聖人(성인)에 의해서 세상에 펼쳐진다고 믿게 된 것이다.

하늘에는 두 개의 축이 있는데 첫째는 하늘의 모든 붙박이별들이 중심으로 받드는 北極星軸(地球自轉軸)이고, 둘째는 28宿를 돌아가는 七曜星中心軸(太陽界軸)이다. 우리 인간은 日月星辰의 운행법칙을 이해할 필요가 있다.

日月은 천문도상에서 약간씩 다른 위치에서 매년 12번을 만난다. 이렇게 日月이 만나는 자리를 평균잡은 후에 하늘을 12區域으로 나누고서 이를 12辰이라고 부르게된 것이다. 즉 12라는 숫자는 1년에 태양과 달이 12번 만나는 것에서 생겨난 것이다.

달은 태양과 만나는 한주기 동안 자신의 모습을 다양하게 바꾸면서 지상에 영향을 주고 있는 것이다. 즉 절대적인 것은 달이 갖고 있는 引力(인력)을 통하여 해양의 조수간만의 변화를 주관하고 있다. 그리고 달은 지상의 陰形(음형)에 절대적인 영향을 미치기 때문에 12地支는 지상의 동서남북을 표시할 경우에 반드시 사용하게 되는 것이다. 地支라는 명칭이 생겨난 것도 바로 이러한 이유에서인 것이다.

　지구의 어느 장소에 있건 삼라만상은 일월성신에 의해서 영향을 받는다. 지상에 영향을 주는 기본적인 에너지의 파장들은 수 많은 恒星(항성)들에 있다. 이러한 붙박이 별이라는 經星(경성)을 대표하는 것이 바로 태양길의 가로수로 비유되는 고정된 28宿인 것이다.

　그러나 하늘의 태양길을 떠돌아 다니는 떠돌이 별인 緯星(위성)이 지상에 가장 큰 영향을 미치는 에너지의 파장을 쏟아내고 있다. 즉 七曜星(칠요성)인 日月(陰陽)과 五星(木火土金水)에서 쏟아져 내려오는 에너지의 파장이 지상에 가장 큰 영향을 미치고 있는 것이다.

　태양(日)은 태양의 光線을 통해서 운반되는 熱氣를 가지고서 晝夜(주야)라는 陽氣의 변화를 주도하고 있다. 그리고 달(月)은 引力(인력)이라는 힘을 통해서 陰形(음형)의 변화를 주도하고 있는 것이다. 그러나 日月에는 미치지는 못하지만 日月외에 가장 큰 에너지의 파장으로 지상의 변화를 주도하는 별들이 바로 五緯星인 木火土金水인 것이다.

　이러한 五星은 나름대로 자신들의 주기를 가지고 자율적으로 28宿

의 태양길을 걸어서 이동해 가는 것이다. 이렇게 五緯星이 이동하면서 발생시키는 에너지의 파장으로 지상에 형성된 존재들이 바로 木火土金水라고 부르는 다섯가지의 원소이고 五行인 것이다. 이렇게 日月이 陰陽을 낳았고 五緯星이 五行을 낳은 것이다.

음양은 만유에 내재된 존재의 질서이다. 음양오행은 둥근 원이다. 시간속에서 음양은 서로 마주보고서 둥근 원속을 서로가 서로의 꼬리를 물고서 연속하는데 서로 상대적인 성질과 특징을 가지고 있는 것이다.

음양이 낳고 또 낳는 생성의 원리를 易이라 하고, 그 象數의 이치를 연구하여 미래를 앎이 占이라 하며, 음양변화의 불가사의함을 神이라 한다. 운명은 참으로 불가사의하다. 그래서 이 알기 어려운 자연율과 인사와 관련한 운명을 아는 사람을 선지자라고 하는 것이다.

周易은 생명의 발생과 소멸에 관한 논리이다. 그래서 음양오행은 自然의 논리이고 生命現象의 논리라고 할 수 있는 것이다. 無極이 太極을 낳고 태극은 음양을 이룬다. 無極·太極·皇極은 동방사유체계의 시작이자 끝이라고 할 것이다.

무극은 하늘을 대표하고·태극은 땅을 대표하며·황극은 인간을 대표한다. 이것이 동방인이 가지고 있는 陰陽五行과 天地人三才原理

(천지인삼재원리)의 인식체계인 것이다. 이렇게 三極說은 동방의 사유체계가 가지고 있는 人本主義(인본주의)의 표상이라고 할 수 있음인 것이다.

끝으로 본서의 출간에 심혈을 기울여 주신 안암문화사 이창식 사장님께 진심으로 감사를 드립니다. 그리고 본서의 출간에 있어서 新安建設産業(株) 會長 禹炅仙(辛巳生)님의 物心兩面의 支援과 격려가 큰 힘이 되었음을 밝히면서 이에 진심으로 감사드립니다.

2005년 正初
慧林軒에서 巨林 魯 炳 漢

目　　次

序 文 …… 5

第1編 東方의 思惟體系

第1章 東方思惟體系의 槪觀 …… 29

第1節 三敎三學의 思惟體系 …… 29
第2節 三才原理의 思惟體系 …… 30
　　1. 三才原理의 意義 …… 30
　　2. 三才原理의 本質 …… 32

第2章 東方思惟體系의 學問構造 …… 35

第1節 天文地理人事의 統合觀察法 …… 36
　　1. 陰陽學的 觀察法 …… 36
　　2. 五行學的 觀察法 …… 38
第2節 天文地理人事의 部門觀察法 …… 38
　　1. 易經學的 觀察法 …… 38
　　2. 象數學的 觀察法 …… 39

3. 風水學的 觀察法 …… 40
  1) 風水學的 觀察法의 意義 …… 40
  2) 風水學的 觀察法의 類型 …… 42
4. 天命學的 觀察法 …… 44
  1) 運命豫測術의 意義 …… 44
  2) 運命豫測術의 類型 …… 45
5. 人相學的 觀察法 …… 50
6. 姓名學的 觀察法 …… 50

第2編 陰陽五行의 思惟體系

第1章 宇宙天文圖와 三極說 …… 55

第1節 宇宙天文圖의 理解 …… 55
1. 宇宙의 槪觀 …… 55
2. 宇宙의 圓形과 太極體 …… 56
3. 天文圖의 理解 …… 57
4. 태양길 皇道의 28宿 街路樹 …… 59
第2節 三極說의 本質 …… 64
1. 無極의 意義 …… 64
2. 太極의 意義 …… 65
3. 皇極의 意義 …… 67

第2章 陰陽觀 …… 68

第1節 陰陽學의 本質探索 …… 70

1. 天地創造의 基本原理 …… 70

2. 北極星은 宇宙의 母體 …… 71

3. 三生萬物 …… 72

4. 陰水는 萬物의 種子 …… 76

5. 陰水의 造化力 …… 77

6. 水는 物質·火는 陽氣의 根本 …… 78

7. 水는 收斂·火는 擴散 …… 79

8. 血과 氣 …… 81

9. 天陰陽氣體와 地陰陽形體 …… 83

第2節 陰陽法則－周易原理 …… 84

1. 天垂象·數·卦·易 …… 84

2. 周易의 意義와 原理 …… 86

　1) 周易의 意義 …… 86

　2) 周易과 豫言 …… 87

　3) 周易을 읽으면 運命이 보인다? …… 88

　4) 陰陽·八卦·六爻의 理解 …… 88

　5) 周易經文－易經의 總體 …… 89

3. 乾爲天(☰)과 坤爲地(☷)의 實相 …… 92

　1) 乾爲天(☰)의 實相 …… 92

　2) 坤爲地(☷)의 實相 …… 93

4. 河圖의 相生原理와 天地體制 …… 94

　1) 河圖의 相生原理 …… 94

　2) 河圖의 數字－生數와 成數 …… 96

　　(1) 天五行－生數(陽) …… 96

　　(2) 太極五行－土의 基本數(陰陽의 子宮) …… 97

　　(3) 地五行－成數(陰) …… 97

　　(4) 河圖의 天地體制 …… 99

5. 洛書의 相剋原理와 火水體制 …… 100

　　1) 洛書의 相剋原理 …… 101

　　2) 洛書는 國家創造者 …… 103

　　3) 洛書의 水火體制 …… 104

6. 周易上의 河圖와 洛書 …… 106

　　1) 周易上의 河圖 …… 106

　　2) 周易上의 洛書 …… 107

7. 天地陰陽의 交流와 表裏 …… 108

　　1) 春夏秋冬의 調和 …… 108

　　2) 天地陰陽의 交流 …… 111

　　3) 天地陰陽의 表裏 …… 112

　　4) 陰陽의 大聖賢 邵康節 …… 115

8. 陰陽五行의 發生 …… 115

第3章　陰陽五行觀 …… 117

第1節　陰陽의 胎動과 意義 …… 118

1. 陰陽의 胎動 …… 118

2. 陰陽의 特性 …… 119

　　1) 陰陽의 相對性原理 …… 119

　　2) 陰陽의 一源性·同時性原理 …… 119

　　3) 陰陽의 力動性原理 …… 120

第2節　五行의 胎動과 意義 …… 120

1. 五行思想의 胎動 …… 120

2. 五行의 意義 …… 121

　　1) 生長化收藏의 法則 …… 122

　　2) 物化 …… 123

3. 五行의 適用 …… 123

4. 洪範五行 …… 125

第3節 五行各論의 性情 …… 126

1. 木論 …… 126

1) 曲直仁壽 …… 127

2) 木은 五行의 主體 …… 127

3) 明堂은 木이 創造 …… 129

2. 火論 …… 130

1) 火는 水의 燃燒作用 …… 130

2) 慾望과 水의 質量은 正比例關係 …… 131

3) 불꽃을 피우는 심지는 木 …… 132

3. 土論 …… 133

1) 土는 萬物의 子宮 …… 134

2) 土는 水火結合의 子宮 …… 135

3) 土의 天性은 同化 …… 136

4) 土의 生氣는 水 …… 137

5) 生者의 明堂 …… 138

6) 土의 陰陽論難 …… 139

4. 金論 …… 141

1) 金은 火의 所生 …… 142

2) 金의 食事는 火(酸素) …… 142

5. 水論 …… 143

1) 水는 萬物의 젖줄 …… 144

2) 水玄武는 盜賊의 代名詞 …… 145

3) 水는 終末化身과 精神原動力 …… 147

4) 精神力과 持久力은 水의 質量에 正比例 …… 150

5) 水土關係는 虛則同志 旺則敵軍 …… 151

16

6) 水의 質量과 人性 …… 152

　(1) 北方人(旺水)－사냥꾼 …… 153

　(2) 西方人(金生水)－장사꾼 …… 153

　(3) 東方人(木)－농사꾼 …… 154

　(4) 南方人(火)－종교인 …… 155

　(5) 中央人(土)－調整者 …… 156

第4節　五行의 生剋制化中和論 …… 157

1. 五行相生法則－相扶相助秩序 …… 157

　1) 木生火와 火生木 …… 158

　2) 火生土와 土生火 …… 159

　3) 土生金과 金生土 …… 160

　4) 金生水와 水生金 …… 161

　5) 水生木과 木生水 …… 162

2. 五行相剋法則－戰爭秩序 …… 163

　1) 五行相剋의 本質 …… 163

　2) 木의 相剋…土·金 …… 165

　　(1) 木剋土 …… 165

　　(2) 金剋木과 木剋金 …… 165

　3) 火의 相剋…金·水 …… 166

　　(1) 火剋金과 火剋水 …… 166

　　(2) 水剋火와 金剋火 …… 166

　4) 土의 相剋…水·木 …… 167

　　(1) 木剋土 …… 167

　　(2) 土剋木과 土剋水와 水剋土 …… 167

　5) 金의 相剋…木·火 …… 168

　　(1) 金剋木과 木剋金 …… 168

　　(2) 火剋金과 金剋火 …… 169

6) 水의 相剋 … 火·土 …… 170

(1) 水剋火와 火剋水 …… 170

(2) 土剋水와 水剋土 …… 171

3. 五行相制·相化·中和法則 …… 173

1) 五行相制法則 …… 173

2) 五行相化法則 …… 174

3) 五行中和法則 …… 174

4. 物質五行과 運氣五行 …… 175

1) 一日의 天地運氣五行 …… 176

2) 一年의 天地運氣五行 …… 177

第3編　天干地支의 思惟體系

第1章　天干地支의 構成體系 …… 185

第1節　天干地支의 意義 …… 185

第2節　六十甲子의 構成 …… 187

1. 六十甲子의 構成 …… 187

2. 六十甲子와 納音五行算出 …… 187

第2章　十天干의 性情과 變化 …… 193

第1節　十天干性情의 解說 …… 196

1. 甲乙木의 性情 …… 196

1) 甲木의 性情 …… 198

2) 乙木의 性情 …… 200

  2. 丙丁火의 性情 …… 201
    1) 丙火의 性情 …… 203
    2) 丁火의 性情 …… 205
  3. 戊己土의 性情 …… 206
    1) 戊土의 性情 …… 207
    2) 己土의 性情 …… 209
  4. 庚辛金의 性情 …… 211
    1) 庚金의 性情 …… 213
    2) 辛金의 性情 …… 215
  5. 壬癸水의 性情 …… 216
    1) 壬水의 性情 …… 218
    2) 癸水의 性情 …… 220

第2節 天干合의 五行變化 …… 221
  1. 天干合의 意義 …… 221
    1) 天干合의 一般的인 意義 …… 221
    2) 天干合 化五行의 天氣觀察法 …… 223
  2. 甲己合化의 土論 …… 225
    1) 甲己合化 土論의 一般的인 意義 …… 225
    2) 甲己合土 化五行의 天氣觀察法 …… 227
      (1) 甲年의 戊土運氣 …… 227
      (2) 己年의 己土運氣 …… 228
  3. 乙庚合化의 金論 …… 229
    1) 乙庚合化 金論의 一般的인 意義 …… 229
    2) 乙庚合金 化五行의 天氣觀察法 …… 230
      (1) 乙年의 辛金運氣 …… 231
      (2) 庚年의 庚金運氣 …… 231
  4. 丙辛合化의 水論 …… 232

1) 丙辛合化 水論의 一般的인 意義 …… 232
　　　　2) 丙辛合水 化五行의 天氣觀察法 …… 233
　　　　　(1) 丙年의 壬水運氣 …… 234
　　　　　(2) 辛年의 癸水運氣 …… 234
　　5. 丁壬合化의 木論 …… 235
　　　　1) 丁壬合化 木論의 一般的인 意義 …… 235
　　　　2) 丁壬合 化五行의 天氣觀察法 …… 236
　　　　　(1) 丁年의 乙木運氣 …… 236
　　　　　(2) 壬年의 甲木運氣 …… 237
　　6. 戊癸合化의 火論 …… 237
　　　　1) 戊癸合化 火論의 一般的인 意義 …… 237
　　　　2) 戊癸合火 化五行의 天氣觀察法 …… 239
　　　　　(1) 戊年의 丙火運氣 …… 239
　　　　　(2) 癸年의 丁火運氣 …… 240

第3章 十二地支의 性情과 變化 …… 242

第1節 十二地支性情의 解說 …… 242
第2節 十二地支의 性情 …… 244
　　1. 寅卯木의 性情 …… 244
　　　　1) 寅木(生木)의 性情 …… 246
　　　　2) 卯木(死木)의 性情 …… 247
　　2. 巳午火의 性情 …… 247
　　　　1) 巳火의 性情 …… 249
　　　　2) 午火의 性情 …… 249
　　3. 申酉金의 性情 …… 249
　　　　1) 申金의 性情 …… 251

2) 酉金의 性情 …… 251

4. 亥子水의 性情 …… 251

　　1) 亥水의 性情 …… 252

　　2) 子水(死水)의 性情 …… 253

5. 辰戌丑未土의 性情 …… 253

　　1) 辰土의 性情 …… 256

　　2) 戌土의 性情 …… 256

　　3) 丑土의 性情 …… 257

　　4) 未土의 性情 …… 257

第3節　12地支의 節氣·三陽三陰論 …… 258

1. 12地支의 方位와 節氣 …… 258

　　1) 12地支의 方位와 時刻 …… 258

　　2) 12地支와 節氣 …… 260

2. 12地支의 三陽三陰論 …… 264

　　1) 三陽三陰의 意義 …… 264

　　2) 巳의 純陽論 …… 266

　　3) 亥의 純陰論 …… 267

　　4) 三陰三陽 亥子丑의 北方水 …… 269

　　　(1) 亥의 厥陰 …… 271

　　　(2) 子의 少陰 …… 271

　　　(3) 丑의 太陰 …… 274

　　5) 三陽三陰－寅卯辰의 東方木 …… 274

　　　(1) 寅申의 少陽相火 …… 275

　　　(2) 卯酉의 陽明燥金 …… 276

　　　(3) 辰戌의 太陽寒水 …… 276

　　　　① 辰戌의 性情 …… 277

　　　　② 辰戌의 利害關係 …… 277

6) 三陽三陰과 人體 …… 278

7) 三陽三陰의 造化 …… 280

3. 12地支는 陰陽의 里程標·時間表 …… 281

第4節 12地支와 12運星論 …… 283

1. 十二運星의 意味 …… 283

2. 十二運星吉凶解說 …… 286

1) 絶運星(개방의 별) …… 286

2) 胎運星(태아·부활의 별) …… 288

3) 養運星(분리·상속·양자의 별) …… 290

4) 長生運星(아기별) …… 291

5) 沐浴運星(목욕의 별) …… 293

6) 冠帶運星(성장기의 별) …… 295

7) 建祿運星(벼슬과 독립의 별) …… 298

8) 帝旺運星(무르익은 인생의 별) …… 300

9) 衰運星(노인의 별) …… 302

10) 病運星(환자의 별) …… 304

11) 死運星(청산의 별) …… 306

12) 墓運星(경제의 별) …… 308

3. 12運星의 表裏 …… 309

第5節 地支合의 五行變化 …… 311

1. 地支의 方合·三合·半合 …… 313

1) 地支方合의 意義와 五行變化 …… 313

2) 地支3合의 意義와 五行變化 …… 314

(1) 地支三合의 意義 …… 314

(2) 三合은 利害打算集團 …… 316

(3) 三合은 同一目的의 集團 …… 318

(4) 三合의 性情과 運質 …… 319

3) 地支半合의 意義와 五行變化 …… 319
　　2. 地支6合의 意義와 類型 …… 320
　　　1) 地支6合의 意義와 五行變化 …… 320
　　　2) 地支6合의 類型別 特性 …… 322
　　　　(1) 午未合不變 …… 322
　　　　(2) 子丑合土 …… 323
　　　　(3) 寅亥合木 …… 323
　　　　(4) 卯戌合火 …… 323
　　　　(5) 辰酉合金 …… 324
　　　　(6) 巳申合水 …… 324

第6節 地支冲의 性情과 體用論 …… 325
　1. 12地支冲의 性情 …… 325
　2. 體用論 …… 329
　　1) 節氣體用의 原理 …… 329
　　2) 木金體用의 原理 …… 331
　　3) 水火體用의 原理 …… 332
　　4) 天命四柱上 體用의 原理 …… 334
　　　(1) 天命四柱上의 體 …… 334
　　　(2) 天命四柱上의 用 …… 334

第4章　地藏干의 綜合觀察法 …… 338

第1節　地藏干의 意義 …… 338
第2節　地藏干構成의 觀察法 …… 340
　1. 地藏干의 方局觀察法 …… 341
　2. 地藏干의 三合觀察法 …… 341
　　1) 寅午戌三合의 地藏干觀察 …… 343

2) 亥卯未三合의 地藏干觀察 ······ 343

3) 申子辰三合의 地藏干觀察 ······ 344

4) 巳酉丑三合의 地藏干觀察 ······ 344

3. 地藏干의 戊己土觀察法 ······ 345

第3節 餘氣·正氣·中氣의 形成法則 ······ 345

1. 正氣와 餘氣形成의 法則 ······ 346

2. 中氣形成의 法則 ······ 347

第4節 地藏干의 力量과 早見表 ······ 348

1. 地藏干 探索理由와 力量 ······ 348

2. 地藏干의 綜合早見表 ······ 349

表 目 次

〈表 1-1〉 三教三學의 分類 …… 30

〈表 1-2〉 三學과 天地人三才의 比較 …… 32

〈表 1-3〉 天地人三才의 性情 …… 33

〈表 1-4〉 東方思惟體系의 學問構造 …… 36

〈表 1-5〉 28宿의 性情分類 …… 61

〈表 2-1〉 體用變論－幻魂動覺早見表 …… 69

〈표 2-2〉 天地創造의 基本原理 …… 70

〈表 2-3〉 三生萬物의 誕生過程 …… 72

〈表 2-4〉 陰陽配置의 易經總體 …… 91

〈表 2-5〉 易經의 卦名 …… 92

〈表 2-6〉 龍馬등에 表記된 方位別 陰陽五行의 配置 …… 98

〈表 2-7〉 陰陽의 體用 …… 119

〈表 2-8〉 生長化收藏法則의 性情 …… 123

〈表 2-9〉 書經의 洪範五行 …… 125

〈表 2-10〉 木과 他五行의 相關性 …… 128

〈表 2-11〉 五行의 左旋循環相生 …… 157

〈表 2-12〉 五行의 右旋循環相剋 …… 164

〈表 2-13〉 五行의 時間·方位·節氣 …… 176

〈表 2-14〉 五行의 一般歸類表 I …… 179

〈表 2-15〉 五行의 人體配屬歸類表Ⅱ …… 180
〈表 2-16〉 方位別 色配屬歸類表Ⅲ …… 181
〈表 2-17〉 五行의 其他配屬歸類表Ⅳ …… 181
〈表 2-18〉 五行의 姓氏配屬歸類表Ⅴ …… 182

〈表 3-1〉 六十甲子의 構成 …… 187
〈表 3-2〉 天干의 別數 …… 188
〈表 3-3〉 地支의 別數 …… 188
〈表 3-4〉 五行五音과 生數壯數老數 …… 188
〈表 3-5〉 天干地支와 八卦配屬 …… 189
〈表 3-6〉 六十甲子와 納音五行配屬 …… 190
〈表 3-7〉 六十甲子와 納音五行算出 …… 191
〈表 3-8〉 十天干의 陰陽五行分類 …… 194
〈表 3-9〉 天干合의 類型 …… 223
〈表 3-10〉 化五行과 氣候分析 …… 225
〈表 3-11〉 甲己化土論의 性情 …… 226
〈表 3-12〉 乙庚化金論의 性情 …… 229
〈表 3-13〉 丙辛化水論의 性情 …… 233
〈表 3-14〉 丁壬化木論의 性情 …… 235
〈表 3-15〉 戊癸化火論의 性情 …… 238
〈表 3-16〉 十二地支의 構成體系 …… 242
〈表 3-17〉 甲乙寅卯木의 性情比較 …… 246
〈表 3-18〉 土의 四肢五體인 辰戌丑未土의 發生과 存在 …… 254
〈表 3-19〉 土의 陰陽分析法 …… 255
〈表 3-20〉 辰戌丑未土의 一般的인 性情 …… 256
〈表 3-21〉 12地支와 時刻 …… 259
〈表 3-22〉 24節氣의 早見表 …… 262

〈表 3-23〉 三陰三陽-亥子丑北方水의 體用 …… 271

〈表 3-24〉 少陰君火 子水의 性情 …… 272

〈表 3-25〉 三陽三陰-寅卯辰東方木의 體用 …… 275

〈表 3-26〉 人體自律神經의 陰陽五行 …… 279

〈表 3-27〉 四象과 寒熱燥濕 …… 279

〈表 3-28〉 木火金水와 人體關係 …… 280

〈表 3-29〉 12地支의 陰陽質量表 …… 282

〈表 3-30〉 12地支中 壬水生涯와 12運星 …… 283

〈表 3-31〉 十二運星의 測定早見表 …… 284

〈表 3-32〉 十二運星과 性情 …… 285

〈表 3-33〉 方位節氣와 十二運星 …… 310

〈表 3-34〉 自然地理的인 方合의 構成 …… 313

〈表 3-35〉 地支三合의 構成體系 …… 314

〈表 3-36〉 方合과 三合의 特性比較 …… 317

〈表 3-37〉 三合·半合·得權三合의 比較表 …… 318

〈表 3-38〉 地支6合의 構成體系 …… 320

〈表 3-39〉 12地支冲은 天生緣分 …… 327

〈表 3-40〉 冲은 12地盤中 對角線位置 …… 328

〈表 3-41〉 體用의 性情比較 …… 336

〈表 3-42〉 金木水火體用의 相生法則 …… 337

〈表 3-43〉 方局別 地藏干體系 …… 342

〈表 3-44〉 地藏干形成法則 …… 346

〈表 3-45〉 巳中地藏干 戊庚丙의
　　　　　 陰陽力量과 期間算法 …… 348

〈表 3-46〉 地藏干의 綜合早見表 …… 350

〈表 3-47〉 地藏干配屬의 12命盤 …… 350

第1編
東方의 思惟體系

第1章 東方思惟體系의 槪觀

　　第1節　三敎三學의 思惟體系

　　第2節　三才原理의 思惟體系

第2章 東方思惟體系의 學問構造

　　第1節　天文地理人事의 統合觀察法

　　第2節　天文地理人事의 部門觀察法

第1章 東方思惟體系의 槪觀

第1節 三敎三學의 思惟體系

동방세계와 동방문화를 구성한 동양인들의 思惟體系(사유체계)는 三敎三學(삼교삼학)으로 요약될 수 있다. 우선 사유체계란 時空間的(시공간적)으로 다양하게 존재하는 自然現象(자연현상)·社會現狀(사회현상)·人間行態(인간행태)의 일정한 秩序(질서)에 대한 觀察方法(관찰방법)이라고 할 수 있다.

이렇게 시공간적으로 다양하게 존재하는 자연현상·사회현상·인간행태를 파악하는 哲學的(철학적)·科學的(과학적)인 知識體系(지식체계)로써 동방의 사유체계는 서양인들의 사유체계와는 많이 다르다. 그래서 동방의 사유체계로써 철학적인 三敎와 과학적인 三學이 구성하고 있는 지식체계를 요약정리하여 보면 다음과 같이 정리될 수 있을 것이다.

이와같은 동양인들의 사유체계속에서 형성되고 확립된 동양인들의 철학적 지식체계인 儒彿仙思想(유불선사상)을 三敎(삼교)라고 규정할 수 있을 것이다. 한편 동양인들은 이러한 三敎라는 철학적인 지식체계를 구체적으로 뒷받침 하기 위하여 다양한 실천적인 학문체계를 발전시켜 왔다. 이러한 과학적인 학문체계인 陰陽五行思想

〈表 1-1〉 三教三學의 分類

三教-哲學		儒佛仙思想	基督思想
三學-科學	陰陽學	陰陽道-陰陽의 싸이클 天地人의 動態把握	天文學 占星學
	五行學	陰陽正配와 不配 相生-相剋-相制-中和論	物理學 化學-生化學
	風水學	形勢論(相學)-秩序와 矛盾 理氣論(氣學)-氣暈	地理氣象學 立地論

(음양오행사상)을 三學(삼학)이라 규정해도 무방할 것이다.

　동양의 善知識(선지식)들께서는 동방의 사유체계로써 三學을 보배로운 학문이라는 의미에서 寶學(보학)이라 불러왔다. 이는 三學의 학문적 경지가 神의 경지에 까지 이르렀음으로 또한 神의 學問으로도 불리우는 것이다. 이러한 三學의 중심을 형성하고 있는 것이 三才原理(삼재원리)이므로 이에 대하여 심도있는 究明(구명)이 필요하다고 할 수 있을 것이다.

第2節 三才原理의 思惟體系

1. 三才原理의 意義

　앞에서 동방의 사유체계로써 과학적인 학문체계인 陰陽五行思想(음양오행사상)을 三學(삼학)이라고 규정하였다. 한편 三學을 寶學(보학)으로써 神의 學問이라고 정의한 바 있다. 여기에서 언급하는 神(신)이란 陰陽變化(음양변화)의 不可思議(불가사의)함을 의미한다. 그리고 三學의 중심을 형성하는 원리가 天地人(천지인)의 三才原理(삼재원리)이다.

　동방의 사유체계는 天文(천문)·地理(지리)·人事(인사)의 三位(삼위)를 공통으로 하여 自然觀(자연관)·世界觀(세계관)·人生觀(인생관)의 흐름을 觀念的(관념적)이면서도 體系的(체계적)으로 관찰을 하고 있다.

　또한 동방의 사유체계는 天地人合一論(천지인합일론)의 입장에서 첫째 天文觀察法(천문관찰법)으로써 陰陽學(음양학)과 五行學(오행학)을 둘째 地理觀察法(지리관찰법)으로써 風水學(풍수학)을 셋째 人事觀察法(인사관찰법)으로써 天命四柱學(천명사주학)의 結合을 통해서 그 학문적인 성과를 이룩하였다고 할 수 있을 것이다. 이러한 三才原理는 天文研究(천문연구)·自然現象研究(자연현상연구)·社會現象研究(사회현상연구)·人間行態研究(인간행태연구) 등을 함에 있어서 그 학문적인 의의가 대단히 큰 것이다.

　즉 동방의 사유체계는 인간이 大自然(대자연)과 더불어 살아가는 지혜를 발견하는 天地人三合(천지인삼합)의 法道(법도)에 그 근간을 두고서 精神科學(정신과학)으로써 체계화되어 온 것이다.

　이렇게 삼재원리는 모든 학문의 근간이 되는 기초학문이자 종합학문으로서의 체계를 가지고 있는 것이다. 그러므로 陰陽學(음양학)·五行學(오행학)·風水學(풍수학)·天命四柱學(천명사주학)을 바르게 규명하여 현대사회의 제분야에 올바르게 適用할 수 있어야만 하는 것이다.

　이렇게 되었을 경우에 비로소 21세기를 선도할 수 있는 올바른 宇宙觀(우주관)·自然觀(자연관)·社會像(사회상)·人間像(인간상) 등을 실현해 나갈 수 있다고 하는 점을 간과해서는 안된다. 三學과

天地人三才의 관련성을 요약하여 정리하여 보면 다음과 같다.

〈表 1-2〉三學과 天地人 三才의 比較

天	天氣	天文	陰陽學	天-動態把握	三光(日月星辰)-三台星 九星/12運星/28宿星/72運星
地	地氣	地理	風水學	地-動態把握	山相/地相/家相/水相/樹木相
人	人氣	人事	天命學	人-動態把握	天命/人相/骨相/觀相

2. 三才原理의 本質

자연·사회·인간 등의 제현상을 陰陽五行學的(음양오행학)으로 관찰하고 분석함에 있어서 동원되는 필수적인 도구가 바로 天地人(천지인)의 三才(삼재)인 것이다. 즉 三才란 天地人을 말하는데 첫째 天(천)은 天干(천간)이고 둘째 地(지)는 地支(지지)이며 셋째 人(인)은 地藏干(지장간)을 뜻하는 것이다.

그리고 天은 天元(천원)·地는 地元(지원)·人은 人元(인원)이라고도 한다. 여기에서 天은 天干으로써 하늘의 동태를 관찰해서 보는 도구이고, 地는 地支로써 땅의 동태를 관찰해서 보는 도구이며, 人은 地藏干으로써 사람의 인사천명과 사람들의 동태를 관찰해서 보는 도구인 것이다.

하늘(天)이라는 우주공간, 즉 大氣(대기)중의 天氣運(천기운)들이 하늘의 根幹(근간)을 이룬다고 하여 天干이라고 부른다. 이러한 天干을 구성하는 요소는 甲·乙·丙·丁·戊·己·庚·辛·壬·癸의 10개의 기호로 나타내고 있다.

한편 땅(地)이라는 지구, 즉 地中(지중)의 地氣運(지기운)들이 땅

의 枝根(지근)을 이룬다고 하여 地支라고 부른다. 이러한 地支를 구
성하는 요소는 子·丑·寅·卯·辰·巳·午·未·申·酉·戌·亥의 12개의 기
호로 나타내고 있다. 그리고 사람(人)은 하늘과 땅의 사이인 天地間
(천지간)에서 生長衰卒(생장쇠졸)하므로 地藏干(지장간), 즉 地支
속에 暗藏(암장)되어 있는 天氣인 天干들로 구성된다.

예컨대 현대과학에서 물질을 구성하는 모든 元素(원소)들에 각각
의 원소기호와 번호를 부여하여 물질구성의 특징과 성정을 종합적
으로 관찰하고 응용하고 있는데 이러한 것이 바로 天地人의 三才原
理에 기초한 것이라고 해도 과언은 아닐 것이다. 따라서 이러한 三
才原理의 天地人이 갖는 각각의 性情을 비교하여 정리하여 볼 필요
가 있는 것이다.

<표 1-3> 天地人三才의 性情

天(10天干)	地(12地支)	人(地藏干)
圓形/虛/風伯/眞	方形/粗/雨事/美	角形/同體/雲事/善
天時/時期/時間	地理/場所/空間	人和/努力/人間
心理/統治權	物理/領土	生理/國民
造化神/造物主/完成	敎化神/稼穡	治化神/修身齊家
本性/精子/陽電子	本命/卵子/陰電子	精神/胎子/中性子
智/智慧/精神力	德/組織力	力/活動力/思惟力
宇宙觀	世界觀	人生觀
上半身	下半身	內臟/心象
道德/道倫	信仰/愛倫	倫理/禮倫
祭祀/崇尙	經濟	政治/敎育
司法	行政	立法

위에서 살펴보았듯이 陰陽五行學(음양오행학)과 三才原理(삼재
원리)에 따르면 모든 自然現象·社會現象·人間行態들은 同時性原理
(동시성원리)·相互性原理(상호성원리)·相對性原理(상대성원리)가
함께 존재하고 있음인 것이다. 그래서 현대과학의 시조라고 할 수
있는 아인슈타인의 相對性原理(상대성원리)도 이러한 陰陽學(음양
학)의 三段論法(삼단논법)에 기초하고 있음을 엿볼 수가 있는 것
이다.

第2章 東方思惟體系의 學問構造

　동방사상을 中心으로 하는 동방사유체계의 人間學硏究(인간학연구)에서는 天文·地理·人事의 三位를 공통으로 하는 사상속에서 관념적이고 체계적인 세계관의 흐름을 관찰한다. 그래서 天地人合一思想(천지인합일사상)에 입각한 陰陽學(음양학)·五行學(오행학)·風水學(풍수학)·天命四柱學(천명사주학) 등의 易學(역학)적인 조명과 결합을 통해서 天文·地理·人事 등 宇宙·自然·人間을 연구하는 학문적인 이론과 응용방법 등을 구체적으로 제시하고 있는 것이다.

　동방의 사유체계는 天地人(천지인)을 관찰하고 분석함에 있어서 天地人을 綜合的(종합적)으로 접근하는 統合觀察法(통합관찰법)과 天地人을 部門的(부문적)으로 접근하는 部門觀察法(부문관찰법)으로 나뉘어진다. 즉 天文地理人事(천문지리인사)에 대한 통합관찰접근법에는 陰陽學(음양학)·五行學(오행학)·理氣學(이기학)이라는 지식체계를 갖추고 있다.

　그리고 천문지리인사에 대한 부문관찰접근법에는 첫째 天文觀察法(천문관찰법)으로써 易經學(역경학)·象數學(상수학)이 있고, 둘째 地理觀察法(지리관찰법)으로써 風水學(풍수학)·形相學(형상학)이 있으며, 셋째 人事觀察法(인사관찰법)으로써 天命四柱學(천명사주학)·人相學(인상학)의 지식체계를 갖추고 있다고 크게 분류할 수 있을 것이다.

즉 동방의 사유체계가 이와같은 지식체계를 통해서 天文硏究(천문연구)·自然現象硏究(자연현상연구)·社會現象硏究(사회현상연구)·人間行態硏究(인간행태연구) 등을 해나가기 때문에 종합학문이면서도 동시에 모든 학문의 기초를 이루는 기초학문이라고 할 수 있는 것이다. 이러한 동방사유체계의 학문구조를 요약하여 보면 다음의 표와 같이 정리될 수 있는 것이다.

〈表 1-4〉 東方思惟體系의 學問構造

統合觀察法	天地人三才	部門觀察法
陰陽學 五行學 理氣學	天文硏究	易經學·象數學
	地理硏究	風水學·形相學
	人事硏究	天命學·人相學

第1節 天文 地理 人事의 統合觀察法

1. 陰陽學的 觀察法

陰陽學(음양학)에서 대표되는 易經(역경)은 천지자연의 正律(정률)을 陰陽의 원리로 표현한 經典(경전)이다. 이러한 易經에 내재된 自然法(자연법)의 調和的(조화적)인 원리를 체득하고 아울러 인간이 심신수양을 통해 바람직한 인간상과 사회상을 정립하는데 易經學(역경학), 즉 음양학의 근본 목적이 있는 것이다.

즉 易經은 모든 학문의 근간이 되는 기초학문이자 종합학문으로서의 체계를 가지고 있다고 할 수 있다. 그러므로 易經에 내재된 自然律(자연율)의 체득을 통하여 현대학문의 모든 분야에 이를 적용·발전시킴으로써 현대와 미래의 인류사회에 기여할 수 있는 새로운 학문과 이론을 제시할 수 있도록 하고자 함에 이 학문이 갖는 의의가 있는 것이다.

음양학, 즉 역경학의 연구가 모든 학문과 기술분야에 긍정적이고 창의적인 대반전의 영향을 줄 수 있다는 판단하에서 본다면 기초학문으로써 그 의의는 매우 크다고 할 수 있을 것이다. 첫째 인류의 역사와 더불어 온 易經의 陰陽原理(음양원리)를 역사문화적으로 접근하여 그 사회적인 가치를 살펴보는 易經의 역사문화적인 학문체계를 우선적으로 생각해 볼 수 있다. 둘째 易經에 내재된 自然原理(자연원리)를 현대사회의 모든 분야에 적용하고 분석하는 易經의 자연원리적인 학문체계의 재구성도 생각해 볼 수 있다. 셋째 현대학문체계의 다양한 분야에서 적용하고 응용하여 창조적이고 획기적인 연구성과들을 일구어내는 일이다.

즉 自然科學(자연과학 : 數學·物理學·天文學·遺傳工學)과 社會科學(사회과학 : 法學·政治學·行政學·經濟學·社會學·心理學) 그리고 人體科學(인체과학 : 醫學·韓醫學·自然醫學) 등에 易經의 自然律(자연율)인 陰陽原理를 적용함으로써 현대학문의 서구의존성에서 탈피할 수 있다는 점이다. 이렇게 하여 易經의 陰陽原理에 바탕한 현대 응용과학적인 독창적인 이론을 제시하는 등 새로운 학문체계를 수립하는데 동방의 사유체계가 갖는 그 의의가 장차 매우 크다고 할 수 있을 것이다.

2. 五行學的 觀察法

五行學(Theory of Five Elements)은 동양적인 세계관의 요체적인 내용이다. 이러한 음양오행학은 전통적으로 고건축·서법·음악·미술·한의학·풍수학·명리학·성리학 등 거의 모든 분야에서 적용되고 응용되었던 동방사유체계에서 핵심적으로 활용된 논리이다. 그리고 21세기의 현대의 많은 학문분야 특히 자연과학의 첨단분야에서 학문적인 유효성을 입증해 가면서 활용의 폭이 더욱 커지고 있음이 현실이다.

이러한 오행학에는 數五行(수오행)·音五行(음오행)·字源五行(자원오행)·納音五行(납음오행)·化氣五行(화기오행)·方位五行(방위오행)·八卦五行(팔괘오행)·洪範五行(홍범오행)·雙山五行(쌍산오행)·星宿五行(성수오행)·小玄空五行(소현공오행)·大玄空五行(대현공오행)·九星五行(구성오행)·八門五行(팔문오행)·二十八宿五行(28수오행)·斗首五行(두수오행) 등을 대표적으로 들 수가 있다.

第2節 天文 地理 人事의 部門觀察法

1. 易經學的 觀察法

天文人事(천문인사)에 대한 부문적인 관찰법으로써 易經學(The I-Ching Theory)의 기본원리는 天地人의 三合(삼합)으로 表象(표상)된다. 역경학은 易經에 내재되어 있는 自然律(자연율)을 활용하여 天文現象·自然現象·地理空間·社會現象·人間行態 등의 변화를 분석하고 예측하는 학문이다. 따라서 역경원리의 과학적·사회적·인성적인 이해와 연구가 필요한 것이다.

그러므로 역경의 자연율을 정치학·사회학·경제학·법학·행정학 등 다양한 현대의 사회과학에, 나아가서 천문학·지리기상학·수학·물리학·화학·생명의학·공학 등 다양한 현대의 자연과학에 적용하여 이 시대가 필요로 요구하는 창조적이고 발전된 이론을 모색할 필요성이 강조되는 것이다.

2. 象數學的 觀察法

天文人事(천문인사)의 관찰법으로써 象數學(상수학)은 卦爻(괘효)·先天數(선천수)·後天數(후천수)·數五行(수오행)·十天干(10천간)·十二地支(12지지)·梅花易數(매화역수)·河洛理數(하락이수) 등의 象數(상수)를 활용하여 특정한 事件(사건)과 事案(사안)에 대해서 분석하고 예측하는 시스템을 가지고 있는 이론이다.

이렇게 상수학적으로 자연현상·사회현상·인간행태들을 관찰하는 방법에는 卜筮學(복서학)·易占學(역점학)·六爻學(육효학) 등이 있다. 즉 복서학·역점학·육효학은 象數(상수)가 갖는 爻辭(효사)의 理致(이치)를 분석하여 특정한 事件의 經過(경과)와 成敗(성패)를 분석하는 예측학문이라고 할 수 있다. 그러므로 易占(역점)의 의미를 볼때 易(역)이 陰陽이 낳고 또 낳는 生成의 원리를 말하는 것이라고 한다면 占(점)은 象數(상수)의 이치를 꿰뚫어서 미래를 분석하는 방법이라고 말할 수 있는 것이다.

易學(역학)의 이론이 등장한 이후 가장 오랜 역사를 지닌 분야가 바로 복서학이라고 할 수 있을 것이다. 易의 始原(시원)이 되는 것

이 八卦(팔괘)인데 팔괘에는 先天八卦(선천팔괘)와 後天八卦(후천
팔괘)가 있다.

복서학은 3개의 효(爻)로 이루어진 소성괘, 즉 기본괘가 2개씩 어
울려서 이루어지는 대성괘(大成卦)를 가지고서 事案別(사안별)로
成敗(성패)와 吉凶(길흉)을 예측하도록 되어 있기 때문에 占(점)이
라는 卜字(복자)와 占(점)이라는 筮字(서자)를 사용하여 卜筮學(복
서학) 또는 六爻學(육효학)이라고도 일컫는 것이다.

한편 상수학의 일종으로 河洛理數(하락이수)가 있는데 이는 선천
팔괘인 河圖(하도)와 후천팔괘인 洛書에 등장하는 易數(역수)에 대
한 이치의 분석을 통해서 사안별로 길흉과 흥망을 가늠하도록 되어
있는 학문이다.

또한 이러한 복서학의 일종으로써 梅花易數(매화역수)가 있다.
이 梅花易數(매화역수)는 易學(역학)의 聖人(성인)으로 불리운 宋
代(송대)의 소강절 선생(昭康節先生)에 의해서 창안되고 발전된 역
점학의 이론이다. 매화역수의 본질은 卦(괘)를 친 다음에 占을 치는
논리로 육효학이 한단계 업그레이드되어 발전된 형태라 할 수 있는
데 16가지의 事案別(사안별)로 길흉과 흥망성쇠를 분석하는 豫測方
式(예측방식)이 제시되었는데 그 신통함이 귀신도 머리를 숙일 수
준이었다.

3. 風水學的 觀察法

1) 風水學的 觀察法의 意義

地理人事(지리인사)에 대한 관찰법으로써 風水學(풍수학)은 땅에

관한 학문이다. 즉 땅의 이치를 기술하는 학문으로써 지리적인 사고
가 발전된 특정한 논리체계인 것이다. 이러한 풍수사상은 동방의 사
유체계중에서 매우 크게 영향력을 행사하고 있는 것 중의 하나이다.

사람은 누구나 살아서는 쾌적한 住宅(주택)을, 죽어서는 쾌적한
幽宅(유택)을 가지고 싶어하는 욕망을 가지고 있다. 이렇게 居住空
間(거주공간)과 관련된 住宅風水學(주택풍수학)과 傳統喪葬禮(전
통상장례)와 관련된 墓地風水學(묘지풍수학) 등 明堂風水學(명당풍
수학)은 地理(지리)라는 媒體(매체)를 통해서 인간과 자연의 쾌적
한 조화를 모색하려는 학문이다.

즉 풍수학은 쾌적한 空間配置(공간배치)와 空間處理(공간처리)에
대한 지혜와 슬기를 담고 있는 동방의 사유체계인 것이다. 따라서
풍수적인 사유체계를 기본 바탕으로 국토계획·도시계획·지역개발
계획·토지이용계획·단지계획·공원계획·건축설계·조경설계·실내공
간인테리어·부동산개발계획·부동산중개업무 등에 활용한다면 보다
더 자연친화적이고 합리적이며 창조적인 공간활용의 능력을 발휘할
수 있게 되는 것이다. 그래서 풍수학은 인간과 자연환경의 관계재설
정을 통한 조화로운 국토공간·도시공간·주거공간 등의 효과적인 구
성과 관리에 대한 바람직한 비전제시를 할 수 있음에 그 의의가 큰
것이다.

한편 종교적인 측면에서 불교의 密敎(밀교)에서는 만다라를 세우
고 도량을 세울 경우에는 반드시 그 方位(방위)와 條件(조건) 등을
살펴서 위치와 장소를 정하라는 擇地法(택지법)에 대해서 언급하고
있다.

예컨대 法輪(법륜)이 常轉(상전)하기를 기원하는 法用(법용)으로
地氣를 다스리는 법을 裨補思想(비보사상)이라고 하는데 吉地(길

지)나 勝地(승지)를 택하는 법이 밀교의 택지법인 것이다. 이러한 택지법에는 觀地相法(관지상법)·觀地質法(관지질법)·治地法(치지법) 등이 있다.

2) 風水學的 觀察法의 類型

地理人事(지리인사)에 대한 관찰방법으로써 地氣(지기)의 관찰을 통해서 땅의 동태를 파악하는 방법으로는 形勢風水法(형세풍수법)과 理氣風水法(이기풍수법)의 두가지 방법이 있다.

첫째 형세풍수법은 形勢(형세)의 相學的(상학적)인 측면을 중시하는 形勢論的(형세론적)인 풍수법이다. 즉 形勢風水法(형세풍수법)은 事物의 모양새인 象(상)·相(상)으로써 現狀(현상)과 未來를 판단하는 분석방법이기 때문에 山相(산상)·地相(지상)·家相(가상)·水相(수상)·樹木相(수목상) 등의 形勢(형세)와 形相(형상)에 의해서 그 秩序(질서)와 矛盾(모순)을 발견한 후에 인간과 자연이 調和를 이루도록 찾아가는 풍수법이다.

둘째 理氣風水法(이기풍수법)은 氣學的(기학적)인 측면을 중시하는 理氣論的(이기론적)인 풍수법이다. 즉 理氣風水法(이기풍수법)은 天地人(천지인)의 氣暈(기훈)을 살펴서 그 地氣와 관련된 인간의 吉凶現狀(길흉현상)과 미래를 판단하는 분석방법인 것이다.

한편 地理를 관찰함에 지리의 공간적인 규모나 사용의 용도·역할 등에 따라서 그 분석논리와 분석방법이 달라질 수 있다.

그 대표적인 유형으로는 首都都邑風水學(수도도읍풍수학)·大統領宮宮宅風水學(대통령궁궁택풍수학)·明堂風水學(명당풍수학)·墓地風水學(묘지풍수학)·家宅風水學(가택풍수학)·室內風水學(실내풍수학) 등을 들 수가 있을 것이다.

첫째 국가 전체의 지리적 공간적인 측면에서 관찰하는 首都都邑風水學(수도도읍풍수학)과 大統領宮宮宅風水學(대통령궁궁택풍수학)을 생각할 수 있다. 즉 수도도읍풍수학과 대통령궁궁택풍수학은 國家(국가)·歷史(역사)·國運(국운)·國家統治者(국가통치자)와 관련한 현재와 미래에 영향을 주는 요인들을 분석하고 판별하는 종합적인 풍수법이다.

국토의 공간상에서 首都都邑(수도도읍)의 地形地勢(지형지세)와 大統領宮宮宅(대통령궁궁택)의 宮宅相(궁택상)이 어떠하느냐에 따라서 그 나라의 國運(국운)이 좌우됨을 논리적으로 설명하는 풍수법이다.

한 국가의 興亡盛衰(흥망성쇠)는 國運(국운)에 의해서 좌우가 된다. 그리고 그 나라의 國運은 國民性(국민성)이 어떻게 형성되느냐에 의해서 결정되는데 이러한 國民性은 특정한 지리적 공간상에서 생활하면서 형성되는 국민들의 心性(심성)인 것이다.

둘째 제한된 지리적 공간적인 측면에서 관찰하는 墓地風水學(묘지풍수학)과 家宅風水學(가택풍수학)은 家門運(가문운)과 居住者家庭運(거주자가정운)의 吉凶禍福(길흉화복)을 분석하고 판별하는 풍수법이다. 즉 묘지풍수학은 家門에 있어서 後孫(후손)들의 運을 좌우하는 지리이론으로 가문의 현재와 미래를 가늠하는 풍수법이다. 그리고 가택풍수학은 생활자·거주자의 가정과 가족 구성원들의 運의 현재진행과 미래의 길흉을 분석하고 판별하는 풍수법인 것이다.

셋째 建築空間(건축공간)의 室內(실내)적인 측면에서 관찰하는 풍수법으로는 室內風水學(실내풍수학)을 생각할 수 있다. 실내풍수학은 건축물의 內部空間(내부공간)에 있어서 陰陽五行學的(음양오

행학적)·易學的(역학적)·氣學的(기학적)인 공간배치와 공간활용을
분석하고 생활에 적용하는 풍수법이다. 예컨대 서양에서 대중적으
로 유행하는 BTB(Black Hat Tantric Buddhist)라는 탄트라밀
교의 흑모파 풍수이론도 이러한 실내풍수학의 한 일종인 것이다.

4. 天命學的 觀察法

1) 運命豫測術의 意義

人事(인사), 즉 人間行態(인간행태)에 대한 부문적인 관찰법으로
써 동방의 사유체계는 運命豫測術(운명예측술)이다. 생명력은 陰氣
(음기)가 아닌 陽氣(양기)에서 태어난다. 그러나 陰氣(음기)는 凝結
(응결)되어서 大地를 이루고 생명이 자라나는 滋養分(자양분)이 되
는 것이다. 生卒(생졸), 즉 태어남과 죽음을 天命(천명)이라고 하는
데 天命(천명)은 바꿀 수 없는 것이다.

佛敎의 율장에 보면 출가 수행자는 점을 치면 안된다는 계율이 있
다. 그러나 불교가 전승되어 오는 과정에서 運命(운명)과 豫言(예
언)을 인정하는 여러가지의 證據(증거)들이 있다. 첫째 증거로 붓다
가 태어났을 때 아시타 선인이 나타나서 아기의 觀相(관상)을 보고
서 미래에 붓다가 될 것을 예언했다는 점이다. 둘째 증거는 붓다가
자신이 개창한 불교에 언젠가 말법시대가 올 것이라고 직접 예언했
다는 점이다. 셋째 증거로 붓다 자신이 앞으로 미래불인 미륵불이
나타나리라고 예언한 점을 그 증거로 들 수 있는 것이다.

宇宙(우주)도 壽命(수명)이 있고 太陽系(태양계)도 수명이 있다.
NASA는 우주의 나이를 120억년으로 공식 발표했다. 그리고 생물

체로서 인간은 물리적·화학적인 생활의 세계 속에서 '죽음은 生物
有機體(생물유기체)의 發生(발생)과 衰滅(쇠멸)을 뜻할 뿐'이라는
법칙의 지배를 받으며 살고 있다고 하였다. 그렇다면 물리적·화학적
·생화학적·열역학적 법칙이 삶과 죽음을 결정짓는 운명인가? 이러
한 주장이 타당하다고 한다면 생명을 연구하는 학자들은 모두가 운
명을 연구한다고 해도 옳은 것인가? 그렇다면 科學者(과학자)는 모
두가 豫言者(예언자)가 아닌가? 과학이란 예언을 하는 학문이 아닌
가? 예컨대 경제학은 과거와 현재의 경제현상을 관찰하고 이러한
수치적인 데이터자료들을 분석한 뒤에 앞으로 일어날 경제현상을
예측하려 한다. 이렇게 경제학도 미래의 경제현상을 예측하려는 목
적을 가지고 있다. 그렇다면 경제학도 예언의 학문인가?

   노벨 경제학상을 수상한 새뮤앨슨 교수도 1994년에 한 언론과의
인터뷰에서 경제학이란 예언자가 되려는 학문이라고 언급한 것을
우리들은 기억하고 있다. 이렇게 예언이란 반드시 일어날 일을 미리
예측하여 말하는 것이다. 그러나 예언의 적중에 대한 느낌은 주관적
이며 과학적인 검증이 불가능한 문제인 것이다. 즉 예언의 적중여부
는 그 때가 되기 전에는 확인할 수 없다는 것이다. 그리고 행과 불행
을 예언한 말을 듣고서 애써 노력하여 미래의 행과 불행을 성취했거
나 피했다고 하자, 노력하지 않았을 경우의 적중여부는 알 수 없다
는 점이다.

2) 運命豫測術의 類型

   人事(인사)에 대한 관찰법으로써 天命四柱學(천명사주학)은 胞胎
(포태)나 出生(출생)의 年月日時(년월일시)를 그 판단기준으로 하

여 사람의 過去事(과거사)·現在事(현재사)·未來事(미래사)를 살피
는 인간운명과 관련된 예측방법인 것이다.

　이렇게 人事(인사)와 관련된 제반사항들을 분석하고 예측하려는
동방의 사유체계에는 四柱命理學(사주명리학)·算命術(산명술)·紫
微斗數法(자미두수법)·土亭秘訣(토정비결)·黃極策數(황극책수)·黃
帝內經五運六氣(황제내경오운육기)·六壬學(육임학)·奇門遁甲學(기
문둔갑학) 등을 대표적인 유형으로 들 수 있을 것이다.

　첫째 四柱命理學(사주명리학 : Ming-Li Theory)은 일명 四柱八
字學(사주팔자학)이라고도 하는데 이는 인간의 出生年月日時를 주
요 판단근거로 한다. 사주명리학의 분석방법은 地支를 天干으로 置
換(치환)하여 분석하는 방식으로, 즉 地藏干(지장간)을 정확히 살피
는 방법이라고 할 수 있을 것이다.

　오늘날과 같은 命理學(명리학)이 자리를 잡게 된 것은 宋代의 李
虛中(이허중)으로부터 시작되었다고 할 수 있다. 예컨대 당(唐)나라
때부터 인간의 운명에 대한 길흉화복을 측정해볼 수 있는 분석방법
으로 唐四柱(당사주)라는 것이 전해 내려오기는 하였지만 이러한
분석법은 日柱(일주)를 위주로 하는 宋代 이후의 命理學이 아닌 당
사자의 띠(出生年)를 起點(기점)으로 하여 年月日時를 차례로 짚어
나가면서 내용을 살피는 것이기 때문에 오늘날의 명리학과는 많은
차이를 보이는 학문이라고 할 수 있다.

　따라서 易學에 포함되어 있는 여러가지의 운명학 장르중에서 대
종을 이루는 것이 복서학과 명리학이라고 할 수 있다. 그런데 복서
학은 卦(괘)에 나타나는 상(象)과 효(爻)에 의해 事案(사안)에 대한
길흉과 성패를 판단하는 것으로 당면사에 대한 내용을 살피는 短視

的(단시적)인 학문이라고 한다면, 사주명리학은 당사자가 지니고 태어나는 생년월일시에 의해서 길흉화복을 판별하여 해당되는 사람의 전생애를 가늠해 볼 수 있는 巨視的(거시적)인 학문이라고 할 수 있다. 그렇기 때문에 사주명리학을 연구하는 사람이라면 누구나 복서학을 겸하는 것이 좋은 장점이 될 수 있는 것이다.

한편 算命術(산명술)이 있는데 이는 사주명리학을 각색한 것으로 空亡을 주요 판단근거로 하고 있는데 生時를 사용하지 않기 때문에 적중률면에서는 다소 떨어진다고 할 수 있다.

둘째 紫微斗數法(자미두수법)은 唐末期(당말기)에 陳希夷(진희이 : 867-984)가 창안한 분석방법으로 서양의 占星術(점성술)과 유사한 것이다. 이러한 자미두수법은 중국과 대만에서 성행하고 주류를 이루는데 72개의 星을 나열하여 판단하는 분석법이다. 즉 은하계에 있는 紫薇星(자미성)을 근간으로 하여 인간운명의 길흉화복을 측정하는 학문인 것이다.

이 분석방법은 모두 2개의 宮位(궁위)에 의해서 길흉을 측정하도록 되어 있는데 짚어나가는 공식이 복잡하고 난해해서 접근하기가 매우 어려운 분야라고 할 수 있다. 자미성이란 속칭 견우성(牽牛星)이라 일컫는 삼태성(三台星)중의 主星(주성)을 지칭하는 말로써 지구와는 百億光年(백억광년)이나 될 만큼 멀리 떨어진 별에 해당한다. 그렇기 때문에 그 자미성을 근거로 하여 지구상에서 생존하는 인간운명의 길흉을 측정하는 것인데 필자의 경험에 의하면 一年身數(일년신수)의 月別運數(월별운수)의 분석과 판별에서는 매우 탁월한 예측력을 지니고 있다고 할 수 있다.

셋째 土亭秘訣(토정비결)은 土停(토정) 李之函 先生(이지함 선
생)에 의해서 창안된 분석방법인데 주역에 등장하는 大成卦(대성
괘)를 바탕으로 하여 사람들의 운세를 가늠하는 학문이다. 즉 대성
괘에 나타나는 여섯 개의 효(爻)의 상황에 따라서 당사자의 길흉을
측정하도록 되어 있는 것이다.

이렇게 대성괘에 등장하는 여섯 개의 爻중에서 內卦(내괘)에 있
는 세 개의 爻가 民草(민초)들인 서민의 길흉과 애환을 나타내는 것
이다. 반면에 六爻(육효)중에서 外卦(외괘)에 해당하는 세 개의 효
는 국가나 사회상을 나타내는 외부의 사안을 나타내도록 되어 있다.

한편 黃極策數(황극책수)는 인간운명의 틀인 사주팔자를 天盤(천
반)과 地盤(지반)으로 나누어서 先天數(선천수)로 합산한 후에 그
數值(수치)가 지니고 있는 내용에 따라 인간운명의 好不好(호불호)
를 가늠하도록 되어 있는 학문이다.

그리고 黃帝內經五運六氣(황제내경오운육기)는 역경과 의학은 불
가분의 관계에 있기 때문에 天地人三合(천지인삼합)의 원리를 자연
의 氣候變化(기후변화)와 인체의 건강에 적용하여 분석하는 방법인
데 이는 黃帝內經素問運氣七編(황제내경소문운기칠편)에 잘 나타
나고 있다.

넷째 六壬學(육임학)은 天干을 地支로 置換(치환)하여 분석하는
방식인데 이는 六壬四課三專表出(육임사과삼전표출)이라는 공식에
의해서 특정한 사안에 대한 길흉과 성패를 가늠하도록 되어 있는 예
측학문이다. 여기에서 三專(삼전)이란 당사자의 과거와 현재와 미
래를 측정하는 분야이다.

그리고 四課(사과)란 둘로 나누어서 앞에 부분이 외부의 상황을

측정하는 내용으로 되어 있고 뒤의 부분이 내부 곧 본인을 중심으로
한 당사자의 주위상황을 측정하는 내용으로 되어 있다. 즉 六壬(육
인) 역시 문복자(問卜者)가 찾아온 당시를 근거로 하여 길흉간의 답
을 내리도록 되어 있기 때문에 卦(괘)를 쳐서 답을 내리도록 되어
있는 복서학과 유사한 학문이라고 할 수 있다.

　다섯째 奇門遁甲學(기문둔갑학)은 두번째로 오래된 학문이다. 기
문둔갑술이 세상에 등장하게 된 것이 八卦(팔괘)의 내용에 의해서
특정한 사안을 측정하여 예측하던 아득한 옛날부터이다. 그러나 이
러한 분석방법이 하나의 학문으로 자리잡게 된 것은 문왕을 도와서
주나라를 통일제국으로 올려놓은 太空望呂尙(태공망여상)에 의해
서부터 라고 할 수 있을 것이다. 奇門(기문)에 遁甲(둔갑)이라는 용
어가 붙게 된 것은 六十甲子(육십갑자)의 내용이 원형대로가 아닌
변형된 내용으로 현상속에 나타나게 되기 때문인 것이다.
　이러한 기문둔갑학은 三奇(삼기)와 六儀(육의)라는 내용으로 특
정한 사안을 살피도록 되어 있으나 奇門으로 살피는 대상이 개인의
길흉을 살피기보다는 大義的(대의적)인 국가의 흥망을 비롯하여 전
쟁이 벌어졌을 때의 兵法(병법) 등으로 많이 활용되었다고 할 것이
다. 즉 孫子兵法(손자병법)에 등장하는 六韜三略(육도삼략)이 여기
에 해당하는 학문이라고 할 수 있다.
　기문둔갑법에는 年家奇門(년가기문)·月家奇門(월가기문)·日家奇
門(일가기문)·時家奇門(시가기문) 등이 있는데 諸葛孔明(제갈공명)
과 장자방이 사용하던 대표적인 방법이기도 하다. 즉 天干을 중심으
로 분석하는 방식인데 24節氣(절기)를 사용하는 것이 특징이다.
　역사적으로 기문둔갑학에 정통하였던 인물로는 劉邦(유방)을 도와

서 漢(한)나라를 통일제국으로 올려놓은 張良(장량)을 비롯하여 劉備(유비)를 도와서 蜀(촉)나라를 세운 諸葛亮(제갈량) 등을 들 수 있는데 우리나라에서는 고려시대의 徐華潭(서화담)과 조선시대의 李之函(이지함)과 朴雪泉(박설천) 등의 인물을 생각할 수 있을 것이다.

5. 人相學的 觀察法

人事(인사)에 대한 相學(상학 : Ti—Xiang Theory)적인 관찰법으로써 人體(인체)의 모양새인 象(상)과 相(상)을 가지고서 그 사람의 現狀(현상)과 未來(미래)의 길흉을 판단하는 분석방법이 人相學(인상학)이다. 이러한 인상학에는 骨相(골상)·觀相(관상)·體相(체상)·手相(수상)·足相(족상) 등을 들 수가 있다. 이러한 인상학과 관련한 주요 원전으로는 麻衣相訣(마의상결)을 들 수 있다. 첫째 관상학은 얼굴에 나타나는 상모(相貌)와 찰색(察色)을 보아서 당사자의 길흉을 판독하는 학문이다. 둘째 수상학은 손에 나 있는 금과 모양새 등을 근거로 하여 당사자의 길흉을 측정하는 학문이다.

이렇게 관상이나 수상을 보고서 당사자의 길흉을 판단한다는 것이 지극히 어려운 일인데 상학에 관한 한 대표적인 책이라 할 수 있는 마의상법에 수록되어 있는 설명이나 圖相(도상)조차도 판독하기가 애매하게 되어 있어서 앞으로 더욱 더 연구가 이루어져야 할 과제라고 할 것이다.

6. 姓名學的 觀察法

人事(인사)에 대한 관찰법으로써 성명학은 이름 속에 들어 있는

劃數五行(획수오행)·字源五行(자원오행)·音五行(음오행) 등과 數字音靈(수자음령)을 가늠하여 당사자의 길흉을 측정하는 학문이다. 즉 존재하는 모든 것의 본질을 數理로 보고 있는데 그 수리의 바탕이 되는 것이 다름 아닌 지구의 공전과 자전으로 말미암아 발생하게 되는 數인 것이다.

우리들이 자주 사용하는 運數(운수)·財數(재수)·身數(신수)라고 하는 말들 속에 들어 있는 數字(숫자)는 인간들의 주관에 의해서 붙여지게 된 것이 아니라 지구가 회전을 하는데서 생겨나게 된 과학의 의미를 내포하고 있는 진리라고 보는 것이 성명학에서 당사자의 이름에 들어 있는 劃數(획수)와 五行의 내용을 중요시 하는 근거가 되고 있는 것이다.

第 2 編
陰陽五行의 思惟體系

第1章 宇宙天文圖와 三極說

　第1節 宇宙天文圖의 理解

　第2節 三極說의 本質

第2章 陰陽觀

　第1節 陰陽學의 本質探索

　第2節 陰陽法則－周易原理

第3章 陰陽五行觀

　第1節 五行의 胎動과 意義

　第2節 五行各論의 性情

　第3節 五行의 生剋制化中和論

第1章 宇宙天文圖와 三極說

第1節 宇宙天文圖의 理解

1. 宇宙의 概觀

宇宙空間(우주공간)의 銀河界(은하계)를 별들의 도시라고 하는데 여기에는 소은하와 대은하가 있다. 우리의 地球(지구)를 포함하는 太陽界(태양계)가 속해 있는 은하를 우리은하라고 한다. 이러한 우리은하에는 약 천억개정도의 별들이 있는 것으로 추정하고 있다. 그런데 우주에는 우리은하보다 훨씬 더 큰 은하들이 얼마든지 있다.

어두운 밤에 우리의 눈에 보이는 별들은 우주전체에 분포하고 있는 별들이 아니라 우리은하안에 있는 별들중에서 우리 눈에 비치는 것에 불과한 것이다. 星都(성도), 즉 별들의 도시인 은하와 은하간의 거리는 인간이 상상하기 조차 힘들 정도로 먼 거리이다.

예컨대 우리은하와 가장 가까운 거리에 있는 안드로메다은하의 거리가 지구에서 약 200만 光年(광년)이나 떨어져 있다. 즉 빛이 200만년이나 가야 도달할 수 있는 거리인 것이다. 이렇게 은하간의 거리가 너무나 멀기 때문에 은하안에 있는 별들을 하나 하나 구분하기란 매우 어려운 것이다.

　우리은하와 안드로메다은하는 두 개의 접시를 포개놓은 듯한 형상이지만 타 은하들은 막대기모양·바퀴모양·고치모양의 다양한 형상들을 하고 있다. 사진에 찍힌 보통별들이 예쁜 美点(미점)으로 보이는 것은 우리은하에 살고 있는 별들이고 点으로 보이지 않는 별들은 모두가 이웃은하들이라고 생각하면 된다.

　이러한 은하들은 太陽처럼 스스로 빛나는 별들을 평균 천억개씩을 지니고 있는데 이들이 이렇게 작고 어둡게 보이는 것은 그만큼 우리로부터 멀리 떨어져 있기 때문인 것이다.

　그래서 우주에는 얼마나 많은 별들이 있는지 아무도 정확하게 알 수가 없는 것이다. 그래서 학자들은 지구말고도 생명체를 지닌 行星(행성)이 은하계의 어딘가에 반드시 존재한다고 믿고 있는데 아직까지 찾지 못하고 있을 뿐인 것이다.

2. 宇宙의 圓形과 太極體

　우주와 자연은 항상 스스로 둥근 원을 그리고 있다. 그래서 음양오행은 둥근 원을 이해하기 위한 학문적인 접근방법이다. 그러므로 道란 圓이 그리고 있는 바로 그 길인 것이다. 종이띠의 양끝을 꽈배기처럼 한 바퀴 꼬아서 붙이면 뫼비우스띠(Mobius strip)가 만들어진다.

　뫼비우스띠의 위를 걸어가다가 보면 한 바퀴를 거의 다 돌았을 때 우리가 서 있는 곳은 출발점의 반대편에서 걷고 있다는 점을 알게 될 것이다. 즉 종이띠의 바깥쪽을 걷고 있었는데 자신도 모르는 사이에 종이띠의 안쪽을 걷고 있는 것이다.

　이렇게 뫼비우스띠는 2차원적인 평면에서 안과 밖의 고정된 개념이 붕괴되는 것을 실증해주고 있는 것이다.

우주는 太極體(태극체)이며 그 이면에는 時空이 음양으로 맞물려 있다. 宇(우)는 공간을 뜻하고 宙(주)는 시간을 뜻하는데 이들은 각각 확장과 수축운동을 한다. 이렇게 시간과 공간이 합쳐져서 태극을 이루고 있는 대우주에는 헤아릴 수 없이 무수한 소우주들이 존재하고 있다. 크고 작은 소우주들은 제각기 태극을 이루면서 대우주의 품속에서 살아가고 있는 것이다.

인간에게 있어서 이성의 발달은 변함없는 질서를 제공하는 하늘에 존재하는 천문의 별들을 관찰하면서 가능해졌다고 할 수 있을 것이다. 별들은 시간과 공간의 의미를 내포하며 지상에서 일어나는 모든 변화의 근원이 되기 때문일 것이다.

이러한 별들의 질서가 인간생활의 전반적인 규범이 될 수 있다는 사실을 깨닫는 데에는 많은 세월이 요구됐다. 그리고 별들의 질서는 神의 뜻으로 숭배되고 그 뜻은 성인에 의해서 세상에 펼쳐진다고 믿게 된 것이다.

3. 天文圖의 理解

우주라는 투명유리우산의 꼭지는 북극성이다. 이러한 북극성을 놓고서 북극성의 주위를 돌아가는 항성들을 그린 그림이 天文圖(천문도)이다. 이러한 천문도에 대해서 살펴보면 다음과 같다.

첫째 서기 1세기경 고구려에서 북위 38~40도에서 관찰하여 기록한 세계최초의 石刻天文圖(석각천문도)가 평양성안에 있었지만 고구려가 병란 등으로 망할때에 당나라 사람들이 대동강에 버려서 소실되어 없어진 상태이다.

　둘째 서기 7세기말~8세기초로 추정되는 기토라(キトラ)고분의 천장에서 발견된 天體圖(천체도)는 약 600개의 별과 34종의 별자리가 그려진 世界最古의 星宿圖(성수도)라 할 것인데 최근 일본의 나라현 아스카촌에서 발견되었다. 그런데 이 성수도를 분석해본 결과 이 천체도는 평양성에서 바라보고 그린 것으로 보고되어 고구려에서 제작된 천문도가 당시에 일본에 전해졌음을 알게 해 주는 것이다.

　셋째 AD.1274년 宋代에 蘇州(소주)에서 黃裳(황상)이 실제로 하늘을 바라보고 만든 중국 고대의 石刻天文圖(석각천문도)가 있다.

　넷째 AD.1395년 조선의 태조4년에 권근 등 12명의 학자들의 수년간 노력으로 한양에서 바라본 천문도가 바로 天象列次分野地圖(천상열차분야지도)인데 처음에는 목판으로 만들었으나 다시 黑石에 석각으로 새겼다. 이는 고구려의 석각천문도를 종이에 옮겨진 것이 조선초기에 발견되었고 이것이 저본이 되어 천상열차분야지도의 제작이 가능했다고 할 수 있을 것이다.

　하늘에는 두 개의 축이 있는데 첫째는 하늘의 모든 붙박이별들이 중심으로 받드는 北極星軸(地球自轉軸)이 있고, 둘째는 28宿를 돌아가는 七曜星中心軸(太陽界軸)이 있다.

　하늘에서 움직이지 않는 自轉軸(자전축)을 經(경)이라고 하는데 이렇게 변하지 않는 經線의 양쪽 방향을 南北이라고 한다. 이러한 남북의 경선을 하늘 끝까지 연장을 해보면 북쪽의 끝에서 만나는 별이 바로 북극성인 것이다. 이러한 하늘판의 중심점인 北極星의 주위에는 三垣(삼원)이 있는데 그것이 太微垣(태미원)·紫微垣(자미원)·天市垣(천시원)인 것이다.

　첫째 太微垣(태미원)은 上垣으로 28宿중에서 軫宿(진수)와 翼宿(익수)의 사이에 걸쳐서 안쪽, 즉 북극성쪽으로 있는 10개의 별자리무리를 지칭하는 것이다. 이러한 태미원은 28宿의 內側으로 있으면서 봄하늘에서 볼 수 있는 별자리무리이다.

둘째 紫微垣(자미원)은 中垣으로 중국의 황하유역에서 일년내내 보이는 별자리영역을 지칭한다.

셋째 天市垣(천시원)은 下垣으로 28宿중에서 房宿(방숙)과 心宿 (심숙)의 사이에 걸쳐서 안쪽, 즉 북극성쪽으로 있는 22개의 별자리 무리를 지칭하는 것이다. 이러한 천시원은 28宿의 內側에 있으면서 여름하늘에서 늘 볼 수 있는 별자리무리이다.

지금부터는 日月星辰의 운행법칙을 이해할 필요가 있다. 해가 뜨고(東) 지는(西) 길을 연결한 선을 緯(위)라고 한다. 黃道는 태양이 일년간 걸쳐가고 있는 길이고, 白道는 달이 지나가고 있는 길을 말한다. 天左旋(천좌선)하므로 하늘은 시계반대방향으로 돌아가고 日月星辰右行(일월성신우행)하므로 일월성신은 마치 고정된 하늘판을 시계방향으로 도는 것과 같은 움직임이 나타나는 것이다.

日月은 천문도상에서 약간씩 다른 위치에서 매년 12번을 만난다. 이렇게 일월이 만나는 자리를 평균잡은 후에 하늘을 12구역으로 나누고서 이를 12辰이라고 부르게 된 것이다. 즉 12라는 숫자는 1년에 태양과 달이 12번 만나는 것에서 생겨난 것이다.

달은 태양과 만나는 한주기 동안 자신의 모습을 다양하게 바꾸면서 지상에 영향을 주고 있는 것이다. 즉 절대적인 것은 달이 갖고 있는 引力(인력)을 통하여 해양의 조수간만의 변화를 주관하고 있는 것이다. 그리고 달은 지상의 陰形(음형)에 절대적인 영향을 미치기 때문에 12地支는 지상의 동서남북을 표시할 경우에 반드시 사용하게 되는 것이다. 地支라는 명칭이 생겨난 것도 바로 이러한 이유에서인 것이다.

4. 태양길 皇道의 28宿 街路樹

28宿에서 宿(수)는 태양이 지나가는 태양길, 즉 황도의 주변에 있는 별자리들의 묶음을 말하는 것이다. 이렇게 태양길인 황도의 주변에 별들을 세어보면 모두 28개가 있음을 알 수가 있다.

이러한 28宿의 별자리는 7개씩의 큰 묶음으로 이루어져 있다. 즉 28宿는 태양이 지나가는 길가에 심어진 가로수에 비유될 수도 있고 일년을 여행하는 태양이 잠시 쉬었다가 가는 여인숙이라고 비유할 수도 있는 것이다. 이러한 28宿의 명칭을 보면 다음과 같다.

角亢氐房心尾箕(각항저방심미기)
斗牛女虛危室壁(두우여허위실벽)
奎婁胃昴畢觜參(규루위묘필자삼)
井鬼柳星張翼軫(정귀류성장익진)

28宿라고 붙여진 黃道의 큰길에는 모두 7개의 별들이 걸어간다. 이들은 태양계에 있는 五行星(5행성)과 日月(일월)들이다. 이렇게 하늘판 위를 돌고 있는 7개의 행성을 일컬어 七曜(7요)라고 하는 것이다. 즉 日(太陽)·月(달)·火(熒惑星)·水(辰星)·木(歲星)·金(太白星)·土(鎮星)가 七曜인 것이다.

그런데 日月인 태양과 달을 제외하고서 인간의 육안으로 볼 수 있는 떠돌아 다니는 별은 5개뿐인데 우리는 이를 五緯星이라고 하는 것이다. 이렇게 인간이 생활하는 지구에 가장 큰 영향을 미치는 별이 7개인데 그 중에 2개는 日月이고 5개는 五緯星인 것이다. 하늘판의 중심점인 변하지 않는 北極星의 주위중에서 태양길인 황도에 28宿

가 있는데 변화를 일으키는 七曜 즉 日月과 五緯星이 운행하는 사방의 각면에 七宿(칠수)씩 나뉘어져 있는 별들의 모습을 볼 수가 있다.

7이라는 숫자의 절대적인 의미는 바로 日月과 五緯星인 것이다. 즉 28宿의 주위를 자율적으로 순환하며 지구에 절대적인 영향을 미치는 7개의 별, 예컨대 7曜는 지구의 四時인 춘하추동과 四方인 동서남북이라는 시간과 공간의 변화를 일으킨다.

즉 북극성 가까이에서 빛나는 7개의 별자리를 北斗七星(북두칠성)이라고 하는데 이들 7개의 별들이 북극성을 보좌한다. 그런데 이러한 7개의 북두칠성은 자신의 힘의 場을 칠요를 통해서 지구에 펼치는 것이다. 즉 북두칠성의 現身(현신)이 七曜인 것이다. 각 사방의 七宿(칠수)가 七曜(칠요)에 배치된 형상을 정리해 보면 다음과 같다.

〈表 1-5〉 28宿의 性情分類

	木曜星	金曜星	土曜星	日曜星	月曜星	火曜星	水曜星
東方七宿 青龍-昇	角(각)	亢(항)	氐(저)	房(방)	心(심)	尾(미)	箕(기)
	뿔	목	가슴	배	엉덩이	꼬리	꼬리
	처녀	처녀	천칭	전갈	전갈	전갈	궁수
北方七宿 玄武-隱	斗(두)	牛(우)	女(여)	虛(허)	危(위)	室(실)	壁(벽)
	龜巳	뱀	거북이	龜巳	龜巳	龜巳	龜巳
	궁수	염소	물병	물병	물병	페가수스	페가수스
西方七宿 白虎-沒	奎(규)	婁(루)	胃(위)	昴(묘)	畢(필)	觜(자)	參(삼)
	白虎	새끼虎	새끼虎	새끼虎	호랑이	기린頭	기린身
	안드로메다	양	양	황소	황소	오리온	오리온
南方七宿 朱雀-飛	井(정)	鬼(귀)	柳(류)	星(성)	張(장)	翼(익)	軫(진)
	머리	눈	부리	목	모이주머니	날개	꼬리
	쌍둥이	게	바다뱀	바다뱀	바다뱀	컵	까마귀

東方 七宿 靑龍	角(각)	蒼龍雙角의 사이를 日月五星이 다니는 天道이기에 角象
	亢(항)	왕과 대면해 朝夕으로 세상일을 자문하기에 亢象
	氐(저)	침실 안방이기에 氐象
	房(방)	天子가 四時居處하는 곳이기에 房象
	心(심)	心臟中에 있어서 몸의 주인이 되는 것과 같기에 心象
	尾(미)	東方 蒼龍의 꼬리이기에 尾象
	箕(기)	斗와 가까아서 五穀을 키질하기에 箕象
北方 七宿 玄武	斗(두)	벼슬과 녹의 양을 측정하는 형상이 말(斗)과 같기에 斗象
	牛(우)	소뿔이 칠정의 출발점이기에 牛象
	女(여)	모나고 바르게 마름질하는 상이 여종과 첩과 같기에 女象
	虛(허)	소모하는 사이가 비어서 廟堂의 상이기에 虛象
	危(위)	작은 房이나 墳墓와 같기에 危象
	室(실)	營室은 六星이 있어 離宮이 되니 宮室과 같기에 室象
	壁(벽)	곧추 섬이 벽과 같고 공자가 漆書를 벽에 감춤이니 壁象
西方 七宿 白虎	奎(규)	어긋남이 있을 때 군사를 동원하는 것이기에 奎象
	婁(루)	잔치에 쓸 鐘婁 즉 짐승들을 기르는 것이기에 婁象
	胃(위)	오곡을 받아 삭이는 府位로 창고를 주관하기에 胃象
	昴(묘)	묘별이 모여 죄수가 감옥에 있음처럼 근심이 되기에 昴象
	畢(필)	변방의 척후병이 경계마침을 소리질러 경계함이기에 畢象
	觜(자)	白虎의 수염사이에 모여있기 때문에 觜象
	參(삼)	金土氣運이 섞여서 刑罰과 殺生을 행하기에 參象
南方 七宿 朱雀	井(정)	별의 상과 법도가 물의 평평함과 같이 정미로움이니 井象
	鬼(귀)	양이 음으로 변하듯 별이 어둡고 밝지 않으니 鬼神象
	柳(류)	제사후 五味를 조화시켜 신령을 머무르게(留)함이니 柳象
	星(성)	七星은 七數로 새의 깃이 위를 덮은 것 같기에 星象
	張(장)	朱雀이 모이주머니 같아 포용하여 손님접대를 주관하니 張
	翼(익)	6개의 깃촉을 가진 새가 두 날개로 나는 것 같기에 翼
	軫(진)	수레의 뒤를 가로지른 나무를 진이라하여 흉사에 쓰니 軫

지상에 가장 큰 변화를 일으키는 주체가 七曜인데 이러한 七曜를 일반적으로 日月星辰이라고 부르고 있는 것이다.

첫째 日(일)은 陽精(양정)이기에 1日에 지구를 한바퀴 돌고, 둘째 月(월)은 陰精(음정)이기에 1月에 태양과 1回를 만나며, 셋째 星(성)은 28宿를 經星으로 하고 五星(木火土金水)을 緯星으로 하고, 넷째 辰(신)은 日月이 만나는 곳으로 周天(주천)의 度數(도수)를 12次로 나눈 것이다.

동서남북의 七宿(칠수)는 지상에 동서남북의 기운을 대표하는 4종의 상징적인 靈物(영물)로 구성되어 있다. 첫째 東方七宿(동방칠수)를 대표하는 東方靑龍(동방청룡)의 뱀(蛇)은 태양이 떠오르듯 허물을 벗고 천상으로 올라가는 것을 상징하는 동물이다. 둘째 南方七宿(남방칠수)를 대표하는 南方朱雀(남방주작)의 새(鳥)는 뜨겁고 무한히 분열하는 변화를 상징하는 동물이다. 셋째 西方七宿(서방칠수)를 대표하는 西方白虎(서방백호)의 호랑이(虎)는 대낮의 뜨거운 기운이 서쪽으로 가라앉으며 안정된 모습을 상징하는 동물이다. 넷째 北方七宿(북방칠수)를 대표하는 北方玄武(북방현무)의 거북(龜)은 춥고 움직이지 않는 중심축을 상징하는 동물이다.

이렇게 28宿가 지상에 일으키는 변화의 모습들을 동물들로 비유하여 상징적으로 동서남북에 배치한 것이다. 즉 지상에 펼쳐진 이상적인 하늘이 바로 明堂圖(명당도)인 것이다. 예컨대 북방에는 변하지 않는 힘의 뿌리인 太祖山이 있고 남방에는 명당의 기운을 보호하는 朝山이 있으며 동방에 左靑龍과 서방에 右白虎가 자리를 하게 되면 그 중앙에 고요하게 명당이 자리를 잡게 되는 것이다.

천상에는 하늘의 중심부로서 고요하고 아늑한 紫微垣(자미원)이 있다. 이러한 자미원이 日月이 함께 비추는 '밝은 집'과 같다고 하여서 자미원을 明堂이라고 이름하였던 것이다.

第2節 三極說의 本質

무극이 태극을 낳고 태극은 음양을 이룬다. 무극·태극·황극은 동방사유체계의 시작이자 끝이라고 할 것이다.

무극은 하늘을 대표하고, 태극은 땅을 대표하며, 황극은 인간을 대표한다. 이것이 동방인이 가지고 있는 天地人 三才原理의 인식체계와 같은 맥락인 것이다. 즉 三極說은 동방사유체계가 가지고 있는 人本主義(인본주의)의 표상인 것이다. 그러나 이들은 인간의 논리와 개념만으로는 파악하기 어려운 것 들이다.

1. 無極의 意義

造物主(조물주), 즉 造化神(조화신)은 우주와 만물을 발생 창조하고 생성성장시키며 양육하여 기르고 거두어 들여서 수렴하면서 저장하여 갈무리하는 조화를 자유자재로 행사하지만 무질서하게 창조하는 것만은 아니다. 반드시 조화신은 일정한 법칙에 따라서 체통과 질서를 지키는데 그 법칙은 만물이 생성하고 존재하며 자라나고 늙고 병들며 사라져가는 생사와 흥망성쇠의 법칙에 따라서 만유를 창조하는 것이다.

이러한 법칙이 天地를 만들고 만유를 만드는 우주헌법이고 천지이치로서 무형의 帝王(제왕)이자 절대자인 것이다. 이같은 無形의 極致(극치)·帝王(제왕)·法則(법칙)을 無極(무극)이라 한다. 無極은 현상계 이전의 자리로 극이 없다는 의미이다. 즉 無極은 음도 양도 중심도 없어 어느 곳으로도 치우치지 않는 상태를 말하는 것이다. 그래서 무극은 문왕팔괘의 坤位地(곤위지)에 해당한다고 할 것이다.

無極은 無形無體(무형무체)·無聲無音(무성무음)이지만 그 권능은 절대적이다. 무극의 법칙에 따라서 창조된 것이 무극의 종이요 아내가 바로 조물주인 것이다. 무극은 만유를 창조하는 씨앗이고 아버지로서 자신의 뜻에 따라서 조물주로 하여금 만유를 창조케 하는 것이다.

조물주는 무극의 精子(정자)를 孕胎(잉태)하고서 孵化(부화)시키는 여자의 子宮(자궁)이요 만유의 母體(모체)로써 무극이 시키는대로 무극의 씨앗을 형성화할 따름인 것이다.

이러한 무극은 우주가 형성되기 이전의 無의 세계에서 군림한 有의 씨앗이요 창조자로써 우주는 무극의 뜻에 따라서 만들어진 무극의 작품이고 具像畵(구상화)인 것이다. 그러므로 無極의 代表作品인 大自然은 무극의 뜻에 따라서 창조된 무극의 구체화된 형상인 것이다.

2. 太極의 意義

太極(태극)은 無極(무극)이라는 창조자의 뜻에 따라서 무극의 씨앗을 잉태하고 부화시키는 우주의 자궁이요 만유의 모체이며 無에서 有를 만들어 내는 조물주이다.

창조자인 無極은 조물주인 太極을 통해서 만유를 창조하고 생성한다. 이렇게 無極은 精子이고 太極은 卵子이기 때문에 양자는 불가분의 부부로서 만유의 부모인 것이다. 즉 太極은 精子(太陽)와 卵子

(太陰)를 간직하고 있는 우주의 子宮(자궁)이고 産母(산모)로써 모든 것은 태극을 통해서 무극의 씨앗을 부화시키고 생명으로써 창조되는 것이다.

이는 양자·전자·중성자로 구성된 원자와 아주 똑같은 것이다. 이렇게 太極에서 太는 크다(大)라는 뜻에 일점(·)을 찍어서 가장 작은 점(·)이 가장 크다는 것을 가리키고 있는 것이다. 여기에서 일점(·)이란 난자와 정자가 만나서 수정란을 이루는 것과 같은 것으로 한 방울의 北方太極水(북방태극수)로 통일되어 가장 작으면서도 가장 큰 것을 담고 있는 것이다.

즉 우주는 태극을 모체로 하여 창조되고 형성된 것이다. 만유는 태극을 통해서만 창조된다. 그래서 물체가 있는 곳에는 반드시 태극이 있고 태극이 있는 곳에는 반드시 물체가 존재하는 것이다. 무극은 하나이지만 태극은 원자의 핵처럼 개체가 있는 곳마다 존재함으로써 헤아릴 수 없이 많이 존재하는 것이다.

太極의 유형으로는 天太極(천태극)·地太極(지태극)·人太極(인태극)이 있다. 즉 하늘(天)에는 별(星)·해(日)·달(月)을 부화시킨 天太極이 있고, 땅(地)에는 만물을 부화시키는 자궁인 地太極이 있으며, 사람(人)에게는 인간을 생성하는 여성인 人太極이 있는 것이다. 무극은 能動的(능동적)이지만 태극은 被動的(피동적)이다. 그래서 무극이 動해야만 태극이 呼應(호응)을 한다.

우주를 주름잡고 다스리며 호령하는 무극이 명령하는 대로 우주 만물을 창조하는 우주의 현모양처가 바로 태극인 것이다. 즉 무극의 충신·백성·아내·만유의 어머니가 태극이다.

무극이 없는 태극이 喪夫(상부)한 과부로서 무용지물이듯이 태극이 없는 무극도 喪妻(상처)한 홀아비로서 아무런 쓸모가 없다. 이와

같이 무극과 태극은 천생연분의 다정한 부부로서 시종 불가분의 인연을 맺고서 우주와 만유를 함께 창조하고 형성하는 영원한 부모인 셈이다. 이를 구체화하고 형상화한 것이 天地이고 太陰·太陽(태음·태양)이다.

3. 皇極의 意義

皇極이란 어느 곳이라도 임금과 같은 중앙(中)의 자리가 있는데 바로 이러한 자리를 말한다. 즉 황극은 時中之門(시중지문)이라는 의미에서 그때 그때마다 중심이 되고 어느 때이건 중심이 되는 자리로 문왕팔괘의 艮位地(간위지)에 해당한다고 할 것이다.

洛書가 세상에 모습을 드러낸뒤 약 1,000년이 지나서 周나라의 箕子(기자)에 의해서 弘範九疇(홍범구주)라는 통치방법이 등장하였다. 이 홍범구주에서 皇極이라는 용어가 최초로 나오는데 황극의 뜻은 후에 王이라는 현실적인 의미로 쓰여졌다. 예컨대 皇極이나 王은 현실적으로 어떤 세계의 중심에 서서 그 세계를 실질적으로 움직이는 주체를 의미하는 것이다.

한편 인간에 있어서 三極을 생각해 볼 수 있다. 첫째 無極의 특징은 精神이기에 自由로워 무한자유속에서 마음과 육체를 다스리는 것이다. 여기에서 精은 肉體의 뿌리가 되고 神은 마음의 뿌리가 되는 것이다. 둘째 太極은 마음(心)이기에 葛藤(갈등)과 善惡(선악)의 음양이 충돌하는 갈등의 격전장인 것이다. 셋째 皇極은 肉體에 해당하기 때문에 動하여 움직이는 것이므로 氣血이 주체가 되어서 끊임없이 인체를 자양하고 움직이는 것이라고 할 수 있을 것이다.

第2章 陰陽觀

陰陽이란 무엇인가? 天은 陽이고 地는 陰이다. 해(日)는 陽이요 달(月)은 陰이다. 大之陽小之陰(대지양소지음)이니 큰 것은 陽이고 작은 것은 陰이다. 낮은 陽이고 밤은 陰이며 男子는 陽이요 女子는 陰이다. 즉 陽은 氣를 말하고 陰은 質을 말한다.

陽인 氣는 가볍고 形體가 없으며 露出(노출)되고 動的(동적)이며 積極的(적극적)이다. 반면에 陰인 質은 무겁고 形體가 있으며 감추어져 있고 靜的(정적)이며 消極的(소극적)인 性情(성정)을 가지고 있다. 그리고 가벼운 것은 하늘(天)로 치솟고 무거운 것은 땅(地)으로 가라앉는다.

陽은 氣를 대표하는 것으로 불(火)이고 陰은 質를 대표하는 것으로 물(水)이다. 火는 빛(光)은 있지만 형체가 없고 水는 형체를 가지고 있지만 빛(光)이 없다. 그러므로 불은 밝고 상공에 차 있고 물은 어둡고 땅에 차 있는 것이다.

氣는 質을 만남으로써 生命으로 변하고, 質은 氣를 얻음으로써 呼吸(호흡)을 하여 활동을 할 수 있게 되므로 陰과 陽은 불가분의 관계인 것이다. 이렇게 서로 불가분의 관계에 놓여있는 음양의 본질에 대해서 구체적으로 살펴보기로 한다.

五行이란 무엇인가? 오행은 運行(운행)·前進(전진)·變化(변화)하

는 법도를 의미한다. 자연과 물체는 우주공간에서 靜(정)하여 고정
된 상태로 움직이지 않는다. 단지 우주공간에서 動(동)하여 움직이
는 것은 天地陰陽(천지음양)의 氣運(기운)뿐이다. 그래서 자연중에
수천만종의 물체가 있어도 움직이는 物體五行(물체오행)은 없는 것
이다.

自然五行(자연오행)중에서 木·金·土는 한치도 움직이지를 않는
다. 단지 움직이는 五行은 天地運氣(천지운기)가 發生創造(발생창
조)·成長養育(성장양육)·收斂(수렴:거둠)·貯藏(저장:갈무리)하는
법도로서 오직 相生할 뿐인 것이다.

天地五行(천지오행)에서 첫째 木星은 태양이 發生하는 동방·봄
(春)·아침을 상징한다. 둘째 火星은 태양이 中天하는 남방·여름
(夏)·대낮을 상징한다. 셋째 金星은 태양이 日沒(거둠)하는 서방·가
을(秋)·저녁을 상징한다. 넷째 水星은 태양이 지하로 갈무리되는 북
방·겨울(冬)·밤을 상징한다. 즉 봄과 아침에는 발생하는 木이 왕성
하기 때문에 가을과 저녁이 까마득하여 설땅이 없다. 그러나 여름과
대낮에는 성장하는 火가 왕성하기 때문에 겨울과 밤이 아득하여 설
땅이 없는 것이다.

이렇게 旺盛(왕성)한 것은 主體(주체)이고 君王(군왕)으로써 體
(체)라고 하고 虛弱(허약)한 것은 客體(객체)이고 臣下(신하)로써

〈表 2-1〉 體用變論-幻魂動覺早見表

體	幻	精	身	自身	天	乾	君主	主體	柱	形而下學	不變
用	魂	神	心	精神	地	坤	臣下	客體	蔭德	形而上學	不變
變	動	氣	行	相對	人	中	國民	動體	大-歲-月-日運		可變
論	覺	體用變의 幻魂動을 覺(깨달음)하는 論理

用(용)이라고 한다. 그러나 體와 用은 힘(力)으로서는 君臣간이지만 陰陽으로서는 한쌍의 다정한 부부인 것이다.

第1節 陰陽學의 本質探索

1. 天地創造의 基本原理
(天一生水·地二生火)

물(水)로서 만물이 창조되었다는 동양철학의 이치는 天一生水(천일생수)와 地二生火(지이생화)의 원리이다. 天種(천종)의 精子(정자)인 물(水)은 창조주의 씨앗으로서 맨먼저 구름(雲), 즉 天上水가 변화한 빗물(雨), 즉 地上水를 통해서 지구상에 뿌려졌으니 이를 天一生水라고 하는 것이다. 그리고 萬物(만물)의 子宮(자궁)인 땅(土)은 그 씨앗을 받아 품어서 孕胎(잉태)를 하고 만물을 孵化(부화)하였으니 이를 地二生火라고 하는 것이다.

여기에서 天水는 단순한 하늘의 물이 아닌 하늘의 정기이자 창조의 정자이며 만유의 씨앗이듯이, 地火는 단순한 불이 아닌 天水를

〈표 2-2〉天地創造의 基本原理

天一生水	水	萬物의 젖줄(乳)/土의 生氣 精神의 原動力/終末의 化身
地二生火	火	變化의 主體/水(油)의 燃燒作用
三生萬物	木	萬物衆生—生命體/심지/五行의 主體
太　極	土	萬物의 子宮/天性—同化
第二生物	金	結實/火의 所生/火의 酸素를 먹고 삶

생명으로 부화시키는 창조적인 造化의 化를 의미하는 것이다.

2. 北極星은 宇宙의 母體

인간의 생성은 인간의 씨앗인 남성의 精子에서 비롯된다. 정자는 水素(수소), 즉 天氣(천기)라는 씨앗을 가진 끈끈한 액체로서 물(水)에 속하지만 씨앗은 물체를 생산하는 氣體(기체)에 속한다. 즉 水素라는 씨앗을 간직한 진액의 정자에서 생명이 생성되는 과정을 天一生水라 하는 것이다. 우주와 인간을 창조한 씨앗이 水素이듯 우주를 창조한 모체는 太陽(태양)이 아닌 北極星(북극성)이다.

북극성은 우주의 원동력인 水素의 産母(산모)이고 乳頭(유두)로서 우주의 모든 日月星辰(일월성신)과 地球(지구)는 모두가 북극성의 胎盤(태반)에서 태어나고 북극성의 젖꼭지를 빨고 있는 자식들인 것이다. 그래서 모든 日月星辰들이 북극성을 중심으로 해서 규칙적인 운동과 회전을 하고 있는 것이다.

이는 태양의 빛(光)과 열(熱氣)을 먹고 사는 태양의 자녀들인 衛星(위성)들이 태양을 중심으로 공전운동을 하는 것과 동일한 것이다. 그러기에 지구의 젖줄이요 원동력이 태양이라면, 태양의 젖줄이요 원동력은 북극성이기 때문에 北極星은 地球의 祖上에 해당한다고 할 수 있는 것이다. 그런데 북극성의 본질은 北方의 물(水)이다.

물은 물의 원소인 수소처럼 우주에서 발생한 최초의 長者(장자)이기에 그 元素番號(원소번호)가 1인 것이다. 이렇게 하늘(天)에서 맨 먼저 태어난 첫 번째의 별(星)이 북극성이고 북극성의 본질이 물(水)인지라 이를 天一生水라 하는 것이다. 이러한 물(水)의 다음으로 태어난 두 번째의 별(星)이 태양인데 이는 밝고 뜨거운 불덩어리이므로 이를 地二生火라 한다. 즉 태양의 불(火)은 북극성의 물(水)의 자식으로서 북극성의 물(水)에서 공급되는 水素를 먹고서 더불어 살아가는 것이다.

3. 三生萬物

만유의 씨앗인 天一生水(천일생수), 즉 天水와 만유의 자궁인 地二生火(지이생화), 즉 地火(지화)로써 창조되고 부화된 생명을 만물이라 하기에 三生萬物(삼생만물)이라고 하는 것이다.

三(삼)이란 天水의 數字(숫자)인 一과 地火의 數字인 二가 합한 數字로 이는 天地(천지), 즉 水土(수토)가 결합해서 만물이 창조됨을 뜻하는 것이다. 이러한 창조원리를 가장 명쾌하게 밝힌 것이 동방사유체계중 음양학의 精髓(정수)로 陰陽大家(음양대가)인 위대한 太上老君(태상노군)인 것이다.

그는 天文·地理·人事에 통달한 대도인으로서 우주와 만물의 창조과정을 象數學(상수학)적으로 이론을 정연하게 밝혀 주었다.

〈表 2-3〉 三生萬物의 誕生過程

無	宇宙의 아버지·씨앗·創造者인 無極
有	宇宙의 어머니·자궁·造物主인 太極
一	아버지의 씨앗을 物質化한 精子의 液體인 빗물(水)
二	어머니의 子宮과 生産을 形象化한 땅의 孵化
三	天地宇宙의 父母인 創造者와 造物主의 精子와 卵子 水土의 結合에서 創造되어 誕生된 三生萬物

즉 우주만물의 상수학적인 창조과정으로서 첫째 無生有(무생유)

하니 無(무)는 有(유)를 生하고, 둘째 有生一(유생일)하니 有(유)가 一(일)을 生하며, 셋째 一生二(일생이)하니 一(일)이 二(이)를 生하고, 넷째 二生三(이생삼)하여 二(이)가 三(삼)을 生하는 것이니 三(삼)이 萬物을 生한다고 하였다.

여기에서 無(무)는 우주의 아버지·씨앗·창조자인 무극이고, 有(유)는 우주의 어머니·자궁·조물주인 태극이며, 一(일)은 아버지의 씨앗을 물질화한 정자의 액체인 빗물(雨水)이고, 二(이)는 어머니의 자궁과 생산을 형상화한 땅의 부화이며, 三(삼)은 천지우주의 부모인 창조자와 조물주의 정자와 난자로써 水土의 결합에서 창조되고 탄생한 三生萬物인 것이다. 이를 정리하여 요약하면 다음과 같다.

象數(상수)를 근본으로 하는 周易(주역)에서 一은 水이고 二는 火이며 三은 木이고 四는 金이며 五는 土이다. 그런데 이 다섯가지 가운데서 生命(생명)을 가진 것은 오로지 木(목)뿐이다. 여기에서의 木은 단순한 나무가 아니라 생명을 가진 모든 動植物(동식물)의 생물체와 만물을 통틀어서 집약한 生物의 代名詞(대명사)인 것이다.

생명의 木은 하늘의 씨앗인 물(水)과 땅의 자궁인 흙(土)으로 빚어낸 天地의 子息(자식)들로서 天父의 훈훈한 입김인 空氣와 地母의 자비로운 젖줄인 대지의 물(水)을 먹음으로써 살찌고 자라나는 것이다.

이같이 無極과 太極으로서 창조의 기틀을 잡은 창조자와 조물주는 빗물로서 땅덩이를 식히고 강과 바다를 이루면서 생명의 창조를 화려하게 전개하는 것이다.

이렇게 물(水)과 불(火)의 뜨거운 사랑에서 빛(光)과 열(熱)이 발생하는 陰陽의 造化는 하늘(天)과 땅(地)에서 똑같이 이루어지고 있는 것이다. 스스로 빛과 열을 발생하지 않는 태양의 빛과 열의 생산과정이 바로 그것이다.

땅(地)의 만물들이 하늘에서 뿌린 빗물(雨水)이라는 정자에서 발생하듯이, 하늘(天)의 태양도 물의 원소인 水素에서 발생하는 것이다. 즉 빛과 열을 쉼없이 발생시키는 태양의 산모는 水素인 것이다.

수소는 가장 작고 가벼운 원자로서 원자번호가 1번이다. 이 수소가 빛과 열을 만드는 씨앗인 정자인 것이다. 그리고 태양이 거대한 빛과 열을 생산하기 위해 헬륨핵융합을 함에 있어서는 1초당 6억6천만톤이라는 엄청난 양의 수소원자량을 태우면서 집어삼키고 있는 것이다.

$$물(水) = 수소(陰氣) + 산소(陽氣)$$

陰陽學에서 천지만물은 天一生水라 해서 물(水)이 제일 먼저 발생하는 동시에 그 물로써 만물이 창조된다고 하였다. 물은 우주에서 맨먼저 탄생한 長子이자 생명을 창조하는 씨앗인 정자를 간직하고 있기 때문인 것이다. 즉 물(水)은 陽氣(양기)인 酸素(산소)를 대량으로 품고 있는데 화학적으로 물의 90%는 산소이다.

물(水)은 하늘(天)의 산소를 땅으로 전달하는 유일한 매개체이면서 운반체로서 양기인 산소를 통해서 씨앗을 부화시키는 암탉과도 같은 존재인 것이다. 땅(地)에서 물(水)이 長者로서 만물을 생산하듯이 하늘(天)에서는 물(水)의 원소인 水素가 長者로서 태양의 빛과 열을 생산하고 있는 것이다.

이러한 점이 天地創造(천지창조)의 기본원리인 天一生水法則(천일생수법칙)을 실증하여 입증해 주는 것이라 할 수 있는 것이다. 즉 하늘(天)과 땅(地)이 똑같이 물(水)로써 빛(光)과 열(熱)과 生命을 창조하는 천일생수의 원리는 萬古不易(만고불역)의 법칙인 것이다.

이렇게 천지창조의 부모를 상징하는 대명사가 陰陽이고, 음양으로써 천지만상의 변화를 밝힌 지식체계가 바로 동방사유체계의 精髓(정수)라 할 수 있는 周易인 것이다.

陰은 하늘의 기체인 天氣에서 발생하는 물질적인 形體로서 기체가 물체로 변화한 氣의 化身이다. 즉 하늘(天)의 陽氣가 陰의 形體로 변화하는 첫 번째 과정은 하늘(天)의 씨앗인 水素(수소)가 酸素(산소)와 결합해서 빗물인 地上水로 변화하는 것이다.

우주의 기체를 맨 처음 만든 씨앗이 수소이듯 우주의 물체를 맨 처음 만들어낸 씨앗도 바로 그 수소에서 발생한 물(水)인 것이다. 이렇게 하늘이라는 우주공간에서 제일 먼저 태어난 長子가 물(水)이라는 이 한마디가 지극히 평범하면서도 우주와 만물의 창조적인 起源(기원)과 그 過程(과정)을 가장 뚜렷이 밝혀준 영원한 진리인 것이다.

물(水)의 성분중 90%가 산소이고, 岩石의 성분중 50% 이상을 산소가 차지하고 있다. 눈에 보이지 않는 기체인 수소를 눈으로 볼 수 있는 물체인 물방울과 물(水)로 확대변화시키는 산소의 재주는 우주창조의 일등공신이다. 산소는 모든 씨앗을 싹트게 하고 자라게 하는 놀라운 요술쟁이로 지구상의 만물을 부화·분화·성장·발전시킨다.

우주의 氣體와 物體를 끊임없이 뜨겁게 하고 부풀게 하면서 極大化(극대화)하고 流動(유동)시키는 陽性(양성)인 酸素(산소—열기)의 陽性作用에 상대를 하여서, 끊임없이 차갑게, 뭉치고 固定化(고정화)하고 收縮化(수축화)하며 統一(통일)시키는 陰性(음성)인 水素와 물(冷氣)의 陰性作用이 서로 균형을 유지하고 조화를 유지하는데서 비로소 하늘(天)과 땅(地)과 萬物(만물)이 正常(정상)과 安

靜(안정)을 누릴 수가 있는 것인데 이를 天地陰陽의 造化라 한다.

즉 外部로만 퍼지려는 陽의 酸素(산소:擴張運動과 膨脹作用)와 內部로만 움츠리려는 陰의 水素(수소:收縮運動과 凝固作用)는 서로 상반적이고 상극적이며 극과 극에서 대치하고 대립하며 투쟁하는 원수지간처럼 보인다. 그러나 실제로는 우주만물을 정상적으로 기르고 살찌우는 한쌍의 다정한 부부로서 남편인 陽은 외부의 개발을 주관하고 아내인 陰은 내부의 통일을 주관하고 있는 것이다.

4. 陰水는 萬物의 種子

물(水)은 만유의 생명을 부화시키고 먹이며 살찌우는 유일한 원동력이요 생존하는 기본조건이다. 이러한 우주의 젖(乳)이요 생명의 핏줄인 물(水)을 陰이라고 한다. 陰은 하나의 液體(액체)로서 만유를 생성하고 변화시키는 위대한 造化力(조화력)을 가지고 있다.

생명의 창조자인 無極과 부화자인 조물주의 太極은 우주와 만유를 창조함에 있어서 精子(정자)와 같은 아주 작은 액체를 만드는데서 부터 시작한다. 즉 액체인 물(水)은 우주와 만유를 만들어내는 정자요 난자로서 이 세상에서 제일 먼저 태어난 일인자인 것이다. 그래서 물(水)을 天一生水(천일생수)라고 한다. 물(水)은 생명을 창조하는 조물주의 정자요 씨앗으로서 온갖 생명과 물체를 창조한다.

조물주는 이러한 물을 가지고서 생명을 창조하고 우주를 생성하였으니 우주의 생명과 만상은 물이 형상으로 변화한 물(水)의 化象(화상)이자 化身(화신)에 지나지 않는다. 이렇게 물은 만물을 생성하는 씨앗으로서 삼라만상을 만들어 내는 조물주 역할을 하고 있는 것이다.

물이 있는 곳에는 반드시 생명이 부화되고 물이 없는 곳에는 생명이 존재하지 않는 것이 조물주의 법칙이다. 이같은 물은 단순한 물이 아닌 액체로서 여러 가지의 성질을 가지고 있다.

5. 陰水의 造化力

물(水)은 대지를 윤택하게 하고 중생을 무성하게 한다. 이러한 물(水)이 가장 기뻐하고 즐기는 것이 흙(土)인데 흙(土)은 만물을 잉태하고 생산하는 조물주의 유일한 子宮(자궁)인 것이다.

자궁은 피를 먹고 살기 때문에 피가 풍족하면 쉽게 잉태를 하고 잉태한 씨앗을 풍족하게 먹이고 기르기 때문에 하나의 생명으로써 완성을 시킨다. 그러나 피가 부족할 경우에는 잉태가 어렵고 비록 잉태를 한다고 하더라도 먹이고 기르는 영양분이 부족하기 때문에 태아는 중도에서 유산을 하고 마는 것이다.

이와 같이 흙(土)은 물(水)을 먹음으로써 살고 물이 풍족해야만 비로소 자궁의 역할을 제대로 할 수가 있는 것이다. 그러기에 물(水)은 흙(土)의 피(血)이고 생명으로서 물을 얻은 흙은 生土(생토)이고 물을 잃은 흙은 死土(사토)인 것이다. 生者(생자)는 부드럽고 유기적이지만 死者(사자)는 부드럽지 못하고 무기력하다.

그래서 살아있는 生子宮(생자궁)은 잉태를 하고 죽은 死子宮(사자궁)은 불임을 하듯이 물먹은 흙은 부드럽고 생기가 있지만 물을 잃은 흙은 돌덩이처럼 단단하거나 백사장처럼 알알이 흩어지는 것이다. 그래서 水氣가 있는 땅에는 무엇을 심어도 싹이 트는데 水氣가 없는 마른땅에는 아무리 씨앗을 뿌려도 싹이 트지 않는 이치와 같은 것이다.

조물주는 구름(雲), 즉 天上水(천상수)를 빗물(雨), 즉 地上水(지
상수)로 化하여서 하늘의 精子를 땅(地)에 뿌리고 물(水)과 흙(土)
의 조화로써 중생을 孵化(부화)하며 물(水)로써 만물을 양육하여 기
르고 살찌워 성장시키는 것이다.

이러한 조화는 씨앗인 종자의 조화가 아니고 물(水)의 造化(조화)
인 것이다. 따라서 씨앗이 물(水)을 빌려서 생명으로 부화한다는 生
物學者(생물학자)들의 이론과는 달리 陰陽學(음양학)에서는 물(水)
이 씨앗을 빌려서 생명으로 형성화한다는 造物主原理(조물주원리)
는 그 차이가 현격한 것이다. 조물주는 물로써 씨앗을 만들고 부화
시킬뿐 그 자체가 씨앗을 잉태하고 부화시키는 자궁은 아닌 것이다.

6. 水는 物質·火는 陽氣의 根本

陰인 물(水)은 혼자서 부화할 수가 없기 때문에 반드시 陽인 불
(火)의 힘을 빌려야만 생명으로 부화할 수가 있다. 물(水)은 物質의
근본으로 肉身을 형성하고 불(火)은 陽氣의 근본으로 精神을 형성
한다.

물질은 땅(地)에서 생산되고 양기는 태양(天)에서 생산되기 때문
에 육신은 흙의 영양을 먹고 살지만 정신은 태양의 빛과 열을 먹고
사는 것이다. 이렇게 육신이 먹고 사는 땅의 津液(진액)은 입과 위
장으로 섭취하고 흡수를 한다. 그러나 정신이 먹고 사는 하늘의 眞
氣(진기)는 코와 허파로 섭취하고 흡수한다.

정신은 정신의 유일한 빵인 공기와 산소를 호흡함으로써 살고 그
것을 잃음과 동시에 숨이 끊어지고 기절을 한다. 이러한 산소는 하
늘의 眞氣이고 태양의 精氣인 동시에 생명을 숨쉬게 하고 움직이게

하는 生氣이자 元氣인 것이다.

물(水)과 피(血)로써 생성된 생명과 육신은 陽氣인 酸素를 얻음으로써 숨을 쉬고 눈을 뜨며 움직이고 순환하며 관찰하고 판단할 수 있다.

씨앗을 부화하는데도 양기는 절대적인 필수조건으로 따스한 양기가 흐르지 않고서는 씨앗이 물에서 부화될 수가 없는 것이다. 즉 싹(芽)은 물(水)과 불(火) 그리고 피(血)와 기(氣)의 합작으로 이루어지는 음양의 소생이기 때문에 음양의 어느 한쪽만 없어도 발생할 수가 없는 것이다.

이는 생명의 生成(생성)뿐만이 아니라 存在(존재)하고 運動(운동)하며 變化(변화)하는 것도 동일한 이치이다. 陰과 陽·水와 火·血과 氣는 한쌍의 부부이자 수레바퀴로서 서로 의지하고 도우면서 움직이고 전진하며 자라나고 발전하는 상생관계인 것이다.

7. 水는 收斂 · 火는 擴散

물(水)은 높은 곳에서 낮은 곳으로 흐르고 수 많은 물방울과 물줄기는 하나로, 안으로 凝集(응집)되고 뭉치려함이 그 본성이다. 반면에 불(火)은 낮은 곳에서 높은 곳으로 피어 오르고 하나의 불꽃은 수 만가지로 分散(분산)되어 밖으로 퍼지려함이 그 본성이다.

이는 생명의 경우에서도 똑같아서 생명의 육신을 형성하는 물(水)은 처음부터 뭉치고 부푸는 작용만을 되풀이 하는데 그 뭉쳐진 물덩이가 단단해진 것이 바로 肉身이고 五臟六腑(오장육부)인 것이다. 이렇게 생명의 핵은 陽인 남자의 불(火)과 陰인 여자의 물(水)이 한쌍을 이룬 것이다.

이렇게 水(陰)는 모든 것을 자기중심으로 안으로 뭉치고 다지려 하지만, 火(陽)는 모든 것을 외부중심으로 밖으로 퍼지고 늘리려 하는 본성을 가지고 있다. 이같이 陰陽과 水火의 본능적인 작용에 의해서 뭉쳐진 하나의 내부의 개체가 형성되는 동시에 동서남북의 사방으로 확 퍼진 하나의 외부의 세계가 완성되는 것이다.

이는 우주의 경우에서도 마찬가지이다. 太極은 모든 것을 안으로 뭉치고 다지므로써 물질적인 개체를 만들려고 애쓰지만, 無極은 모든 것을 밖으로 퍼지고 늘리므로써 정신적이고 전체적인 연합세계를 만들려고 주도를 한다. 이러한 太極이 알뜰하게 만든 物質的인 개체가 지구와 별(星)들이며 無極이 애써 창조한 生氣의 天下가 바로 우주인 것이다.

우주에서 小宇宙(소우주)의 전형은 人間이다. 인간은 물(水)과 피(血)로 형성되는 物質的인 肉身(陰)과 빛(火)과 열(氣)로 형성되는 生氣的인 精神(陽)을 가지고 있다.

陰인 육신은 자기중심으로 모든 것을 뭉치고 독점하려는 본능이 강하게 작용하기 때문에 천하의 富(物質)·貴(勸力)·榮華(色)를 혼자서만이 독차지하려고 탐욕을 부린다. 그러나 陽인 정신은 외부의 세계중심으로 모든 것을 분산확대하려는 의욕과 본능이 강하게 작용하기 때문에 자신보다는 타인을 사랑하고 도우며 기쁘게 하는 것을 즐기며 원한다.

이렇게 인간이 인간을 미워하고 시기질투하며 남의 것을 탐내고 겁탈하며 서로 싸우고 죽이고 독차지하고 지배하려는 것은 貪慾(탐욕)의 化身(화신)인 육신의 본능적인 몸부림이다. 그러나 반면에 인간이 사랑과 동정으로 남을 돕고 즐겁게 하며 상호 이해와 양보로 희생과 헌신함으로써 자유와 평화를 다같이 누리려고 추구하는 것은 선천적이고 이성적인 慈悲(자비)의 化身(화신)인 정신인 것이다.

8. 血과 氣

물(水)과 땅(土)은 스스로 움직일 힘과 능력이 없기 때문에 무엇인가가 밀고 이끌어 주어야만 비로소 움직일 수가 있다. 이러한 水土, 즉 물과 땅을 움직이는 작용력이 바로 大氣(대기)의 힘이다. 이러한 大氣의 힘을 氣(기)·元氣(원기)·陽氣(양기)·氣運(기운)·運氣(운기)라 한다.

육신은 대기의 힘을 통해서만이 피(血)를 순환시킬 수가 있고 五臟六腑(오장육부)를 가동할 수가 있기 때문에 세상에 태어나면서부터 大氣인 氣를 들이킨다. 이렇게 氣를 흡수하는 작용을 呼吸(호흡)이라고 한다.

空氣로부터 육신이 애써서 흡수하는 것은 酸素(산소)인데 이 산소가 피(血)를 연소시키고 움직이며 흐르게 하여 순환시키는 동력을 가지고 있는 것이다. 이렇게 산소를 얻은 피(血)는 바람(風)을 얻은 물(水)처럼 힘차게 흐르고 굽이치지만 산소를 잃은 피는 그 자리에서 멈추고 마는 것이다.

大氣중의 산소는 불(火)로써 늘 분산과 확대의 본성을 가지고 있다. 그래서 그 같은 분산력과 확대력으로써 피를 사방으로 분산시키며 피의 흐름을 극대화시킬 수가 있는 것이다.

피는 본래가 물로써 뭉치고 덩어리지려는 본성이지만 그 뭉치려는 피를 산산히 분산시키고 덩어리지려는 것을 막아서 갈갈이 분해시키는 분산과 분해 그리고 멈추지 않고 흐르게 하는 流動(유동)의 작업을 도맡아 하는 것이 산소인데 이것이 바로 生氣인 것이다. 이렇게 생명의 원동력이자 숨통인 산소는 쉼없이 빠르게 분산되고 연소됨으로써 금새 소모되기 때문에 산소를 지체없이 생산하고 공급하려면 酸素(산소)의 生産運動(생산운동)인 呼吸(호흡)을 끊임없이 계속해야만 하는 것이다.

만유를 움직이고 분해하며 연소시키는 산소는 체내의 피를 연소분해시킬 뿐아니라 체내에 침입한 모든 물질을 연소분해시켜서 체외로 배출시킨다. 예컨대 寒風濕毒(한풍습독)이 체내에 침입하면 산소는 원기를 총동원해서 그 침입자를 연소분해하여 추방한다.

寒(한)의 추위가 침입해서 몸이 傷하는 것을 傷寒(상한)이라 하고, 바람(風)의 침입으로 몸이 傷하는 것을 傷風(상풍)이라 하며, 濕(습)의 침입으로 몸이 傷하는 것을 濕症(습증)이라 하고, 毒(독)의 침입으로 몸이 위태로운 것을 中毒(중독)이라고 한다.

사람이 傷寒(상한)·傷風(상풍)·濕症(습증)·中毒(중독)에 걸리면 몸에서 열이 발생하고 숨이 가빠진다. 예컨대 陽氣인 산소는 늘 風寒(풍한)의 침입을 막기 위해서 몸의 국경선이자 성벽인 皮膚(피부)를 튼튼히 지키는 방위에 만전을 한다. 그래서 韓方에서는 몸을 방위하는 元氣라는 뜻에서 陽氣를 衛氣(위기)라고 하는 것이다. 이러한 방위군인 衛氣는 태양의 빛(光)과 열(熱氣)을 먹고 살기때문에 태양과 함께 더불어 활동하는 것이다. 그러나 해가 져서 양기가 멈추는 저녁시간에는 방위군인 衛氣가 몸을 지켜줄 수가 없는 완전한 무방비의 상태가 된다.

한편 體內(체내)에서 할 일을 다한 산소는 燃燒力(연소력)과 動力(동력)을 상실한 찌꺼기로 변질되는데 그 찌꺼기가 바로 탄산가스이다. 이러한 탄산가스는 호흡을 통해서 외부로 배출된다. 즉 산소는 들이키고 탄산가스는 내뱉는 것이다. 이렇게 내뱉는 작용을 呼

(호)라고 하고 들이키는 작용을 吸(흡)이라 한다.

내뱉는 呼가 들이키는 吸보다 앞서는 것은 체내에 머물고 있는 탄산가스가 외부로 배출되어야만 속이 비게되고 속이 비어야만 새로운 기체인 산소가 쉽게 체내로 들어올 수가 있기 때문인 것이다. 이러한 신진대사가 바로 호흡작용인 것이다. 우주공간의 삼생만물은 모두가 이러한 호흡작용을 통해서 자신의 존재를 확인하는 것이다.

9. 天陰陽氣體와 地陰陽形體

하늘(天)의 眞氣(진기)·陽氣(양기)의 근본은 酸素(산소)이다. 산소는 하늘의 양식이고 빛이며 열기이다. 그러나 죽음(死)은 이러한 산소를 먹지못해 굶주림에서 오는 天과 地·陰과 陽·水와 火·血과 氣의 분열과 이별의 상태를 뜻한다.

만유는 하늘(天)의 氣가 뭉쳐져서 만들어진 氣의 子女·形象·化身인데 氣의 주체는 元子이다. 이러한 원자는 陽子·電子·中性子의 三子로 구성된 陰陽의 결합체인 동시에 하늘(天)의 음양이자 無形의 음양이고 陰陽의 氣體이자 母體인 것이다.

땅(地)의 음양은 모두가 하늘(天)의 음양에서 창조되고 형체화한 天陰陽(천음양)의 造化이고 化象에 지나지 않는다. 이는 地球와 萬物뿐만이 아니라 우주를 형성하는 일체의 별(星) 또한 마찬가지이다. 우주에 존재하는 모든 形體는 우주에 가득찬 無形의 氣가 有形의 氣인 形體로 변화한 氣의 化體인 것이다.

즉 無에서 有가 발생한 것이 아니다. 그러기 때문에 우주의 만물은 天氣와 유기적인 운동과 거래를 끊임없이 하고 있는 것이다. 이러한 天陰陽(천음양)·地陰陽(지음양)·宇宙陰陽(우주음양)과의 氣

(기)적인 운동작용과 거래를 呼吸이라 한다. 즉 天陰陽인 氣體와 地陰陽인 形體의 유기적인 활동은 삶·생활이지만, 그 활동의 停止(정지)는 죽음과 종말인 것이다.

氣體가 사라지면 氣의 化身인 形體, 즉 物體는 자연적으로 소멸된다. 따라서 無形의 氣體가 有形의 形體인 物體로 꾸며지는 생명의 창조를 造라 하고, 有形의 形體, 즉 物體가 無形의 氣體로 환원해서 氣化하는 것을 化라 한다. 즉 造(조)는 무형의 기체가 유형의 물체로 化物하는 것이고, 化(화)는 유형의 물체가 무형의 기체로 化氣하는 것이기 때문에 이를 宇宙의 造化라고 하는 것이다.

이렇게 우주만상은 바로 기체가 물체로 변화하고 물체가 기체로 변화하는 造化의 집대성인 것이다.

第2節 陰陽法則 – 周易原理

음양학에서 제시되고 있는 陰陽法則(음양법칙)이 바로 주역의 원리이다. 周易(주역)은 갈라지지 않은 일직선으로 그어진 하늘(天)을 상징하는 陽爻(양효:一)와 끊어진 두 토막으로 땅(地)을 상징하는 陰爻(음효:ㅌ)로 구성된 원리이다. 지금부터 이러한 주역의 음양법칙에 대해서 구체적으로 살펴서 우주원리와 자연법칙에 대한 이해를 돕고자 한다.

1. 天垂象 · 數 · 卦 · 易

하늘의 뜻이 인간세상에 나타나는 것을 天垂象(천수상)이라고 하는데 이를 성인께서 포착하시니 이것이 河圖(하도)와 洛書(낙서)인 것이다. 이렇게 하늘이 인간에게 펼쳐서 보여주는 兆脁(조짐)이나 徵兆(징조)를 성인께서 象으로 포착하심인 것이다.

河圖는 5,600년전에 태호복희씨가 정리한 것이고 洛書는 4,200년전에 하우왕이 정리한 것이다. 하도와 낙서에서의 상징들은 象(상)과 數(수)의 기본을 내포하고 있다. 이렇게 수많은 조짐과 징조들의 痕迹(흔적)인 象을 모아서 易(역)이라고 하였다. 이러한 易은 문왕때에 이르러서 비로소 문자로 정리가 되니 이것이 周易經文(주역경문)으로 만들어져 지금까지 전해져 내려오는 것이다.

주역의 64괘효사는 인간역사를 통해서 가장 정교하고 치밀하게 건축된 우주에 대한 기술인 것이다. 그래서 易이 천지이치를 그대로 본받았다고 할 수 있는 것이다. 따라서 64괘나 384괘는 우주의 거울인 셈이다. 그렇기 때문에 동방의 사유체계를 우리는 象과 數를 뜻하는 象數學(상수학)이라고 하는 것이다.

象(상)은 形(형)과 반대되는 개념이다. 形은 물질적인 형체를 갖추고 있는 것이기 때문에 쉽게 파악될 수가 있다. 그러나 象은 氣化(기화)된 無形의 幾微(기미)로 그 형체를 갖추지 않고 있기 때문에 파악하기가 매우 어려운 특성을 가지고 있는 것이다. 이러한 상수학이 후대에 이르면서 象은 외줄기금인 陽爻(一)와 두줄기금인 陰爻(ϑ)라는 음양의 기호체계로 표현되게 되었다. 그래서 卦도 象을 표현하게 되었으니 象數學(상수학)이 卦象學(괘상학)으로 발전된 것이다.

이렇게 인간은 하늘이 드리우는 象을 數와 卦로 포착하여 이를 해석하기 시작하였던 것이다. 그래서 周易經文은 대우주를 해석하여 이해할 수 있게 만든 위대한 동방철학의 씨앗이 될 수 있었던 것이

다. 이렇게 하늘의 질서가 땅에 내려와서 象·數·卦·易을 일으켜 동
방의 사유체계를 형성하면서 일체의 동방학문과 동방문화의 뿌리를
이루게 된 것이다.

2. 周易의 意義와 原理

1) 周易의 意義

주역을 읽으면 미래가 보인다는 말은 현상의 본질을 직관으로 지
각한다는 말이다. 그 직관을 시각화 하면 심상이 떠오르기 때문에
본다고 말하는 것이다. 즉 格物致知(격물치지)의 깊은 뜻이 여기에
있는 것이다.

주역공부가 깊어지면 괘상을 눈앞에 보듯이 미래를 볼 수 있을 것
이다. 주역은 삶과 죽음의 이치를 탐구한 책이기 때문에 유가의 경
전이라고 못박아 말할 수만은 없다. 왜 주역을 써놓고 주역의 뜻을
모두 드러내 알려주지 못하는가? 한마디로 불가능에 가까운 일인
것이다. 말할 수 없기에 못 다한 것일 수도 있고 말해서는 안되는 것
이기에 말을 못하는 경우도 있을 것이다.

周易이란 무엇인가? 주역은 周나라(BC.1066-256) 때의 易이
라는 말이다. 易이라는 글자는 變化를 의미하는데 日과 月의 두 글
자를 합친 것이다. 모든 현상은 변화하며 운명도 그렇다. 이 모든 변
화를 체계화시켜 놓은 책, 즉 변화의 경전이 주역인 것이다.

태고에 伏羲가 팔괘를 만들고 이를 겹쳐서 64괘로 重卦라 했다.
각 괘에 元(원)·亨(형)·利(이)·貞(정) 4글자를 조합해 붙여진 彖辭
(단사), 즉 卦辭는 주문왕이 만들었고, 6개효에 각각 붙여진 爻辭는

문왕의 아들인 周公의 작품인데 이것이 주역의 本經인 것이다. 彖(단)은 斷(단)으로, 즉 괘의 의미를 斷定해서 말한다는 뜻이다.

2) 周易과 豫言

음양이 낳고 또 낳는 생성의 원리를 易이라 하고, 그 象數의 이치를 연구하여 미래를 앎이 占이라 하며, 음양변화의 불가사의함을 神이라 한다. 운명은 참으로 불가사의하다. 그래서 이 알기 어려운 운명을 아는 사람을 선지자라고 한다.

주역을 읽으면 미래를 직관으로 알 수 있다고 한다. 그러나 주역은 원래 누구나 쉽게 읽고 잘 이용할 수 있는 책은 아니었다. 주역은 통치자만 만질 수 있는 책이었다. 아무나 접근할 수 없는 신성한 책이었던 것이다. 주역은 왕족과 제사장 계급만이 읽을 수 있었던 비밀의 책일 수 밖에 없었다. 즉, 제사를 지내는 권력을 가진 왕족들만 비밀리에 읽을 수 있는 거룩한 책이었다.

옛날에 占을 치는 方法은 두 가지가 있었다. 즉 卜(복)과 筮(서)이다. 주역은 무서운 힘을 가지고 있다. 그래서 유학자들은 멀리했다. 용렬한 사람들이 점을 치는 이유는 반드시 이해타산이 있기 때문이다. 못된 짓을 획책하면서 그 음모가 성공할지 알아보려고 점을 칠것이 아닌가? 남들을 패망의 길로 몰아 넣고 승리와 이익을 쟁취하려는 음모와 계략을 꾸미는데 주역을 이용할 것이 아닌가? 그러므로 악한 자들이 점을 치는 행위를 근절시키지 않으면 안 된다. 원래 주역을 점치는 일에 활용한 사람들은 주로 군주와 전략가들이었다.

3) 周易을 읽으면 運命이 보인다?

주역의 근본원리는 괘상과 천지자연을 1:1로 대응시키는 것이다. 즉 우주 삼라만상과 모든 현상에 빠짐없이 숫자로 고유명사를 붙여 부르는 것과 같다. 그래서 원리해석이 가능한 6효 64괘 체계로 주역을 구성하였다.

易은 거울과 같다. 주역을 탐구하는 목적은 지혜로운 삶을 추구하는 것이다. 즉 삼라만상이 생멸하고 변화해 가는 원리를 공부하고 삶의 의미를 이해하여 性命을 바로 하면서 살려는 것이다. 그러나 주역 계사전은 우리가 미래를 알 수 있다고 말한다. 그런 의미에서 주역은 예언서인 것이다. 인간의 지식은 엄청난 논리적인 생각을 전개한다고 하여도 근사치에 머물러야 하는 것이 참으로 숙명인지도 모른다.

모든 사람은 각자 정해진 길을 따라 살게 되어 있는 것이다. 즉 운명론이다. 그렇게 이미 정해져 있는 노선을 운명이라 부른다. 그러나 대부분 사람들은 죽음을 준비하고 편안하게 죽고 싶어한다. 그러나 생명의 기원은 아직도 수수께끼의 영역이다.

4) 陰陽·八卦·六爻의 理解

천지는 속임없이 있는 그대로 보여줄 뿐이다. 그래서 주역은 말한다. 나타난 현상을 있는 그대로 관찰하면 천지의 도를 있는 그대로 如如하게 터득할 수 있으리라고 하였다.

음양의 원리는 생명의 원리이다. 인간은 열리는 모습의 들숨(闢/吸/陽)과 닫히는 모습의 날숨(闔/呼/陰)의 사이에서 살다가 죽는다.

천지자연도 숨을 쉬는데 冬至가 되면 숨을 들이쉬기 시작하고 夏至
가 되면 숨을 내쉬기 시작한다.

　천지호흡은 二升二降(이승이강)하여 두 번은 올라가고 두 번은
내려간다. 즉 양기의 상승과 음기의 상승 그리고 양기의 하강과 음
기의 하강 이것이 태극도의 그림이다.

　즉 음이 극에 달하면 양으로 변화하고, 양이 극에 달하면 음으로
변한다. 이것이 陰陽相推(음양상추)인 것이다. 이렇게 주역은 생명
의 발생과 소멸에 관한 논리인 것이다. 그래서 음양오행은 자연의
논리이고 생명현상의 논리라고 할 수 있는 것이다.

5) 周易經文 – 易經의 總體

　태극이 분열하면 음과 양으로 兩儀된다(초효). 음양이 다시 분열
하면 四象이 된다(2효). 다시 한번 분열시키면 八卦가 된다(3효).
그리고 8괘는 각각 3개의 효를 아래로부터 위로 쌓아 놓은 모습이
다. 그래서 원초의 태극을 6번 음양으로 분열시킨 것, 즉 2의 6승인
64가 역경의 총체인 것이다. 여기서 사상을 보면 1효와 2효가 양이
면 태양괘이고, 1효와 2효가 음이면 태음괘이다. 그리고 1효가 양
이고 2효가 음이면 소음괘이고, 1효가 음이고 2효가 양이면 소양괘
이다.

　동지는 양이 처음 시작하는 달이다. 따라서 동지부터 복괘가 시작
된다. 그리고 양효가 하나씩 위로 밀고 올라온다. 하지부터는 음기
인 음효가 양효를 하나씩 위로 밀고 올라온다. 이것을 陰陽相推(음
양상추)라고 한다. 즉 양이 음을, 음이 양을 아래서부터 위로 밀어내
는 것이다.

爻에는 각각 位가 있다. 아래에서 세어서 홀수위치는 陽位, 짝수위치는 陰位인데, 각각 자기위치에 일치하면 正이라고 한다. 특히 2효와 5효를 中이라 하는데 中의 위치에 양효가 있으면 岡中이고 음효가 있으면 柔中이라고 한다. 그리고 상괘를 외괘라 하고 하괘를 내괘라고 한다.

한편 1효-4효, 2효-5효, 3효-6효 사이에 서로 음양이 달라서 서로 끌어 당기는 자력이 있음을 相應관계라고 하고, 서로 음양이 같아서 서로 끌어 당기는 자력이 없음을 不應關係라고 한다. 그리고 서로 인접한 효가 음효와 양효로 인접해 있다면 이를 相比라고 한다. 또한 괘중의 숨은 뜻으로서 互卦가 있는데 호괘는 본괘의 속에 숨은 세력의 변화를 설명하는 것이다.

8괘를 읽는 방법으로 8괘는 小成卦(單卦), 64괘는 大成卦(重卦)라 하는데 각 괘가 천지인 3효로 이루어져 있다. 시간 순서로 말하면 아래의 첫 번째 효가 사건의 발단이고, 가운데 두 번째 효가 사건의 전개이며, 맨위의 세 번째 효가 사건의 결과인 것이다. 즉 3개의 효가 本中末의 순서를 이루는 것이다.

8괘는 기호일 뿐이다. 음과 양을 이진법의 숫자로 표현해 보면 1과 0일 뿐이다. 가깝게는 신체의 각 부분과 관련지어 보고 멀리는 천지자연에 관련해 생각해 볼 수 있을 것이다. 8괘를 눈에 보이는 천지자연의 구체적인 사물들에 대응시킨다는 뜻으로, 8괘를 각각 자연물에 1:1 대응시킨 설명이 8괘 像形이다.

8괘에 담긴 陰陽二氣가 현상계 내에서 서로 밀어내고 당기는 눈에 보이지 않는 힘의 작용을 뜻하는 추상적인 용어로, 8괘 각각의 氣運의 작용을 설명하는 것이 8괘 象形이다. 즉 주된 관심은 陰陽의 氣와 理에 대한 철학적인 해석인 것이다.

氣는 추상적인 존재로이기 때문에 5개의 감각기관인 眼耳鼻舌身
(안이비설신)으로서는 파악할 수 없는 것이다. 그래서 이렇게 추상
적인 존재인 卦象을 구체적인 사물들의 卦像으로 구체화시킴이 필
요한 것이다.

8괘의 상징적 의미를 해석해 보기 위해서 부득이 8괘를 3남3녀를
둔 가족으로 구체화해서 배열해 보면 다음과 같다. 산택통기란 비강
(코)과 구강(입)의 氣의 유통을 말하는 것이다.

주역의 설괘전왈 山澤通氣 然後에야 能變化하며 旣成萬物也라 하
고 있다. 즉 산과 호수가 서로 기를 통한 연후에야 변화가 일어나며
비로소 만물이 완성되는 것이다. 예컨대 물(水)은 季節과 氣가 凝結
되는 形象에 따라서 바다·강물·수증기·안개·이슬·서리·구름·비와
같이 다양한 現像으로 나타나는 것이다.

한편 12消息卦는 전통적으로 괘를 배열해 보는 방법으로 이는 태
양과 지구의 운동을 나타내고 있다. 12개월의 괘를 1월부터 12월까
지 배열해 보는 것이다. 그러나 누구든지 역경을 독자적으로 해석할

〈表 2-4〉 陰陽配置의 易經總體

陰				陽				陰陽
太陰		少陰		少陽		太陽		四象
☷	☶	☵	☴	☳	☲	☱	☰	卦
8	7	6	5	4	3	2	1	數理
土	土	水	木	木	火	金	金	五行
坤 곤	艮 간	坎 감	巽 손	震 진	離 이	兌 태	乾 건	卦名
母	少男	中男	長女	長男	中女	少女	父	六親
地	山	水	風	雷	火	澤	天	

<表 2-5> 易經의 卦名

6爻	上卦 外卦			—	—
5爻					—
4爻			上互卦		
3爻	下卦 內卦				下互卦
2爻				—	
1爻				—	—

방법을 찾아내서 체계화를 시킨다고 하면 이는 참으로 가상한 일이 될 것이다.

불교계에서 智旭(지욱:1599-1655) 스님이 주역을 불교교리에 맞추어서 周易禪解(주역선해)를 저술하여 독자적인 해석을 시도한 적이 있었다.

3. 乾爲天(☰)과 坤爲地(☷)의 實相

1) 乾爲天(☰)의 實相

하늘(天)은 無形의 氣體로서 가득차 있는 陽의 세계이다. 그런데 天氣는 독립된 개체로서 존재하지 않고 상호 유기적인 운동을 반복함으로써 하나의 거대한 氣로써 공존하고 있을 뿐이다. 그 통일된 하나의 氣를 표시한 陽의 象이 바로 일직선으로 그어진 陽爻(양효―)이다.

陽은 아직 물체화하지 않은 기체로서 통일된 하나의 세계에서 무형의 운동을 되풀이 할 뿐이다. 그 氣는 하늘(天)에 가득히 쌓이고

쌓여 있으니 그 쌓아진 陽의 모양을 그린 것이 바로 양효의 세가닥
으로 구성된 乾卦(건괘☰)이고 두겹으로 쌓아 올린 여섯가닥의 陽
爻로 구성된 卦象을 乾爲天(건위천)이라고 한다.

陽爻(양효) '―'은 천일생수의 상이다. 물(水)은 하늘(天)에서 발
생하여 만유를 먹이고 살찌우지만 하늘에는 氣는 있어도 形體인 物
體는 없으니 陽爻 '―'은 물(水)이 아닌 물(水)의 氣體인 水氣(수기)
를 상징하는 것이다. 즉 장차 물체를 창조하고 물체로 변신할 水氣가
하늘 가득히 쌓인 水氣集團(수기집단)의 형상이 바로 乾卦(☰)의
天象(천상)인 것이다.

2) 坤爲地(☷)의 實相

땅(地)은 有形의 물체로서 物(물)이 가득차 있는 陰의 세계이다.
그러나 氣體가 物體로 변화하게 되면 하나의 통일된 氣體世界는 氣
體와 物體의 世界로 두동강이가 나게 된다. 즉 하나의 통일된 기체
가 분화된 물체로서 두동강이가 난 변화의 형상을 그린 것으로 주역
상으로는 통일된 한줄기가 두가닥으로 나누어진 분화와 분열을 상
징하는 陰爻(음효⚋)로 표시되는 것이다.

이러한 陰爻는 무형의 기체가 유형의 물체로 변화한 것을 의미하
는 물질세계를 상징하는데, 만물로 가득찬 땅(地)는 陰이 만발한 陰
의 천하로서 땅의 卦象(괘상)은 하나같이 두동강이로 갈라진 陰爻
로 가득차 있는 것이다.

세겹의 음효로 구성됨을 坤卦(곤괘☷)라 하고 이를 두겹으로 쌓
아 올린 여섯가닥의 음효로 구성된 卦象을 坤爲地(곤위지)라고 한
다. 즉 氣體로 가득찬 하늘(天)을 순수한 양효의 괘상으로 상징하

고, 物體로 가득찬 땅(地)을 순수한 음효의 괘상으로 상징한 주역은
문자 그대로 宇宙와 天地의 實體와 眞象을 그대로 나타내고 있는 진
리라고 할 수 있는 것이다.

　이렇게 주역은 음양으로 꾸며지고 엮어진 天文地理人事(천문지리
인사)의 造化法道(조화법도)인 것이다. 음양의 妙理(묘리)는 體와
用의 조화이다. 體와 用은 불가분의 表裏關係(표리관계)로서 그 造
化가 무궁무진한데 이러한 體와 用을 구체적으로 밝힌 것이 주역의
河圖(하도)와 洛書(낙서)이다. 이러한 하도와 낙서에 대해서 구체적
으로 살펴보기로 한다.

4. 河圖의 相生原理와 天地體制

　三皇五帝(삼황오제)의 시조이고 중국 最古(최고)의 제왕이었던
伏羲王(복희왕)이 河圖(하도)의 相生原理(상생원리)를 대자연의 대
도에 입각하여 自然秩序(자연질서)·社會秩序(사회질서)·政治秩序
(정치질서) 등의 법칙으로 선포한 평화로운 인간사회가 河圖時代
(하도시대)이다.

　이러한 상생의 대도를 꽃피운 것이 堯舜(요순)의 시기인데 요순
임금은 왕이지만 다스리지 않았고 오직 백성을 위하여 農水準備(농
수준비)와 洪水豫防(홍수예방)을 위한 治水(치수)에 그들의 심혈을
모두 기울였다.

1) 河圖의 相生原理

　太古(태고)의 伏羲王(복희왕) 시대에 중국의 黃河江(황하강)에

한 마리의 龍馬(용마)가 나타났는데 그 등에 55개의 점으로 된 이상한 그림이 있었다. 자세히 들여다보니 그것은 동서남북과 중앙의 五方位로 나뉘어진 五行의 象(상)을 數字(수자)로 표시한 象水(상수)였던 것이다.

이 신기한 오행의 그림은 황하의 용마를 통해서 알려진 것이기에 이를 河圖(하도)라 하였다. 그리고 하도가 천지의 象(상)과 數(수)를 그대로 나타낸 최초의 그림이기에 이를 先天圖(선천도)라 하는 것이다.

첫째 北方에는 一陽이 안으로 배치되고 六陰이 밖으로 배치되어 마치 한남자를 여섯여자가 둘러 감싸고 있는 형상이었다. 둘째 맞은편 南方에는 二陰이 안에 배치되고 七陽이 밖에 배치되어 마치 두여자를 일곱남자가 감싸듯 둘러싸고 있는 형상이었다. 즉 북방은 陰의 세계이기 때문에 陰인 여성이 많고 陽인 남성이 귀하듯이, 남방은 陽의 세계이기에 陽에 속하는 남성이 우글거리고 陰인 여성이 귀한 것이었다.

셋째 東方에는 三陽이 안으로 배치되고 八陰이 밖으로 배치되어 있으며 넷째 맞은편 西方에는 四陰이 안으로 배치되고 九陽이 밖으로 도열되어 있었다. 즉 동방은 어린왕자의 발생지이기에 陽이 主體가 되고 陰이 들러리가 되지만, 서방은 공주나라로 수렴하는 곳이기에 陰이 主體가 되고 陽이 들러리 역할을 하는 것이다.

다섯째 중앙은 음양이 교류하고 결합하는 신방이자 만물을 임신하고 분만하는 자궁으로서 정자와 난자가 어울리고 잉태하는 형상처럼 중심에 五陽의 精子가 동서남북과 중앙에 하나씩 배치되고 밖으로는 十陰인 卵子가 천지와 남북으로 배치되어서 陽의 씨앗을 감싸고 있는 형상이었다.

이렇게 중앙의 중심에 있는 다섯 개의 정자, 즉 五陽이 五行의 씨앗(種子)이고, 이 오행의 씨앗은 열 개의 난자, 즉 十陰에 의해서 부화되는 이치를 담고 있었던 것이다. 이렇게 용마의 등에 음과 양의 점들이 오방위로 나뉘어 오행별로 질서정연하게 배치되고 음과 양이 서로 다정하게 호응하고 있으니 복희왕이 놀라움을 금하지 못하였던 것이다. 이러한 오행은 동방에는 木이 남방에는 火가 서방에는 金이 북방에는 水가 중앙에는 土가 군림하고 있는 것이다.

이러한 河圖의 數字가 무엇에서 연유하고 무엇을 상징하는가? 그리고 동서남북과 중앙에 그려진 하도의 數字는 무엇을 의미하는가? 등을 자세히 이해할 필요가 있으므로 구체적으로 알아보기로 한다.

2) 河圖의 數字 - 生數와 成數

(1) 天五行 - 生數(陽)

하늘(天)에는 하늘을 대표하는 五星, 즉 木·火·土·金·水라는 陽氣의 氣運이 있다. 하늘의 기운은 고정된 體(체)가 없는 氣의 상태이기 때문에 잠시도 쉬지 않고 늘 움직이고 회전하며 변화하고 運行을 한다. 이렇게 하늘에서 쉼없이 운행하는 五星의 기운을 天五行(천오행)이라고 한다.

天五行은 저마다 물질을 창조하고 발생시키는 씨앗인 精子(정자)의 작용을 함으로써 우주를 움직이고 다스리지만 氣의 化象(화상)인 形體(형체)가 없기 때문에 독립이 불가능한 것이다. 즉 천오행과 천오행의 다섯가지 수는 만물을 창조하고 발생시키는 元氣(원기)이고 精子일 뿐이지 그 자체가 物體가 될 수는 없다. 그래서 1·2·3·4·5의 數字는 만물의 발생을 주관하고 주도하는 기본수로서 이를 生

數(생수)라고 하는 것이다.

(2) 太極五行-土의 基本數(陰陽의 子宮)

땅(地)에는 땅을 대표하는 五星 즉 木·火·土·金·水라는 陰質인 物質이 있는데 이들은 天五行의 生數에 의해서 창조된 生數의 化身이다.

물질은 지구가 본산이고 생물은 土에서만 발생하고 생존하듯이 흙(土)을 떠나서는 생명이 발생하고 존재할 수가 없는 것이다. 즉 모든 물질은 흙(土)이라는 자궁을 통해서만 그 형체를 형성하는 것이다. 이렇게 천오행의 기운이 물체로 변화하려면 반드시 자궁인 土의 신세를 지고 土와 결합함으로써 비로소 물체로 창조될 수가 있는 것이다.

이러한 土의 기본수는 五이고 그래서 천오행이 地上(지상)의 物象(물상)으로 化象(화상)하려면 하늘의 氣이고 精子인 生數(1·2·3·4·5)에 土의 기본수인 五와 결합을 해야만 하는 것이다. 즉 천오행의 씨앗이 五라는 土의 자궁을 얻어서 결합되면 姙娠(임신)되고 孵化(부화)되어 하나의 物體로 형성될 수가 있는 것이다. 이와 같이 자궁을 통해서 생산되는 물체는 土의 소생으로써 대지에 속하고 흙(土)과 더불어 존재하는 것이다.

(3) 地五行-成數(陰)

天五行의 元氣와 土가 결합하고 합작해서 형성된 물체는 땅의 오행, 즉 地五行(지오행)으로써 천오행과는 數字부터가 전혀 다르다.

天五行은 生數인 1·2·3·4·5이지만 地五行은 天五行이 갖는 각각의 生數에 땅(土)의 기본수인 5를 가산하여 결합함으로써 얻어

지는 것이다. 즉 첫째 1水는 6이 되고 둘째 2火는 7이 되며 셋째 3
木은 8이 되고 넷째 4金은 9가 되며 다섯째 5土는 10이 된다. 이
와같이 6·7·8·9·10이 成數가 되는 것인데 이를 정리하여 보면 다
음과 같다.

〈表 2-6〉 龍馬등에 表記된 方位別 陰陽五行의 配置

天五行 (無形-氣-氣運)					太極五行 (子宮-土)	地五行 (有形-體-氣의 化象)					
	方位	生數 內部配置		生數	五行	基本數	五行	成數	成數 外部配置		方位	
陽 - 氣	北	一陽	天水	1	水	+5	水	6	地水	六陰	北	陰 - 質 - 體
	南	二陰	天火	2	火	+5	火	7	地火	七陽	南	
	東	三陽	天木	3	木	+5	木	8	地木	八陰	東	
	西	四陰	天金	4	金	+5	金	9	地金	九陽	西	
	中	五陽	天土	5	土	+5	土	10	地土	十陰	中	
合				15		+(25)		40	= 55			

天五行은 無形의 氣이기 때문에 1은 水氣, 2는 火氣, 3은 木氣, 4
는 金氣, 5는 土氣의 성정을 각각 갖는다. 그러나 地五行은 有形의 物
質이기 때문에 6은 물, 7은 불, 8은 나무, 9는 쇠, 10은 흙의 性情을
갖는다. 이는 천지와 음양이 하나의 보금자리를 마련하고 있는 다정
한 형상이기도 하다. 피상적으로 보았을 경우에는 천지와 음양이 서
로 분리된 전혀 별개인 것처럼 보이지만 그 실제는 五行의 表裏(표
리)로서 불가분하게 공존을 하고 있으면서 변화가 무상한 것이다.

즉 1水와 6水는 數字나 形象에서 전혀 다르지만 사실은 水를 陰
(體)과 陽(氣)으로 나눈것 뿐이다. 즉 1水가 변하면 6水가 되고 6水

가 변하면 다시 1水로 되돌아가는 것뿐인 것이다.

이렇게 無形의 氣에서 有形의 物體가 발생하는 것을 造(조:無→有)라고 한다. 그리고 有形의 物體가 죽고 분해되어 無形의 氣로 되돌아가는 것을 化(화:有→無)라고 한다. 그래서 造는 氣가 物로 창조되는 것을 상징하고, 化는 物이 氣로 還元(환원)되는 것을 의미하는 것이다. 이렇게 氣가 物이 되고 物이 氣가 되는 음양오행의 조화를 구체화한 것이 河圖(하도)의 천지오행인데 이것이 바로 宇宙(우주)와 大自然(대자연)의 靑寫眞(청사진)인 것이다.

(4) 河圖의 天地體制

이 세상에 제일 먼저 나타난 것은 體인데 體는 크게 하늘(天)과 땅(地)으로 나눌 수 있다.

하늘(天)은 높고 건조하며 굳센 우주의 皇帝(황제)이기에 이를 乾(건)이라 하고, 땅(地)은 낮고 순한 여자로서 우주의 皇后(황후)이기에 이를 坤(곤)이라고 한다. 이러한 하늘의 乾을 하늘에 앉히고 땅의 坤을 땅에 앉힌 乾坤天地卦象圖(건곤천지괘상도)가 바로 河圖인 것이다.

즉 하도는 우주의 형체인 하늘(天)과 땅(地)을 자연 그대로 묘사한 자연이 발생한 원시적인 우주형상으로서 여기에는 體는 존재하지만 用은 존재하지 않는다. 이같이 가로막힌 원시적인 사회형태를 그린 하도의 천지체제를 卦로 상징한 것이 바로 天地否卦(천지비괘)이다.

相生五行(상생오행)과 春夏秋冬(춘하추동)은 가고 오고 오고 가며 生生不息(생생불식)하는 生의 연속과 반복이며 자연의 발전적인 변화로서 五行의 끊임없는 發生과 成長을 의미한다.

이러한 발전적인 발생과 변화적인 성장을 상징하는 것이 바로 하도의 相生圖(상생도)이다.

즉 하도는 대자연의 분포와 계절의 변화를 있는 그대로 象數(상수)로서 그려낸 하나의 청사진인 것이다. 그러므로 河圖는 조물주가 대자연을 창조한 과정이고 다스리는 대율법이며 만물이 발생하고 성장하며 거두고 갈무리하는 발전적인 변화현상이자 생생불식하는 五行의 永生秩序(영생질서)로서 국왕이 천하를 다스리는 근본과 법도를 명시한 통치의 대경전이었던 것이다.

이렇게 자연의 모든 것은 조물주의 조화로, 개방된 상태에서 상생의 질서로서 자연적으로 발생하고 성장하며 거두고 갈무리되어야 한다는 논리인 것이다.

5. 洛書의 相剋原理와 火水體制

요순임금에 이어서 夏나라의 禹王(우왕)이 제위에 오른뒤에 黃河(황하)의 상류인 洛水(낙수)에서 이상한 거북이가 나타났다.

河圖를 등에지고 나타난 龍馬처럼 등에 여러 가지 무늬를 가진 神龜(신구)가 나타났는데 洛水에서 나타난 글(書)이라는 뜻에서 이를 洛書(낙서)라고 한다.

우왕이 이를 자세히 살펴보니 하도는 점이 55개인데 낙서는 점이 45개만 그려져있었다. 이렇게 하늘은 세상의 변화를 언제나 앞질러서 계시하는 것이다.

夏禹王(하우왕)은 전설의 인물로 중국에서 군왕이 천하를 통치하는 君主主義王朝(군주주의왕조)를 창건한 인물이다. 그는 자기 혈육에게 물려주는 왕위세습제와 군왕중심국가체제 그리고 군왕의 토

지사유화와 계급사회를 만들었는데, 夏나라는 장장 15대를 통해서
왕권정치를 하다가 殷(은)나라의 湯王(탕왕)에게 멸망하였다.

殷이후에는 대립과 상극을 절대화 하는 낙서의 법칙에 따라서 周
나라가 등장하여 천하통일과 만년성을 쌓으려 하였으나 550여년의
춘추전국시대로 넘어가게 된다.

1) 洛書의 相剋原理

河圖에서는 中央土가 5陽과 10陰으로 구성되어 있었으나 낙서에
서는 中央土가 5陽만으로 구성되어 있다. 그리고 하도에서 南方의
二·七火가 洛書에서는 西方으로 가고, 하도에서 西方의 四·九金이
낙서에서는 南方으로 옮겨간 것이다. 즉 하도와 비교해서 낙서에서
다른점은 오행중 중앙의 陰土가 사라졌고 南方火와 西方金의 위치
가 서로 자리바꿈을 하였다는 점이다. 즉 오행의 진행방향이 정반대
로 바뀌진 것이다.

河圖에서는 동방에서 떠서 서방으로 저무는 태양(日)의 진행궤도
인 左旋(좌선)을 위주로 하고 있었는데, 洛書에서는 서방에서 뜨고
동방으로 저무는 달(月)의 진행궤도인 右旋(우선)을 위주로 하고 있
다는 점이다. 즉 오행의 자리바꿈은 단지 두 개가 변했지만 그 진행
방향과 궤도가 완전히 뒤바뀐 것이었다.

天一生水의 대법칙에 따라서 五行의 1번인 水를 중심으로 하여
河圖와 洛書를 비교하여 보면 확연히 다른점을 살필 수가 있다. 즉
河圖에서 水를 중심으로 左旋(좌선-좌회전)을 시키면 水生木(수생
목)→木生火(목생화)→火生土(화생토)→土生金(토생금)→金生
水(금생수)처럼 진행되어 서로가 돕고 또한 보살피는 相生으로 생

생불식으로 돌고 또 돈다. 그러나 洛書에서 水를 중심으로 右旋(우선-우회전)을 시키면 水剋火(수극화) → 火剋金(화극금) → 金剋木(금극목) → 木剋土(목극토) → 土剋水(토극수)로 진행되어 출발부터 서로가 대립적·투쟁적으로 저마다 싸우고 이겨야 하는 절박한 상황에 직면한 동시에 평생을 이기고 지는 승리와 보복을 되풀이 하는 전쟁의 싸움장이다.

이는 天地萬物(천지만물)의 秩序(질서)와 法則이 相生에서 相剋으로 뒤바뀌는 天地大自然思想(천지대자연사상)의 대변화를 암시해주는 것이었다.

상극은 서로가 공존할 수가 없기에 싸우고 이겨서 지배하려는 것이기 때문에 싸움의 대결은 승리를 위한 수단이고 승리는 지배가 목적인 것이다.

인간과 자연은 모두가 상대의 지배를 원하지 않지만 싸움에서의 패자가 추방을 면하려면 승자에게 굴복하고 복종할 의무가 있다. 즉 상극은 평화질서인 하도의 상생을 무시·파괴하고 각각의 힘을 앞세워 대립하고 싸우며 승부를 다투는 성정을 갖고 있는 것이다.

이렇게 相剋은 상생질서를 파괴하고 한자리씩 뛰어넘는 越權(월권)과 폭력이 亂舞(난무)한다. 그래서 水剋火·火剋金·金剋木·木剋土·土剋水로 서로 대립하고 대결함인 것이다.

겉으로는 水가 火를 치고 이기며 火가 金을 이겨 다스리며 金이 木을 이기고 지배하며 木은 土를 무찌르고 다스리며 土가 水를 가로막고 다스린다.

이렇게 상극은 자연을 통일·독점한 무리가 세력을 형성함에서부터 출발하는데 이러한 상극의 발생과 현실을 구체적으로 밝힌 천부의 啓示(계시)가 바로 洛書인 것이다.

그러나 剋은 서로가 싸우고 이기는 상대적·쌍방적인 相剋이지 절대적·일방적인 獨剋(독극)이 아니다. 즉 水가 火를 치고 이기면 水가 火를 지배하고 다스리듯이, 火도 水를 치고 이기면 火가 水를 지배하고 다스리는 것이다. 이렇게 이기고 지는 관계를 알기위해서는 오행의 힘을 저울질하는 12運星을 알아야만 한다.

12운성에 대해서는 다음의 제3장에서 구체적으로 다루게 되므로 여기에서는 생략한다.

2) 洛書는 國家創造者

상극의 질서하에서는 이긴자가 모든 것을 차지하므로 개인의 자유와 권리는 존재하지 않는다. 상대를 강제로 정복하기 위해서는 막강한 힘이 필요하고 그러한 힘을 장만하기 위해서는 집단적이고 조직적인 세력의 형성이 필요하고 이를 위해서는 무리를 만드는 압도적인 힘과 통솔력이 요구되는데 이러한 통솔력은 전쟁을 치루는 鬪志(투지)와 玄武(현무)와 같은 사냥꾼의 기질을 갖추어야만 하는 것이다.

상생의 기나긴 태평세월에 진력이 난 조물주가 심심풀이로 장난삼아서 써본 것이 落書(낙서)인지도 모를일이다. 그러기에 洛書의 출처가 洛水가 아닌 落水로서 洛書가 아닌 落書가 옳은지도 모를 일이다.

이렇게하여 역사는 삼천년이 흘러서 지났지만 洛書의 대법칙은 아직도 天下秩序(천하질서)와 天下制度(천하제도)로서 대지를 지배하고 통치하는 국가의 창조자인 것이다. 이렇게 낙서는 대립과 투쟁에 의한 상극을 철칙으로 하고 있는 것이다.

3) 洛書의 水火體制

하도의 천지체제인 암흑천지에 빛을 밝히고 메마른 땅에 윤기를 베푼 것은 불(火)과 물(水)이다. 불(火)은 하늘(天)의 태양에서 발생한 하늘의 입김이고 작용이며, 물(水)은 땅(地)에서 흐르는 땅의 꿀과 젖이자 작용이다.

天과 地는 우주의 몸에서 발생한 太陽(日)의 불(火)과 太陰(地水)의 물(水)은 天地의 기능이고 手足으로써 이를 천지의 작용이라고 하는 것이다.

불(火)과 물(水)은 天과 地의 자녀로서 성숙한 성인이고 한쌍의 부부인 것이다. 이러한 불(火)과 물(水)이 天과 地를 대신해서 천하를 다스리는 새로운 체제를 洛書라 한다.

그래서 洛書에서는 父인 天을 대신하여 아들인 불(火)이 南方皇帝(남방황제)로서 군림을 하고, 母인 地를 대신하여 물(水)이 北方皇后(북방황제)로서 군림하는 것이다.

이렇게 天地의 몸(體)대신에 天地의 手足(수족)이 천하를 지배하는 낙서는 하늘(天)의 불(火)과 땅(地)의 물(水)을 주축으로 하는 卦象(괘상)인 火水未濟卦(화수미제괘)로 체통을 삼는다.

이는 적막했던 천지에 불이 밝혀지고 메마른 땅에 물이 흐르는 천지개벽으로써 體가 用으로 발전하고 변화한 천지혁명을 상징하는 것이다.

이렇게 하여 자연상태의 體가 개발적인 用으로 변하면서 인간사회와 역사는 크게 바뀌어 왔다. 즉 자연상태의 원시사회는 길이 열리면서 사통팔달의 문명이 발달하게 되었고, 인간은 원시적인 동물생활을 청산하고 문명사회의 토대를 만들었지만, 천하를 독점지배하려는 욕망이 커짐으로써 개방된 자연세계를 무력으로 정복하고 봉쇄하는 등 갈갈이 찢어 놓음으로써 天地陰陽의 화합은 영영 未濟(미제)가 된 것이다.

천지의 역사가 體에서 用으로 바뀌면서 작동하듯이 陰陽의 作用도 體에서 用으로 바뀌면서 시작된다. 불꽃은 수없이 퍼지고 갈라지는데 물줄기는 하나로 뭉치고 통일되는 것이 본성이다.

그래서 하늘(天)을 상징하는 통일된 일직선의 陽爻(양효-)는 그 실제는 모든 골짜기의 물이 하나의 江으로 뭉쳐지고 바다(海)로 통일되는 물줄기를 나타내는 陰의 표시인 것이다. 그러나 반면에 땅(地)을 상징하는 분화된 두가닥의 陰爻(음효❙❙)는 그 실제는 한줄기의 불꽃이 하늘로 타오르면서 수없이 여러 가닥으로 갈라지는 불가닥을 나타내는 陽의 표시인 것이다.

그러기에 겉으로는 불(火)을 상징하는 하늘의 陽爻가 속으로는 陰에 속하는 물(水)의 작용을 하는 것이다. 그리고 겉으로는 물(水)을 상징하는 땅의 陰爻가 속으로는 陽에 속하는 불(火)의 작용을 한다.

이는 體와 用의 矛盾(모순)과 相反性(상반성)을 의미하는 것이 아니고 서로 떨어질 수 없는 不可分(불가분)의 表裏關係(표리관계)를 의미하는 것이다.

이러한 음양의 표리관계는 인간의 생명을 유지시키는 陰血(음혈)과 陽氣(양기)의 관계에서도 잘 설명될 수가 있다. 즉 陰과 陽·물(水)과 불(火)·혈(血)과 기(氣)의 양자는 뭉치면 살고 흩어지면 죽는 불가분의 공동체인 것이다.

이는 體와 用의 경우에서도 동일한 것이다. 즉 陽爻가 불(火)의 體이면서도 물(水)의 작용을 하고, 陰爻가 물(水)의 體이면서도 불(火)의 작용을 한다는 것은 불과 물은 둘이 아니고, 그 실은 하나의

공동체로서 불(火)은 물(水)에 의지를 하고 물(水)도 불(火)에 의지
를 하는 한쌍의 부부임을 생생하게 논증해 주는 점이라 할 것이다.

6. 周易上의 河圖와 洛書

周易은 천지만물의 創生(창생)·存在(존재)·運動(운동)·變化(변
화)의 원리와 과정을 象數(상수)로써 뚜렷이 밝힌 창조·운동·변화
의 이치와 법칙인 것이다. 이러한 주역의 원리로 河圖와 洛書를 비
교해 볼 필요가 있다.

1) 周易上의 河圖

우주의 만물과 대자연이 갓 창생된 최초의 象(상)과 形(모양)을
있는 그대로 그려서 나타낸 그림이 주역의 先天圖(선천도)이며 河
圖인 것이다.

우주는 천지가 중심인데 하늘은 위에 있고 땅은 아래에 있으며 동
방은 밝고 서방은 그늘이 지는 우주의 형체로서 아직 動하고 있지
않는 정지상태를 상징하는 그 體를 본뜬 것이 바로 하도의 天地否卦
(천지비괘)이다.

즉 上天(상천)이니 위에는 하늘이 있고 下地(하지)이니 아래에는
땅이 있으며 天地間에는 대자연인 만물이 존재하지만 모든 것은 태
어난 그대로 존재하기 때문에 동서남북이 自然狀態(자연상태)로 꽉
막혀있는 未開(미개)와 原始狀態(원시상태)가 바로 河圖의 천지비
괘인 것이다.

2) 周易上의 洛書

洛書는 하늘의 妖精(요정)인 太陽의 火와 땅의 요정인 바다(海)의 水를 주축으로한 火水未濟卦(화수미제괘)로 상징된다. 즉 火는 하늘의 精氣(정기)·機能(기능)·作用(작용)이듯이, 水는 땅의 精氣·機能·作用인 것이다.

이렇게 우주는 天地의 발생으로 형체를 갖추고 日月과 水火의 발생으로 기능을 작동하고 변화를 일으키는 천지개벽을 이룩한 것이다.

우주와 만물은 日月과 水火가 나타나면서 心臟(심장)이 움직이고 手足(수족)이 가동되어 힘을 겨루고 대지를 다투는 낙서의 상극이 시작된 것이다. 그러나 땅의 水가 하늘에 올라서 자리하면 하늘과 태양은 꺼지고, 하늘의 火가 땅에 떨어져서 자리하면 대지는 불덩이가 되고 만물은 잿더미가 되니 우주는 허무로 돌아가는 것이다.

이는 우주작용인 水火運動(수화운동)의 종결을 짓는 우주작용의 완수로서 상극의 決濟(결제)를 고하는 旣濟(기제)인 것이다. 그래서 水火가 제자리를 지키는 天火·地水의 卦에서는 상극이 계속되어 未濟(미제)가 되는 것이다.

그러나 水火가 천지개벽으로 제자리를 잃고 천지가 뒤집히는 天水·地火의 卦에서는 상극이 완전히 종말을 고하여 우주와 천지가 숨을 거두는 영원한 죽음과 침묵이 내리기에 이것이 상극의 旣濟(기제)이며 우주의 영결을 상징하는 것이다.

여기에서 未濟는 未決이 아닌 상극의 未盡(미진)을 상징하는 생존경쟁상태를 의미하는 것이다. 그리고 旣濟(기제)는 完成의 決濟가 아닌 상극의 종결을 상징하는 죽음의 폐허를 의미하는 것이다.

즉 죽음은 삶의 결정이자 최후로서 旣濟는 인생의 완성이자 영결인 것이고, 絕處逢生(절처봉생)이기 때문에 끊어지면 새로운 싹이 트기마련이니 이것은 생명의 작동인 상극의 부활인 것이다.

7. 天地陰陽의 交流와 表裏

1) 春夏秋冬의 調和

봄(春)이면 새싹이 나오고 꽃이 피며, 여름(夏)이면 초목의 잎과 꽃이 만발해 무성한 녹음을 이룬다. 그러나 물(水)이 있으면 잎과 꽃이 피고 물(水)이 없으면 잎과 꽃이 피지 않는 이유는 물(水)의 분자가 산소의 分化(분화)와 膨脹作用(팽창작용)에 의해서 싹·잎·꽃의 물체로 변해서 化象(화상)하는 물(水)의 조화를 의미하는 것이다. 이러한 물(水)의 변화작용은 태양(日)의 빛(光)과 열(熱氣)의 질량에 정비례해서 나타난다.

이렇게 태양은 물(水)의 분자를 모두 형체로 만발시킬 수는 있으나 물의 질량을 초과할 수는 없는 것이다. 즉 물의 질량이 50이라면 태양의 발육작용도 50이 최대한도인 것이다.

草木은 뿌리로써 흡수섭취 하는 水分을 통해서 발생하고 번창하며 이뤄지는데 이는 초목이 물(水)을 먹음으로써 생기는 변화가 아니고 물(水)이 초목을 통해서 싹·잎·꽃·열매라고 하는 형체로 변화하는 것이다.

결국 씨앗·뿌리·싹·줄기·가지·잎·꽃·열매 등은 단지 물(水)이라고 하는 生氣가 分子로써 分化하고 物體로써 形象化해서 여러 가지의 모습으로 변화하는 모습에 지나지 않는 것이다.

즉 물(水)은 언제나 하나로 통일되어 있는 陽炅(−)상태를 유지하고 있지만, 물(水)이 물체로 변하면 물(水)의 통일성은 파괴되고 여러 가닥으로 나뉘어져 각각의 물체로 독립하고 만발하는데 이같이 分化·膨脹·變化의 현상을 상징하는 것이 陰炎(☲)인 것이다.

한편 여름(夏)이 되면 氣體(기체)를 부풀게하는 陽氣(양기)와 熱氣作用(열기작용)이 우세하기 때문에 이 기간 동안에는 무형의 水氣(수기)가 유형의 物體(물체)로 변신하는 陰陽의 造化가 계속 지속됨으로써 지상의 만물은 녹음속에 살찌고 부풀어만 간다.

그러나 가을(秋)이 되면 陽氣는 점차 고개를 숙이고 陰氣(음기)인 冷氣(냉기)가 고개를 들기 시작하므로 겉으로 번지고 부푸는 불(火)의 기운은 떨어지고 안으로 오그라지고 뭉치며 수축되는 물(水)의 기운이 늘어나면서 자연세계는 새로운 변화를 일으키는 것이다.

그래서 가을이 되면 무형의 氣體가 유형의 物體로 分化膨脹(분화 팽창)하여 분열되는 物化作用(물화작용)이 중단되는 반면에 물체가 한냉한 氣體로 환원하여 돌아가 한줄기의 물(水)로 통일되어 冷氣의 작용이 주름잡는 氣化作用(기화작용)이 움트고 번지게 되는 것이다.

이처럼 물(水)의 分化(분화)와 統一作用(통일작용)은 天地陰陽(천지음양)의 呼吸(호흡)처럼 규칙적이고 주기적으로 반복하는 숙명적인 작용인 것이다.

즉 가을에 하나로 뭉치기 시작하고 겨울에 완전히 통일되었던 물(水)이 봄에는 잎과 꽃으로 다시 분화되어 갈라지고 여름에는 완전히 탕진되어 버리는 것이다. 이렇게 뭉치고 갈라지는 음양의 조화에서 춘하추동은 이뤄지고 천지만물의 新陳代謝(신진대사)는 끊임없이 진행되는 것이다.

우주의 뿌리는 하나로 통일하려는 冷氣(냉기)의 차거운 물(水)과 그것이 두 가닥으로 갈라지면서 熱氣(열기)를 내뿜는 불(火)의 두

가지이다. 차거운 물(水)은 陰의 본질이고 뜨거운 불(火)은 陽의 본질인 것이다.

그리고 陽의 불(火)을 잉태하고 꽃피우는 불(火)의 봉오리는 나무(木)이고 나무(木)는 불(火)의 어린시절이기 때문에 少陽(소양)이라 한다. 반면에 불(火)은 어린 나무(木)가 성숙하고 만발한 陽의 성숙과 극치이기 때문에 太陽(태양)이라 한다.

한편 陰의 물(水)을 잉태하고 만발시키는 물(水)의 망울은 금(金)이고 金은 물(水)을 잉태하는 물망울이기 때문에 少陰(소음)이라 한다. 반면에 그 물망울이 성숙해서 푸짐한 진액으로 변한 물(水)은 陰의 성숙과 극치이기 때문에 太陰(태음)이라고 한다.

지구상의 만물을 창조하는 위대한 자궁은 땅(地)이요 흙(土)이다. 이렇게 흙(土)이 아니고서는 싹이 틀 수도 없고 뿌리를 내릴 수도 없으며 불이 탈 수도 없고 金이 존재할 수도 없고 물이 흐를 수도 없는 것이다.

그래서 만물은 흙(土)에서 태어나서 자라고 흙을 먹고 살다가 흙으로 돌아가는 것처럼, 태양·태음·소양·소음은 모두가 土를 모체로 해서 발생하고 존재하는 것이다.

흙(土)은 春夏秋冬(춘하추동)과 四象(사상－水火木金)의 뿌리이고 모체로서 사시사철 어디에서나 존재하고 작용하고 있는 것이다. 즉 우주의 씨앗은 봄(春)에 發生孵化(발생부화)하고, 여름(夏)에 成長養育(성장양육)하며, 가을(秋)에는 收斂成熟(수렴성숙)하고, 겨울(冬)에는 갈무리하여 貯藏(저장)하는데, 이러한 陰陽의 造化를 구체화·단계화 한 것이 바로 金·水·木·火·土의 五行인 것이다.

이러한 오행은 인간과 만물이 어떻게 해서 발생하고 성장하며 운동하고 변화하는가의 원리를 밝혀주는 중요한 단서인 셈인데 이러한 오행관에 대한 구체적인 것은 다음 제3장에서 다루기로 한다.

2) 天地陰陽의 交流

물(水)은 하나로 뭉치고 통일하려는 것이 천성이지만 불(火)은 여러개로 갈라지고 퍼지려는 것이 천성이다.

물(水)과 불(火)이 外面的(외면적)으로야 서로가 相剋的(상극적)·異質的(이질적)·異邦人(이방인)이지만 그 실제는 母子之間(모자지간)이고 뿌리와 지엽의 관계로서 불가분의 한 핏줄인 것이다.

그런데 물(水)에서 태어난 자식이 물(水)이 아니고 불(火)로 변화한 것은 무슨 이유인가? 이는 콩알과 콩싹의 관계로 땅속에 있을 때는 콩알처럼 하나이지만 땅밖으로 싹이 나타날 때는 두 가닥으로 갈라져 나오게 된다. 이렇게 하나가 둘로 갈라지는 것이 分化(분화)이고 분화의 결과가 변화인 것이다. 그 분화의 化(화)를 상징하는 것이 바로 화(火)인 것이다.

즉 하나의 물(水)씨에서 태어난 물의 싹으로서 불(火)은 콩싹처럼 두 가닥으로 갈라진다. 그 하나의 물덩이인 水體(수체)가 두 개로 쪼개져 갈라진 모습이 불(火)이므로 불(火)은 물(水)의 분화에서 발생하는 물(水)의 변화이자 물(水)의 化身(화신)인 것이다.

이렇게 콩은 이러한 분화과정에서 싹이 트고 완전히 희생되어서 無(무)로 사라지는 것이다.

北極星(북극성)의 물(水)이 태양의 불(火)을 생산해서 우주를 밝고 따뜻하게 만든다. 그리고 태양은 뜨거운 빛(光)과 열(熱)로 우주에 엄청난 水蒸氣(수증기)를 생산하여 구름(雲)을 만들고 차거운 물(水)을 생산해서 우주를 식히고 기름지게 한다. 이렇게 하나의 물

(水)이 두 가닥의 불(火)로 갈라지고, 두 가닥의 불(火)이 다시 한 가닥의 물(水)로 환원되는 물(水)과 불(火)의 변화를 陰陽의 造化라고 한다.

이러한 음양의 조화를 뚜렷이 밝혀주는 것이 周易이다. 즉 하늘 (天)의 氣體가 물(水)이 되어 땅(地)으로 보내지면, 땅(地)의 物體는 氣體로 변해서 하늘(天)로 보내짐으로써 천지간에 서로 주고 받는 거래와 교환이 쉼없이 반복되듯이 주역의 卦(괘)도 음양의 거래와 교환으로써 온갖 변화와 조화를 이루는 것이다.

3) 天地陰陽의 表裏

人體중에서 陰에 속하는 五臟(오장)은 저장·관리·양육·아내역할 등을 한다. 그리고 인체중에서 陽에 속하는 六腑(육부)는 소화·진액·혈액생산·남편역할 등을 한다. 즉 陽은 밖에서 먹을 것을 생산하고 陰은 안에서 살림을 한다. 그러나 국가는 인체와는 반대로 陰인 백성이 밖에서 노복 노릇을 하고 陽인 군왕은 안에서 不勞所得(불로소득)을 하고 있는 것이다.

인간과 인체는 자연의 조화인데 비하여 국가와 국민은 인위적인 비자연적인 조작이기 때문에 자연법칙을 거부하는 비자연의 상태인 것이다. 그렇지만 군신간의 체통은 자연계와 유사하게 적용된다.

일을 하는 자는 주인이 아니고 종과 노복이다. 인체에서도 일을 하지 않고 집안에서 가만히 앉아 먹고 사는 아내와 五臟(오장)이 그 실은 군왕이고 주인이다.

반면에 일을 하는 생산자는 남자와 六腑(육부)인데 육부가 실은 노복인 것이다. 주인된 군왕이기에 궁안에서 불로소득하는 것이고,

노복이기에 밖에서 노동하고 생산해서 고스란히 주인마님에게 상납하여 바치는게 아닌가? 겉으로는 가장이지만 그 실은 노복 노릇을 하고 있는 것이다.

이것은 조물주가 처음부터 꾸며놓은 음양의 조화인 것이다. 그 대표적인 조화가 周易이다. 즉 陽爻(양효)가 겉으로는 불(火)이고 男性(남성)이지만 그 속에 도사리고 있는 주인은 물(水)이고 女性(여성)이다. 반면에 陰爻(음효)가 겉으로는 물(水)이고 女性이지만 그 속에 있는 정체는 불(火)이고 男性인 것과 같은 이치인 것이다.

예컨대 몸은 女子이지만 겉과 이름은 男子로서 남자행세를 하고, 몸은 男子이지만 겉과 이름은 女子로서 여자행세를 하는 것이 우주만상인 것이다.

남자는 이름만 가장이고 주인일뿐 그 실제는 태어나면서부터 여자를 공경하고 섬기는 노복으로서 열심히 일을 할 뿐인 것이다. 그러나 반면에 여자는 시집을 가면서부터 안방마님으로 놀고 먹는 동시에 남편을 종부리듯 하며 애써서 벌어온 富를 혼자서 챙기고 마음대로 관리하는 것이다.

이렇게 감쪽같은 속임수와 기막힌 조화가 음양인 것이다. 즉 이름은 陽이지만 그 실은 陰이고, 이름은 陰이지만 그 실은 陽인 것이다. 이렇게 겉과 속이 다르고 이름과 사실이 뒤바뀐 음양의 표리관계는 物體와 氣體에서 똑같이 적용되고 있다.

氣體의 원소인 原子는 陽子(양자)·電子(전자)·中性子(중성자)로 구성되는데 原子核(원자핵)에는 양자·중성자가 있고 주위의 外廓(외곽)에서 電子가 회전을 하고 있는 것이다.

陽子(T)는 陽電子로 陽에 속하고 電子(−)는 陰電子로서 陰에 속한다. 原字는 陽子의 숫자로써 번호를 먹이는데 陽子가 하나인 水素

(수소-원자량1.0079)는 原子番號가 1번이고 陽子가 8개인 酸素
(산소-원자량16/地殼질량의 $\frac{1}{2}$/水중량의 88.88…%)는 원자번호
가 8인 것이다.

　陰陽이 같이 있듯이 모든 原字는 陽子의 숫자만큼 똑같은 電子를
가지고 있다. 그리고 原子核(원자핵)을 파괴하는 中性子를 이용한
폭탄이 원자폭탄인데 이는 핵의 파괴에서 방출되는 알파의 에너지
를 폭팔력으로 응용하는 氣體의 폭탄인 것이다.

　원자의 핵이 남성인 陽子와 중성인 中性子로 이뤄지고 그 주위를
여성인 電子가 회전하고 있다고 함은 주역에서의 음양처럼 겉보기
에 지나지 않는 것이다. 실제로는 여성이 집을 지키고 남성이 밖에
서 일을 하고 의식주를 장만하는 것이 법도이듯이 이러한 법도는 자
연계에서도 똑같이 지켜지고 있는 것이다.

　원자는 자연의 일부로서 자연은 자연의 법칙을 어기지 않는다. 原
子는 周易의 음양표리관계를 가장 대표적이고 전형적으로 실증하여
주는 살아있는 생명체인 것이다. 즉 원자의 핵을 지키는 陽子는 남
성이 아닌 여성으로서 이름만 陽性일뿐이고 그 실은 陰性인 水性氣
體(수성기체)인 것이다. 그리고 남성인 陽性電子(양성전자)의 교류
를 단절하고 유혹과 침범을 물리치고 방어하는 中性子가 핵을 지키
고 있는 것이다.

　그리고 원자의 핵에 있는 陽子의 알파는 收縮運動(수축운동)을
계속하고 원자의 주위를 회전하는 電子의 베타는 擴張運動(확장운
동)을 계속하는데, 이러한 伸縮作用(신축작용)은 天의 氣體와 地의
物體사이에서 끊임없이 동일하게 일어나고 있는 것이다. 그래서 天
의 氣體는 확장하기에 여념이 없으며 地의 物體는 안으로 뭉치고 다
져 수축하여 갈무리하기에 여념이 없는 것이다.

4) 陰陽의 大聖賢 邵康節

인간세상이 發生(발생)·存續(존속)·變化(변화)하는 것을 周易上으로 가장 구체적으로 밝힌 것은 天文地理에 달관한 음양의 대성현이었던 宋代의 소강절선생이다. 그가 창작한 梅花易數(매화역수)는 주역의 율법으로서, 천지만물의 변화만상을 그대로 밝히는 六爻占(육효점)의 경전으로서 후세에 널리 알려지고 있다.

그러나 천지법도와 변화를 한 눈으로 관찰할 수 있었던 그의 기막힌 율법을 올바르게 터득하고 이해하기란 정말 하늘의 별따기 보다도 더 어려운 것이다. 그는 무당·박수·점장이가 아닌 천지법도와 주역에 통달한 대학자로 대성현이었다. 그는 점을 치거나 행술한 적이 없이 평생을 주역과 음양의 도를 연구하고 통달하는데 전념을 하였을 뿐이다.

그가 평생을 통해서 치밀하게 밝혀낸 元會運世論(원회운세론)은 움직일 수 없는 천지개벽의 율법이다. 그는 세월이 주기적으로 변화하는 과정을 元會運世(원회운세)로 나누었다.

天地가 개벽하는 次元을 元으로 삼았고, 천지가 열리고 닫히는 一元의 세월을 129,600년이라 했다. 그리고 지금까지 경과한 세월이 118,000년 미만이라고 하였으니 인간세상은 아직도 10,000년이 훨씬 넘게 남은 셈인 것이다.

8. 陰陽五行의 發生

지구의 어느 장소에 있건 삼라만상은 일월성신에 의해서 영향을 받는다. 지상에 영향을 주는 기본적인 에너지의 파장들은 수많은 恒

星(항성)들에 있다. 이러한 붙박이 별이라는 經星(경성)을 대표하는
것이 바로 태양길의 가로수로 비유되는 고정된 28宿인 것이다.

그러나 하늘의 태양길을 떠돌아 다니는 떠돌이 별인 緯星(위성)
이 지상에 가장 큰 영향을 미치는 에너지의 파장을 쏟아내고 있다.
즉 七曜星(칠요성)인 日月과 五星(木火土金水)에서 쏟아져 내려오
는 에너지의 파장이 지상에 가장 큰 영향을 미치고 있는 것이다.

태양(日)은 태양의 光線을 통해서 운반되는 熱氣를 가지고서 晝夜
(주야)라는 陽氣의 변화를 주도하고 있다. 그리고 달(月)은 引力(인
력)이라는 힘을 통해서 陰形(음형)의 변화를 주도하고 있는 것이다.

그러나 日月에는 미치지는 못하지만 日月외에 가장 큰 에너지의
파장으로 지상의 변화를 주도하는 별들이 바로 五緯星인 木火土金
水인 것이다.

이러한 五星은 나름대로 자신들의 주기를 가지고 자율적으로 28
宿의 태양길을 걸어서 이동해 가는 것이다. 이렇게 五緯星이 이동하
면서 발생시키는 에너지의 파장으로 지상에 형성된 존재들이 바로
木火土金水라고 부르는 다섯가지의 원소이고 五行인 것이다.

이렇게 日月이 陰陽을 낳았고 五緯星이 五行을 낳은 것이다. 비록
만물이 많으나 그 숫자는 다섯에 불과함을 밝힌 것이 오행이다. 하
늘에는 五星이 있고 이러한 오성의 신이 五帝가 됨인데 공자께서도
내가 옛날에 노자에게 들으니 하늘에는 금목수화토의 오행이 있고
땅에는 五方이 있어서 그 곳을 통괄하여 진압하는 것이 五岳이라고
말씀하였다고 하셨다.

第3章 陰陽五行觀

老子(노자)는 道德經(도덕경)에서 太易生水(태역생수)이고 太初生火(태초생화)이며 太始生木(태시생목)이니 太素生金(태소생금)하고 太極生土(태극생토)라고 하였다.

중국 전국시대의 鄒衍(추연:BC.305-240)은 陰陽消息과 五行理致에 밝았는데 그로 인해서 陰陽家의 발전이 이루어졌다고 할 수 있다. 한대와 남북조시대의 도교 도사들은 역경의 논리를 도교 최고의 술법이라 자처하는 기문둔갑의 핵심논리로 발전시켰다. 기문둔갑은 역경을 도교적으로 해석하고 하도의 오행과 낙서의 구궁논리를 팔괘와 부합시켜서 발전시킨 것이다.

宋代에 康節이라는 호를 가진 邵擁(소옹:AD.1011~1077)은 黃極經世(황극경세)를 저술하여 주역을 역사철학으로 발전시켰다. 그는 음양오행에도 밝아 數에 고유한 의미가 있다고 보는 철학인 象數學을 발전시켰다. 그리고 天에는 日(陽)·月(陰)·星(陽-빛을 내는 별-少陽)·辰(陰-빛을 못내는 별-少陰)이 짝을 이루고 있고, 地에는 火(陽)·水(陰)·石(陽)·土(陰)가 짝을 이루고 있다고 하여 이를 팔괘라 하였다. 즉 日月星辰과 水火土石이 짝이 되는 것인데, 즉 天地·日月·星辰·水火·土石이 각각 서로 짝을 이룬다고 논리적인 체계화를 이루었다.

한편 한반도에서 주로 통용되어 읽힌 주역 해설서로는 朱熹(주희:AD.1130-1200)의 周易本義(주역본의)가 있다. 그러나 조선시대에서는 주역이 본래 말하고자하는 군자의 도에 대한 관심보다는 運命論·圖讖·風水地理와 같은 방향으로 생각하기를 좋아 했으며 주역의 예언적 성격에 몹시 탐닉했다고 할 것이다.

第1節 陰陽의 胎動과 意義

1. 陰陽의 胎動

음양은 만유에 내재된 존재의 질서이다. 음양오행은 둥근 원이다. 시간속에서 음양은 서로 마주보고서 둥근 원속을 서로가 서로의 꼬리를 물고서 연속하는데 서로 상대적인 성질과 특징을 가지고 있는 것이다.

河圖(5,600년전 태호복희씨가 정리)와 洛書(4,200년전 하우왕이 정리)에 의한 음양오행으로 자양되고 길러졌다.

BC.80년경 後漢의 班固(반고)에 의해서 쓰여진 책(한서/예문지 제자략)을 보면 모든 학문이 하늘의 별에서 왔기 때문에 음양오행의 기원도 하늘을 벗어날 수 없다고 기록하고 있다.

음양은 낮에는 해가 뜨고 밤에는 해가 진다는 아주 단순하고 명확한 자연의 진리에서 출발한 학문이다. 음양을 공부한다는 것은 태극을 깨닫는 것이다. 陰陽은 自然의 秘密을 푸는 열쇠, 즉 마스터키인 것이다.

〈表 2-7〉 陰陽의 體用

陰	陰變	變	混沌	節制	收縮	点	立體	卵子	終末
陽	陽化	化	秩序	慾望	膨脹	線	面	精子	始作

2. 陰陽의 特性

1) 陰陽의 相對性原理

음양의 상대성은 우주공간이 짝으로 이루어졌다는 것이다. 즉 음이 존재하면 반드시 양이 상대적으로 존재한다는 것이다. 음이 생길 때에 양이 존재하게 되는 음양의 특성이 음양의 상대성이다.

하나(1)의 태극속에 들어있는 둘(2)이 음양이다. 음양은 협의로 응달과 양달이지만 유행가 가사에서의 빛과 그림자의 관계인 것이다. 예컨대 서로 마주 보고 있는 자신과 상대가 음양이다.

아인슈타인(Albert Einstein)의 상대성이론도 결국은 하나 속에 존재하는 음양을 이해했다는 증거인 것이다. 이렇게 자연계는 모두가 짝으로 존재한다는 사실이다. 그래서 횡적으로 상생하는 경우의 짝이 있고 종적으로 상극하는 경우의 짝이 있는 것이다.

2) 陰陽의 一源性·同時性原理

음양의 일원성은 하나 속에 음과 양이 동시에 합쳐져 있다는 성질을 뜻하는 것이다. 그래서 모든 개체가 스스로 음양의 조화를 이룬다는 것이다. 그리고 음양의 비율은 서로 다르지만 그 합의 질량은 늘 일정하다는 것이다.

3) 陰陽의 力動性原理

음양의 역동성은 음양으로 결정되어 생동한다는 것이다. 태극의 이면에는 시간의 흐름을 뜻하는 곡선이 있다. 즉 차별이 생기고 주객으로 나뉘어지는 것은 전적으로 시간의 흐름 때문에 일어나는 현상이다.

이렇게 시간이 개입되면서 음양은 생명을 가지게 되는 것이다. 그래서 음양은 항상 변화가 일어나고 움직이며 살아 있다는 것이다.

두 개로 분열·소모하려고 하는 힘을 陽이라고 한다면 한 개로 통합·수렴하려고 하는 힘을 陰이라고 할 수 있을 것이다.

第2節 五行의 胎動과 意義

1. 五行思想의 胎動

金木水火土(금목수화토)라는 五行의 최초 사상가는 중국의 戰國時代(전국시대)에 음양가의 시조인 鄒衍(추연:BC.305-240)이었다. 그는 五行相乘思想(오행상승사상)으로 유명하였다.

相乘(상승)은 後代(후대)에 相剋(상극)이라고 불려졌기에 五行相剋理論(오행상극이론)인 것이다. 추연의 五行相乘(오행상승), 즉 五行相剋 理論(오행상극이론)은 水가 火를 이기고, 火가 金을 녹이고, 金이 木을 베고, 木이 土에 뿌리를 내린다는 이론인 것이다. 그러나 이러한 五行論은 본래 儒家(유가)의 思想이 아니었다.

周나라 초기에 발생한 周易의 陰陽思想은 추연의 五行思想보다도 그 發生起源(발생기원)이 약 700−500년 정도나 더 빠르다. 그렇지만 漢代(한대) 이후로 陰陽思想과 五行思想은 점차로 상호밀접한 관계로 발전되었다. 그리고 五行思想은 韓醫學의 이론적인 기초를 이루게 되었다. 한편 五行相生理論(오행상생이론)이 처음으로 등장하는 시기는 BC.135년경에 董仲舒(동중서)가 편찬한 〈春秋繁露−춘추번로〉이다. 이는 水가 木을 살리고, 木이 火를 일으키고, 火가 土를 남기며, 土가 金을 낳으며, 金이 녹아 水가 된다는 이론이다.

이러한 五行理論을 종합적으로 정리한 最古의 大作이 隋文帝開皇(수문제개황) 14년(594년)에 蕭吉(소길)이 써서 황제에게 바친 〈五行大義−오행대의〉가 있다. 이는 五行의 相生(상생)·相剋(상극)·相制(상제)·相化(상화)에 대한 이론 등을 정리하고 있는데 相制(상제)와 相化理論(상화이론)은 相生理論(상생이론)과 相剋理論(상극이론)을 보충한 것이라고 할 수 있는 것이다.

2. 五行의 意義

오행은 음양이 운행하면서 걸어다니는 걸음걸이이다. 마늘의 한쪽(1)을 땅(土−5)에 심으면 육쪽(成物−6)의 둥근뿌리를 이루게 된다.

인간을 창조하는 기본조건은 肉身의 陰과 精神의 陽으로 창조된 음양의 조화이다. 육신이 살기 위해서는 음식을 먹어야 하고 정신이 살기 위해서는 공기를 호흡해야만 한다.

음식을 생산하기 위해서는 手足이 있어야 하고 이러한 음식을 소화하여 섭취하려면 오장육부가 있어야만 하듯이 또한 공기를 호흡하려면 오장육부가 있어야만 하는 것이다. 그래서 인간은 四肢五體

(사지오체)와 五臟六腑(오장육부)로써 형성되고 움직이며 천하를 주름잡고 있는 것이다. 인간이 생산작업을 다섯 손가락으로 하듯이 음식의 소화작업도 오장육부가 한다.

이러한 生産運動(생산운동)·消化運動(소화운동) 등 모든 운동을 도맡아서 하는 五指(오지)와 五臟六腑(오장육부)를 형성하고 행동을 주관하는 五星將軍(오성장군)을 우리는 五行이라고 부르는 것이다.

이렇게 五行은 우주와 만물을 형성하는 내부적인 구조조건인 동시에 우주와 만물을 움직이고 변화시키며 먹이고 살찌우는 運動과 變化의 기본수단인 것이다. 이러한 우주는 다섯 개의 큰 별로써 형성되고 움직이며 천하를 유지한다.

이러한 五星을 동서남북과 중앙에 배치함으로써 우주라는 공간을 유기적이고 조직적으로 구성하는 동시에 운영하고 유지하는 것이다. 이러한 五星은 저마다 일정한 位置와 方位를 가지고 있는 동시에 고유하고 특이한 性分·機能·役割을 가지고 있는 것이다.

인간이 우주의 五星作用(오성작용)을 받아들여 순응하면서 우주와 동일한 운동을 하고 있기 때문에, 인간이 우주를 대신·대행·대표하는 소우주로서 인간의 실상은 우주의 실상 그대로인 것이다. 이러한 五行은 우주만물을 다섯가지로 집약시킨 상징적인 代名詞(대명사)로서 각각 포괄적·보편적·본성적·본질적인 의미를 가지고 있는 것이다.

1) 生長化收藏의 法則

變化는 陰變陽化를 줄인 말이다. 變과 化를 합쳐서 化라고 하는데

化란 한 곳에서 다른 곳으로 옮겨가는 과정의 중간의 마디, 즉 轉換點(전환점—Turning Point)를 나타내는 것이다. 즉 변화의 주체자가 바로 中央土인 것이다. 동방의 사유체계에서는 1~4차원을 움직이는 원동력을 시간으로 보고 있다.

<표 2-8> 生長化收藏法則의 性情

	節	율	植物	五行	性情	形	東洋	西洋	運動狀態		人
生	春	發生	幹	木	上昇	線	2次元	1次元	膨脹 1段階		幼
長	夏	成長	葉	火	分散	面	3次元	2次元	膨脹 2段階		靑
化	季	仲裁	花	土	仲裁	고리	節	—	變化	主體	節
收	秋	收斂	實	金	下降	立體	4次元	3次元	外部	收縮	壯
藏	冬	貯藏	根	水	統一	点	1次元	4(立+時)	內部	收縮	老

2) 物化

만물의 변화를 物化라고 한다. 木→火·火→金·金→水·水→木 등으로 되는 것들이 모두 物化인 것이다. 즉 만물이 자기의 모습을 변화시키는 것이 物化인 것이다. 이렇게 만물이 변화하는 원동력은 바로 土의 힘에 의해서 化한 것이다. 그래서 木火金水의 모태는 土인 것이다. 混沌(혼돈—Chaos)의 이면에는 반드시 秩序(질서—Cosmos)가 숨어 있는 것이다.

3. 五行의 適用

陰陽五行의 適用에 있어서 術手(술수)는 쓰기에 따라서 邪術(사술)이 될 수도 있고 세상을 위로하고 교화하는 方便(방편)으로 쓰일 수도 있다. 君子라면 오행술수를 위험한 물건을 만지듯이 조심스럽게 방편으로 쓸 것이다.

周易은 未來를 알 수 있다고 한다. 그러나 運命이 있다고 말하지는 않는다. 삼라만상은 無常하여 부단히 변화해 갈 뿐이다. 이렇게 변화하는 현상을 보고 군자는 점을 쳐서 그 적중여부를 즐기는데 점은 맞을 수도 있고 틀릴 수도 있다.

孔子(공자)도 주역을 처음 공부하기 시작하였을 때에는 100번 점을 쳐서 70번 밖에는 敵中하지 못했다고 한다. 그러나 정통하지 못한 초보자가 이처럼 서의에 따라서 점을 쳤을 경우에 현실과 부합되는 卦가 나올 확률은 64분의 1뿐이다. 이러한 確率(확률)을 백분율로 말하면 1.56%에 불과한 것이다.

주역을 읽으면 미래가 보인다 하는 것은 이 1.56%의 확률로 장담하며 미래를 안다고 말하는 것에 불과한 것이다. 따라서 정통하게 공부를 하고 究明(구명)을 한후에 주역으로 점을 치되 욕망을 실현할 방법을 찾지 말고 우선적으로 義理(의리)·謙遜(겸손)·讓步(양보) 등의 美德을 먼저 배워야만 하는 것이다.

군자는 이와같은 자세로 주역과 음양오행학의 일반원리를 탐구해야 하는 것이다. 즉 스스로 욕심을 다스리고 마음을 平安케 하기 위한 방편으로 배워야만 하는 것이다. 그러한 연후에 周易에는 문명과 인간의 生成과 發展과 衰滅에 대한 중요한 가르침이 있다는 점을 그 속에서 깨우쳐야 할 것이다.

4. 洪範五行

書經(서경)의 洪範(홍범)에서는 "一曰水 二曰火 三曰木 四曰金 五曰土"라 하고 있다.

첫째 물(水)은 濕(습)하고 아래로 떨어져 흐르는 성질로 짠맛(鹹味)이고 둘째 불(火)은 熱(열)이 있고 타 올라가는 성질로 쓴맛(苦味)이며 셋째 나무(木)는 끝이 구부러지거나 곧은 모양이 되는 성질로 신맛(酸味)이고 넷째 쇠붙이(金)는 틀에 부어 넣은 다음에 틀에 따라 모양이 달라지고 굳어지는 것은 매운맛(辛味)이며 다섯째 흙(土)은 씨를 뿌리고 거두어들이는 것으로 단맛(甘味)를 낳는데, 즉 稼穡(가색)이란 곡식을 심고 거두는 일로 농사에 해당한다.

즉 물(水)이 다다르는 곳은 바다(海)이고 바닷물은 염기가 있으니 그 맛이 짠맛이고, 불(火)로 태워서 검게 탄것은 쓰니(苦) 쓴맛이고, 나무(木)가 부패하여 썩으면 시큼시큼(酸)하니 신맛이 나며, 쇠붙이(金)가 녹슬면 매우(辛)니 매운맛이고, 땅(土)에서 생산되는 모든 곡식과 음식은 감미(甘味)로우니 단맛이 난다는 뜻인 것이다. 이를 정리하여 요약해 보면 다음과 같다.

〈表 2-9〉書經의 洪範五行

五 行	性 情	味
水	水曰潤下(수왈윤하)	潤下作鹹(윤하작함)
火	火曰炎火(화왈염화)	炎火作苦(염화작고)
木	木曰曲直(목왈곡직)	曲直作酸(곡직작산)
金	金曰從革(금왈종혁)	從革作辛(종혁작신)
土	土愛稼穡(토애가색)	稼穡作甘(가색작감)

第3節 五行各論의 性情

1. 木 論

春秋元命苞(춘추원명포)에 木은 부딪혀 나갈 觸(촉)이니 땅을 뚫고 나오는 것이라 하였다. 그리고 說文解字(설문해자−漢代許愼著)에 木은 덮어씌워진 것이니 싹틀 屮(철)자의 아래에 뿌리가 난 것이며 땅의 덮개를 뚫고 나오는 것으로 때는 봄이라 하였다. 禮記에 봄 春(춘)자는 벌레가 굼실거리며 준동할 蠢(준)을 의미하므로 만물을 생산하는 것이고 그 자리는 동쪽인 것이다.

尸子(시자−楚國佼著)에 東方은 움직이는 곳이고 기운이 뿜어져 나오기 때문에 움직이는 것이라고 하였다. 이렇게 木은 살아있는 생명과 생물체를 모두 포함하는 生命의 代名詞(대명사)로서 인간을 비롯한 동식물 등 모든 중생을 상징한다.

그러므로 오행중에서 생명을 가진 生物(생물)은 오직 나무(木)뿐이다. 오행중 火土金水는 물질적인 형상과 에너지는 가지고 있지만 오장육부로서 오행을 모두 갖추고 있지는 못한 것이다.

그래서 생명을 가진 일체자는 木에 속한다. 木은 오행의 시작으로서 甲乙의 주체이다. 木은 한일자(一)를 바탕으로 해서 위(上)에 한 가닥의 싹인 줄기가 곧게 나타나고, 아래(下)에는 세가닥의 뿌리가 갈라지듯 퍼져있는 형상이다.

한일자(一)는 地平線(지평선)이고 지상위로 나타난 한가닥의 줄기는 새싹이 이제 막 트는 모습을 상징하고 있다. 새싹은 생명이 처음 움트는 發生(발생)을 의미하는 것으로 존재의 始作(시작)을 상징하고 있는 것이다.

그래서 木은 단순한 나무가 아니라 발생·시작·새해시작·봄·동방·동양인·어린시절·미성년자·다정다감·감정적·자립능력－독립심의 부족·나약함 등을 상징하는 대명사인 것이다.

1) 曲直仁壽

나무(木)는 虛空(허공)을 향해서 곧장 잘 자라난다. 허공은 아무런 장애가 없는 자유천하요 무기력한 약자이기 때문이다. 그러나 나무는 뻗어가는 공간에 金石(금석)과 같은 장애가 나타나면 고개를 숙이고 굽히면서 다른 곳으로 피해서 뻗어간다. 그래서 나무는 曲直仁壽(곡직인수)의 별호를 갖게 된 것이다.

東方木은 늘 가로막는 강자 앞에서는 머리를 굽신거리고 약자에게는 무자비하게 도도하고 거만하며 불손한 행패를 서슴치 않는다. 그래서 木은 굽(曲)었다 곧(直)았다 하는 曲藝師(곡예사)와 같은 처세로서 長壽(장수)한다는 仁壽(인수)의 아호를 얻게 된 것이다.

2) 木은 五行의 主體

나무(木)는 물(水)를 먹고 살지만 물(水)만으로는 살 수가 없다. 겨울의 추위에서 나무를 구해주는 구세주는 태양의 빛(光)과 열(熱氣)을 간직한 불(火)이다.

이렇게 불(火)이 겨울(冬)의 나무(木)를 따뜻하게 보살피면서 봄(春)에는 싹·잎·꽃을 피우고 여름(夏)에는 무성하게 자라나게 한다. 이와같이 물(水)이 나무(木)를 먹이고 살찌우게 한다면 반면에 불

(火)은 나무(木)를 기르고 자라나게 한다.

나무(木)는 강한 쇠(金)를 보면 호랑이를 만난 듯 무서워 하지만, 약한 쇠(金)를 만나면 오히려 모양을 가다듬고 멋을 내며 가치를 높이는 경제적 수단으로써 크게 환영을 한다. 이렇게 약한 金을 만난 木은 예쁘게 화장한 신부처럼 높은 가치를 갖지만, 金을 잃은 木은 버림받은 쑥대머리처럼 볼품이 없는 無用之物(무용지물)로서 아무런 가치가 없는 것이다.

즉 金은 木을 상품화하고 가치화하는 경제적인 수단이기 때문에 木의 입장에서 金은 가장 소중한 도구인 셈이다. 그래서 金은 황금과 경제를 상징하는 것이다. 그러므로 첫째 水는 木을 양육하는 乳母(유모)이고, 둘째 火는 木을 기르고 꽃피우는 手足(수족)이며, 셋째 土는 木을 뿌리 내리게 하는 農夫(농부)이고, 넷째 金은 木을 화장시키고 다듬어 상품화하는 庭園師(정원사)이며 木手(목수)의 역할을 하는 것이다.

이렇게 衆生(중생)으로 대표되는 木은 인간을 포함한 모든 생물에게 있어서 五行은 木을 주체로한 木의 종속물에 지나지 않는 다고 할 수 있는 것이다.

〈表 2-10〉 木과 他五行의 相關性

水	木을 양육하는 乳母
火	木을 기르고 꽃피우는 手足
土	木을 뿌리 내리게 하는 農夫
金	木을 화장시켜 상품화하는 庭園師·木手

3) 明堂은 木이 創造

물(水)이 있는 흙(土)은 生土(생토)이고 물(水)이 없는 흙은 死土 (사토)이다. 물은 생명을 창조하는 정자와 난자이기 때문에 물이 있 는 곳에서는 반드시 생명이 움트고 발생한다. 생명을 가진자는 모두 가 木에 속하므로 생물은 木의 주체인 것이다. 그래서 물(水)이 있 고 木이 발생하는 땅에서는 생물의 세계를 형성하는 것이다.

그러나 생물이 없는 땅(地)과 荒蕪地(황무지)에 生氣와 밝은 빛을 불어넣는 것은 생명을 가진 木이다. 木은 흙(土)의 임지이고 숨통인 것이다. 즉 木이 나타나기 전까지 土는 죽은 듯이 고요하게 임자없는 땅으로서 버림받은 채 잠든상태로 코를 골고 잠들어 있는 것이다.

이렇게 잠든 흙을 흔들어 깨우는 것이 하늘(天)의 입김이고 숨소 리인 바람(風)이다. 바람(風)은 조물주의 生氣로서 생명을 창조하는 것이다. 生氣의 바람에 의해서 깨어나고 태어난 木은 물(水)을 먹어 야 살고 자란다. 물은 대지속에 간직해 있기 때문에 木은 물을 먹기 위해서 뿌리를 내리고 땅을 파서 샘(泉)을 마련한다.

이렇게 하여 땅(土)의 꿀과 젖(水)이 木에 공급되어지면서 木은 바람처럼 번지면서 번창을 하게 된다. 그러므로 나무(木)가 우거진 산(土)에는 물(水)이 흐르고 온갖 새와 짐승들이 모여드는 名山(명 산)으로서 富를 이룬다.

그리고 오곡백과(木)가 무성한 기름진 땅(土)도 천하의 농사꾼들 이 모여들어 우수한 農場(농장)으로 가꾸어져 富를 이룬다. 한편 인 구(木)가 폭주하여 장사꾼들이 모여들어 법석대는 장터(土)에도 市 場(시장)으로서의 富를 형성하며, 정치와 경제가 주류를 이루는 都 邑(도읍)에서도 天下明堂(천하명당)으로서 富貴(부귀)를 양산해 내는 것이다.

이와같이 천하의 부귀를 생산해 내는 노다지를 明堂이라고 하는데 이처럼 명당은 木이 창조하여 만들어내는 것이다.

2. 火 論

白虎通義(백호통의—漢代班固著)에 火는 변화하는 것이니 양의 기운이 작용하여 모든 만물이 변화하는 것이라고 하였다. 그리고 說文解字에 火는 타오르는 炎上(염상)이니 불꽃 炎(염)자의 위에 있는 불 火字를 형상한 것이고 때는 여름이라고 하였다.

書經에 여름이란 餘暇(여가)를 주는 것이니 모든 만물을 가지런히 기르는 것이라 하였고 釋名(석명—後漢劉熙著)에 夏仮(하가), 즉 여름휴가는 모든 만물에게 너그럽게 여가를 주어서 생겨나게 하고 크게하는 것인데 그 位(위)는 南方이라고 하였다. 書經에 남방은 懷妊(회임)하는 곳이니 만물이 회임을 하게 되는 것이라 하고 있다.

이러한 불(火)은 지평선위에 드높이 솟아오른 太陽(태양)이고 무성한 生物(생물)을 상징한다. 이러한 火는 단순한 불이 아닌 남방·여름·청소년·정신·성장·문명·문화·발전·용감·정열 등을 상징한다.

이렇게 여름(夏)을 상징하는 火는 사람(人)이 두다리를 땅에 꽉 밟고서 두팔을 힘차게 하늘을 향해서 뻗어보이는 씩씩한 형상이므로 火는 四肢(사지)를 모두 갖추고 있다고 할 것이다.

1) 火는 水의 燃燒作用

火는 스스로 발생하고 존재하지를 못한다. 태양이 水素를 먹고서 불을 뿜듯이 火는 기름을 먹어야만 불꽃을 피울 수가 있다. 그래서 火는 기름인 水의 質量(질량)과 正比例(정비례)하기 때문에 풍부한 水가 왕성한 火를 발생하고 지탱한다고 할 수 있는 것이다.

즉 水가 火의 원동력이기 때문에 火는 기름인 水의 分化가 極大化(극대화)하고 燃燒化(연소화)하는 형상인 것이다.

인간의 경우에 있어서 精神이 火이고 피(血)는 水에 해당된다. 그래서 정신(火)은 피(水)의 불꽃으로써 피(水)와 정비례하는 것이다. 그러므로 피(水)는 정신(火)의 원동력이고 근원으로써 정신이라는 불꽃을 연소시키고 발생하는 모체인 것이다.

2) 慾望과 水의 質量은 正比例關係

意慾(의욕)이란 모든 慾望(욕망)을 설계하고 추진하는 정신적인 작용이다. 인간은 육체적인 本能(본능)과 정신적인 理性(이성)을 겸비하고 있다. 그래서 인간은 의식주의 자급자족인 생존경쟁에 만족하지 않고, 천하의 부귀를 최대한 점유하려는 野慾(야욕)을 추구하면서 독점경쟁을 치열하게 전개하고 있는 것이다.

인간은 타고난 생명과 수명을 유지하고 가꿈이 기본인데 가장 소중한 것이 육신과 정신인 것이다. 이러한 육신과 정신을 오로지 부귀영화를 개발하고 극대화하는 수단과 방법으로 투입하면서 혹사를 시킨다.

그래서 육신이 쉽게 낡아 병이 드는 것이며 정신도 빨리 노쇠하고 쇠약해져서 오래오래 유지할 수 있는 생명을 인간 스스로가 早老(조로)시키고 早熟(조숙)시키면서 수명을 단축시키는 비극을 초래하고 있는 것이다.

욕망은 정신으로 이루어지는 것이다. 그래서 정신이라는 불꽃을 발생시키는 水의 질량과 욕망은 정비례의 관계에 있다고 하는 것이다. 그러므로 타고난 피(血－水)가 왕성한 사람은 그 피를 불태우려는 욕망도 대단하지만 반면에 피(血－水)가 빈약한 사람은 그 피를 불태우려는 욕망도 또한 약소한 것이다.

3) 불꽃을 피우는 심지는 木

水가 火로 변하는데는 반드시 木을 필요로 한다. 水는 기름이고 木은 심지이며 火는 불꽃이다. 심지인 木이 건강해야 한다.

木의 주체인 생물은 반드시 일정한 시간과 수명만이 존재할뿐이지 永在(영재)할 수는 없는 것이다.

水와 火는 生死가 있지만 언제든지 보충할 수가 있다. 그러나 木(심지)은 생명의 주체로서 生死가 있기 때문에 한번 죽으면 再生할 방법이 없는 것이다.

인체적으로 보아서 木은 肝(간)이다. 그래서 봄(春)의 寅卯月 태생은 간덩이가 크고 가을(秋)의 申酉月 태생은 간덩이가 작다. 간덩이는 勇氣(용기)와 決斷(결단)을 주관한다.

그래서 봄출생자·미성년자·동방인은 肝이 왕성하여 肝이 크고 두둑하기 때문에 용감성이 대단하지만 걸핏하면 화를 잘내는 성정을 갖는다.

반면에 가을출생자·중년인·서방인은 간덩이가 작고 기능이 쇠퇴하기 때문에 용기가 부족하여 겁쟁이가 많고 화를 내기 보다는 理解(이해)하고 妥協(타협)에 능한 명수인 것이다.

이처럼 인생의 靈魂(영혼)을 發生시키고 保存하는 것이 水木火의 삼대요소인 것이다.

기름(水)이 떨어져도 불(火)은 꺼지고, 심지(木)가 굳어버려도 불(火)이 꺼지는데, 이렇게 불(火)이 꺼지면 정신과 영혼은 사라져 소멸되므로 캄캄한 밤이 되고 싸늘한 시체로 변하기 때문에 인생이 영결하고 종천하는 것이다.

3. 土 論

春秋元命苞에 土는 吐(토)하는 것이니 정기를 머금기도 하고 토하기도 해서 만물을 내는 것이라 한다. 그리고 說文解字에 土는 토(吐)해서 생겨나게 하는 것이니 그 글자에서 二는 地上과 地中을 상징하고 곧게 세운 한 획(丨)으로 만물이 처음 막 땅을 뚫고서 나오는 것을 상징한다고 하였는데 때는 季夏(계하)로 여름의 끝인 6월인 것이다.

季(계)는 성숙함과 늙음이니 만물이 四季節(사계절)의 끝인 여기에서 성숙함, 왕성함, 늙음으로 이루어지는 것이다. 이러한 土의 자리(位)는 사방의 중심(內)에 거처하므로 중심은 사방으로 통하는 것이다. 그래서 土는 皇極의 바른 기운을 얻고 黃中의 덕을 머금어서 만물을 감쌀 수 있는 것이다.

土는 陽의 符號(부호)인 플러스(+)와 陰의 부호인 마이너스(−)의 합작문자이다. 陽인 남자와 陰인 여자가 한몸이 되어서 抱擁(포옹)하고 情(정)을 나누고 있는 신방에 雲雨(운우)의 형상을 그대로 나타낸 글자가 土이다.

陽은 男子(남자)이고 하늘(天)이기에 위에서 아래에 있는 여자를 포옹하지만, 陰은 女子(여자)이고 땅(地)이기에 아래에서 위에 있는 남자를 감싸고 섬기는 것이 자연의 상태인 것이다. 이렇게 플러스 (＋)와 마이너스(－)를 하나로 묶은 陰陽의 통일체가 土인 것이다.

음양을 少陽(소양－木)·太陽(태양－火)·少陰(소음－金)·太陰(태음－水)으로 나눈 것이 四象(사상)인 것이다. 木과 火는 純陽(순양)이고 金과 水는 純陰(순음)이다.

1) 土는 萬物의 子宮

오행중에서 음양을 모두 갖추고 있는 한쌍의 부부는 오직 土뿐이다. 土는 만물을 생산하는 중생의 子宮(자궁)이므로 만물은 土를 통해서 나고 살며 움직이고 변화하는 것이다. 흙은 씨앗을 뿌리면 조용하면서도 부지런히 모든 씨앗들을 품고서 싹을 틔워 부화시키는데 이것이 土의 본능이고 본성이다.

흙(土)이 없으면 물(水)은 흐를수도 고일수도 없다. 그리고 흙(土)이 없으면 불(火)은 연소할 수도 존재할 수도 없다. 흙(土)이 없으면 나무(木)도, 싹을 틔울 수도, 자라날 수도 없으며, 흙(土)이 없으면 金은 생길 수도, 거처할 수도 없는 것이다. 그래서 흙(土)은 오행의 자궁이고 어머니이며 만물의 보금자리인 것이다.

그러므로 土는 단순한 음과 양이 아닌 陰陽의 結合體(결합체)·統一體(통일체)로서 만물을 姙娠(임신)·分娩(분만)·養産(양산)하는 동시에 만물의 乳房(유방)·乳母(유모)로서 중생을 먹이고 살찌우며 기른다.

그래서 土는 지구상에 고루 존재하며 어느 편에도 치우쳐 기울지 않고 동서남북과 오행에 동일하게 子宮·産母·乳母의 역할을 하고 있는 것이다.

이렇게 土는 만인에게 불평없는 평등한 사랑과 자비를 베풀기 위해서 아예 눈을 감고 죽은 듯이 있게 된다. 즉 눈을 감고 귀를 막으며 입을 다문채 無表情(무표정)·無感覺(무감각)·無神經(무신경)한 土는 처음부터 눈·귀·입·말이 없고 생사를 초월해서 대자대비의 사랑과 은총만을 베풀고 있는 것이다.

그래서 땅(地−土)는 조물주의 창조와 양육을 대행하고 있는 제2의 造物主(조물주)라고 하는 것이다.

2) 土는 水火結合의 子宮

水는 土의 血脈(혈맥)·食糧(식량)으로서 물의 질량에 정비례해서 生命孵化(생명부화)와 삶을 유지할 수 있듯이 내면적인 生氣와 富를 형성한다. 즉 土가 水를 얻음으로써 죽음을 면하고 살아있는 生土로서 생명을 유지하고 살을 찌우는 것이다.

木은 土의 옷과 날개로서 외형적인 富貴를 형성한다. 즉 허무하고 쓸쓸한 땅에 생기·광명·기쁨·웃음을 심어주고 길러주는 것은 생명의 주인공인 木인 것이다.

土가 水로써 木을 창조하지만 水를 木으로 변화시키는 것은 太陽의 火의 작용이고 능력이다. 火는 모든 것을 새로운 물체로 변화시키는 조화의 주인공으로써 火가 아니고는 한톨의 씨앗도 부화시킬 수가 없는 것이다.

火는 만물에 숨쉬는 天氣와 움직이는 生氣를 제공한다. 그리고 火를 연소시키는 酸素(산소) 없이는 숨을 쉴수도 피(血−水)를 순환시킬 수도 없고, 火의 햇빛이 없이는 生氣와 意慾이 나타나지 않는다. 모든 것은 水가 있기에 먹고 살며 火가 있기에 운동하고 변화하는 것이다. 土는 이러한 水와 火의 결합을 주선하고 그들의 씨앗을 잉태하고 부화시켜서 기르는 자궁과 유방역할을 할 뿐인 것이다.

3) 土의 天性은 同化

五行중에서 木金火水는 동서남북에 각각 정해진 일정한 방위를 가지고 있지만 土는 일정한 방위가 없다. 남는 공간이 중앙뿐이므로 中央土라 하지만 土는 동서남북을 막론하고 가득차 있는 것이다. 즉 동방에는 木과 통하는 春土(춘토)가, 남방에는 火와 통하는 夏土(하토)가, 서방에는 金과 통하는 秋土(추토)가, 북방에는 水와 통하는 冬土(동토)가 되어서 존재하는 것이다. 이렇게 土는 東西南北과 木金火水의 모두에 통하는 사통팔달의 팔방미인격인 것이다. 그래서 土는 겉으로 보기에는 모가없이 무척 둥글둥글해 원만하고 능소능대해 보인다.

그러나 土의 실제는 마치 여기에 붙었다 저기에 붙었다 하는 것처럼 膽(담—쓸개)·中心(중심)·志操(지조)·主體性(주체성)이 없음이 그 본성이다.

그래서 土는 번지·소속이 특정하지 않기 때문에 누구에게나 적응·순응하는 성질을 타고난 것이다. 土는 누가 자기를 점유하고 무엇에 쓰든 상관하지 않는다.

예컨대 土는 농부가 전답으로, 군왕이 도읍과 궁전으로 사용하든 말든 그리고 기업가가 공장과 상업용건물로, 장사꾼이 장터·놀이터로, 군인이 싸움터 등으로 사용하든 말든 그대로 순응할 뿐인 것이다. 즉 土는 자기라는 주체성과 오장육부를 떠나서 오로지 자기자신을 占有者(점유자)에게 순순히 따르고 同化(동화)하는 것이 土의 본성인 것이다.

이렇게 土의 본성은 환경에 쉽게 적응하는 同化力(동화력)이 있으며, 임자가 누구이건 가리지 않고 주인의 뜻에 따라 순응하고 적응할 뿐인 것이다.

그러므로 土는 反抗(반항)을 좋아하지 않고 背反(배반)은 더욱 싫어하며 오직 믿고 사는 信義(신의)를 좋아하기 때문에 土의 본성을 信(신)이라 하는 것이다. 여기에서의 信義(신의)는 군신·주객간의 신의가 아니고 占有者와 環境(환경)에 대한 신의인 것이다. 그래서 주인이 바뀌고 환경이 변하는 것에는 상관하지 않는다.

土에게는 오직 지금의 현실이 있을 뿐이기에 내일을 위해서 오늘을 희생할 수는 없는 것이다. 그러므로 土는 오늘을 위해서 살고 또한 모든 것을 참고 견딜 수가 있는 것이다.

4) 土의 生氣는 水

씨앗은 생명의 종자이다. 생명은 물(水)에서 발생하고 또 물을 먹고 살며 자란다. 즉 생명은 씨앗부터 물을 찾고 물에 의지하는 것이다.

이러한 생명의 씨앗을 흙(土)이 움트게 하려면 충분한 물을 간직해야 하는데, 물을 간직한 흙은 씨앗을 능히 움트게 하고 움튼 싹을 먹이고 기르는 유모의 유방으로써 만물을 발생하고 양육하는 것이다.

이러한 현상은 인간의 씨앗인 정자를 잉태하는 자궁과 함께 분만한 아기를 기르는 유방을 가진 여자와도 동일한 것이다. 즉 피(血-水)가 왕성하면 임신을 쉽게하지만 부족하면 임신이 불가능한 이치와 동일한 것이다.

그리고 여자는 임신과 함께 양육하는 산모의 역할까지 겸해야 하므로 피가 늘 풍부하고 맑고 깨끗하게 간직해야만 한다. 그래서 여자는 임신의 姙脈(임맥)이 발생하는 시기부터 피를 맑고 깨끗하게 간직하기 위해서 피를 新陳代謝(신진대사)하는 月經(월경)을 한달에 한번씩 하게 되는 것이다.

이렇게 水는 생명을 창조하는 땅(土)의 生氣(생기)로써 생명을 발생시키며 먹이고 기른다. 중생이 먹고 사는 물(水)을 가장 많이 간직하고 있는 것이 大地(대지)이다. 그러기에 인간을 비롯한 생물은 모두가 대지를 삶의 보금자리로 삼는다.

生氣인 물(水)이 풍부한 땅(地-土)에는 생물이 무성하게 자라나며 모여들지만, 生氣인 물(水)이 부족하여 메마른 땅(地-土)에는 생물이 발생하기 어려워서 모여들지를 않는다. 이렇게 생기를 가진 땅(土)은 살아있는 흙(土)으로써 生土(생토)라 하고, 생기가 없는 건조한 사막은 죽은 흙으로써 死土(사토)라 하는 것이다.

물(水)은 흙(土)의 피(血)이고 젖(乳)이며 生氣이고 元氣로써 흙(土)의 운명을 좌우하고 지배하는 것이다.

5) 生者의 明堂

江(강)은 생기의 줄기이며 물결이다. 그래서 중생은 강기슭을 찾아 삶터를 개척하고 마을을 형성해 왔던 것이고, 명당을 찾는 풍수학은 山보다는 물(水)에 더욱 치중하는 것이다.

山은 높기 때문에 貴(귀)를 상징하고 물(水)은 먹는 피이고 음식이기 때문에 祿(녹)으로써 富를 상징하는 것이다. 벼슬은 녹을 먹는 것이 목적이기 때문에 물(水)이 따르지 않는 山은 녹이 없는 벼슬로서 富도 貴도 허무한 것이다.

生者의 명당은 천하의 강물이 모여드는 富의 집결지가 되어야 한다. 강물은 많을수록 좋은데 강물이 많으려면 강줄기가 길어야 하고, 강줄기가 크고 길려면 산이 높고 많아야 하는 것이다. 산은 강물을 만드는 원천이기에 산이 없는 곳에는 물이 나오지도 모여질 수도 없는 것이다. 산과 물은 물과 물고기처럼 불가분의 한쌍의 부부인 것이다. 그래서 명당을 살피는 풍수학은 山과 물(水)을 기본으로 하는 것이다.

명당은 천하의 생기인 물(水)이 풍부한 곳이라야 한다. 물기운인 生氣는 山勢(산세)를 보면 쉽게 알 수 있고 산세는 산허리인 山脈 (산맥)으로써 관찰할 수 있다. 죽은 산맥은 쭉 뻗어버린 것이고 살아있는 산맥은 뱀의 허리와 같이 꿈틀거리고 있는 것이다. 이렇게 뱀에 비유한 산맥을 풍수학에서는 龍(용)이라 한다. 천하의 명당은 산맥이 살아있고 생기가 넘치고 뭉쳐 있어야 한다.

생기는 물이고 물은 생물을 발생하기 때문에 생기가 있는 땅과 산에는 초목이 우거지고 생기가 없는 곳에는 초목이 발생하지 않는 불모의 땅이 되는 것이다. 그래서 명당은 살아있는 龍이 굽이치고 精氣(정기)가 꿀단지처럼 한곳으로 뭉치고 갈무리 되어 있는 곳이라야 하는 것이다.

6) 土의 陰陽論難

土에는 戊己土(무기토)와 辰戌丑未土(진술축미토)가 있다. 그러나 土가 음양중 어디에 속하는가에 대한 논란은 팽팽한데 그 주장 내용을 비교하여 보면 다음과 같이 정리될 수 있다.

첫째 土가 陽에 속한다는 주장은 戊己土를 丙丁火와 같이 통용하
는 논리이다. 즉 陽戊土는 陽丙火에 묶고, 陰己土는 陰丁火에 묶어
서 분류하는 것이다.

이는 五行의 生死를 세분화한 12運星에서 戊土는 丙火와 같이 東
方寅에서 長生·出生하고 西方酉에서 死한다. 그러나 己土는 丁火와
같이 西方酉에서 長生하고 東方寅에서 死한다는 것이다. 이와같이
土를 火로 통용하는 이유는 火는 하늘(天)이고 土는 땅(地)이기에
天地는 하나이듯이 土는 당연히 火에 속하는 것이 순리라고 주장하
는 것이다.

즉 모든 천지만물이 음양의 소생이며 음양은 불가분의 하나이기
때문에 天地는 서로가 떨어질 수 없는 天生緣分(천생연분)의 配匹
(배필)로서 火土는 共生(공생)하고 共死(공사)하는 것이 음양의 법
칙이라는 것이다.

둘째 土가 陰에 속한다는 주장은 戊己土를 壬癸水와 같이 통용하
는 논리이다. 즉 戊土는 陽壬水에 묶고, 己土는 陰癸水에 묶어서 분
류한다. 이는 五行의 生死를 세분화한 12運星에서 戊土는 壬水와 같
이 西方申에서 長生하고 東方卯에서 死한다는 것이다. 그리고 己土
는 癸水와 같이 東方卯에서 長生하고 西方申에서 死한다는 것이다.

이와같이 土를 水로 통용하는 이유는 土는 陸地(육지)이고 水는
바다(海)로서 陸海(육해)는 서로 떨어질 수 없는 한몸으로 천생연분
의 음양배필로서 水土는 共生(공생)하고 共死(공사)하는 것이 음양
의 법칙이라는 것이다.

그러나 水火는 歲月(세월-12운성)에 따라서만 生死가 있는 것이
고 旺衰(왕쇠)가 분명할 뿐이다. 따라서 지구상의 흙(土)은 세월과
무관하게 언제나 그 자리를 지키므로 생사와 왕쇠가 없는 것이다.

생사가 없는 土를 생사가 있는 火나 水에 묶는다는 것은 그릇된 편견의 我田引水(아전인수)에 지나지 않는다고 할 수 있을 것이다.

4. 金 論

說文解字에 金은 금지를 시키는 것이므로 음기가 처음으로 일어나서 만물이 금지되는 것인데 土가 金을 낳으니 金字의 속에는 土字가 들어 있으며 土字 양 옆의 두 점(丷)은 金이 土中에 들어있는 형상으로 때(時)는 가을이라고 하고 있다.

禮記에 가을은 근심하는 것이니 근심스러운 때를 당하지만 의리를 살펴서 지키는 것이라 하였다. 그리고 尸子에 가을은 엄숙한 것이므로 모든 만물이 엄숙하게 하고 공경함이니 이는 예절의 근본이라 하고 있다.

한편 설문해자에서는 천지만물을 돌이켜 반성하게 하는 것, 즉 거둬들임이 가을인데 그 자리(位)는 서방이라 했다. 그리고 書經에 서방은 조촐할 또는 적어질 鮮(선)인데 적어짐은 묻고 다스릴 訊(신)이고 다스린다 함은 안(內)으로 음양의 기운이 다시 들어가기 시작하는 모습이라는 것이다.

따라서 화려하게 만발한 꽃(花-火)이 지고 열매가 생겨서 단단하고 치밀하게 무르익은 열매가 오곡백과인데 이것이 金을 상징하는 것이다. 즉 오곡백과는 가을에 추수되고 金은 서방에 속한다. 그래서 金은 結實(결실)을 상징하며 결실의 오곡백과는 돈이고 財物(재물)이고 經濟(경제)로 통하는 것이다.

즉 金은 단순한 쇳덩이가 아니고 무르익은 단단한 五穀百果(오곡백과)·성숙·황금·재물·경제·서방·가을·석양·실용적·타산적·중년인생 등을 상징하는 성정을 가지고 있는 것이다.

1) 金은 火의 所生

태양은 만물을 기르고 살찌우기도 하지만 빛과 열기의 日照量(일조량)이 오곡백과를 무르익은 상태의 성숙자로 만든다. 생물을 부화시키고 젖을 먹이는 것은 水와 土이지만, 생물을 기르고 성숙시키는 변화작용은 태양의 조화이고 권능으로써, 열매의 結實(결실)은 전적으로 火의 작품이고 火의 所生(소생)인 것이다.

여자는 땅(地)·陰·水이고, 남자는 하늘(天)·陽·火이다. 부모사이에서 태어나고 자라나는 자식은 결실로서 金이다. 金이 겉으로 볼 때에는 어머니의 자궁(土)에서 태어난 土의 所生인 것처럼 土生金(토생금)이라고 하지만, 사실상 金은 아버지(火)의 씨앗에서 태어나고 아버지의 땀으로 길러진 火의 所生인 것이다. 그래서 金은 南方 火인 巳午未에서 태어나고 자라며 결혼해서 분가를 하고 독립을 하는 것이다.

오행상 金과 火는 相剋의 적수이지만 사실 金은 자신을 剋하는 火의 소생인 것이다. 즉 子宮을 위주로 한다면 萬物은 분명히 어머니인 땅(地−土)의 소생이지만 種子(종자)인 씨앗을 위주로 한다면 萬物은 분명히 하늘이고 아버지인 태양 火의 소생이고 작품인 것이다.

2) 金의 食事는 火(酸素)

오장육부에서 肺(폐)는 金에 속하는 呼吸器官(호흡기관)인데 호흡은 산소를 흡수해서 인체에 공급함으로써 피를 순환시키는 기본수단이다.

酸素(산소)는 하늘의 天氣·陽氣로써 태양의 빛과 열에서 생산되고 도입되는 火에 속한다. 허파는 火의 元氣인 산소를 쉴새없이 흡수해서 심장의 불(火)을 활활 연소시키면서 동맥의 피에 활력소를 불어 넣어서 힘차게 순환시킨다.

한편 오장육부에서 땅(地-土)의 精氣(정기)인 물질을 먹고사는 것이 胃腸(위장)이라면, 하늘(天)의 精氣(정기)인 酸素(산소)를 먹고 사는 허파에 산소를 공급하는 것은 大氣의 모체인 太陽의 火인 것이다. 그러므로 허파는 산소에 의해서 숨을 쉬고 움직이며 자라나는 火의 소생인 것이다. 이러한 肺(폐)는 산소가 많아도 病이고 적어도 病이다.

즉 허파를 병들게 하는 것은 酸素의 過食(과식)을 강요하는 무더운 熱氣(열기)이지만, 한편으로 더욱 잔인한 것은 허파를 굶주리게 하는 차가운 寒氣(한기)인 것이다. 그러기에 허파는 무더운 여름은 능히 이겨서 나가지만, 빛과 열의 기운이 부족한 차가운 겨울에는 기진맥진하여 氣管支病(기관지병)으로서 감기가 만연하게 되는 것이다.

5. 水 論

管子(관자-齊國管中著)에 水는 땅의 血氣(혈기)이므로 힘줄과 맥이 유통하는 것이다 했고, 釋名(석명)이나 廣雅(광아-魏國張揖著)에 水는 평평한 것이니 만물을 평준하게 하는 것이라 했다.

그리고 춘추원명포에 水는 널리 흘러서 윤택하게 하는 것이므로 만물을 습기있게 하고 부드럽게 하며 적시고 흘러내리며 숨어드는 것이다. 음양이라는 두 남녀가 사귐(人+人=又)에 數의 시작인 하나(丨)가 그 가운데서 나오는 것이니 이를 水자로 삼은 것이다. 그러므로 水는 오행의 시작이며 元氣가 모인 溱液(진액)인 것이다.

설문해자에 水字는 샘물이 합쳐져 흐르는 가운데 양의 기운이 미미하게 있음을 상징하는 것이니 때는 겨울이라고 하였고, 尸子에 겨울은 마치는 것으로 만물이 여기에 이르러서 마치고 감추는 것이라 하였으며, 禮記에 겨울은 中(속)을 상징하는 것이므로 속은 감추는 것이고 그 자리(位)는 북방이라고 하였다.

尸子에 북방은 엎드리는 것이니 겨울이 되면 만물이 모두 엎드려 귀천의 구별없이 모두가 하나가 되는 것이라고 하였다. 이러한 물(水)은 해가 지는 서방과 해가 뜨는 동방사이에 위치하는 北方水(북방수)이다.

북방은 태양의 버림을 받아서 열기·양기·생기에 굶주려 있는 곳이다. 그러므로 水의 성정은 어둠·차가움·밤·겨울·노년기·종말·휴식·도둑 등을 상징하는 것이다.

1) 水는 萬物의 젖줄

만유가 陽의 氣와 陰의 質로 만들어진 음양의 조화이듯이, 물(水)도 음과 양으로써 발생을 한다. 하늘에서 氣는 무형의 元氣로서 水素(수소)가 酸素(산소)를 얻어서 연소하는 과정에서 우주에 生氣를 불어 넣는 태양의 빛과 열에 의해서 움직인다. 반면에 大氣의 수소가 산소를 얻음으로써 땅에서 중생을 먹이고 살찌우는 大地의 生氣인 물(水)을 생산하는 것이다.

水素는 陰이고 酸素는 陽이기에 이들이 만나면 發情(발정)을 하

게 되고 이슬이 맺히듯 사랑의 이슬인 甘露水(감로수)로 변하는 것
이다. 水素의 氣를 물체로 변화시키는 造化는 태양의 빛과 열인 火
에 있다. 변화의 원동력인 火가 하늘에서는 태양으로써 작용을 하고
땅에서는 산소로써 작용을 한다. 즉 대지와 만물은 하늘의 陰水와
陽火에 의해서 싹트고 자라며 결실을 맺는 것이다.

水素가 하늘에서 뭉치면 별(星−銀河水)을 이루지만, 水素가 大
氣속에서 어울려 집단을 이루면 구름(雲)이 형성되는데 이러한 구
름이 비(雨−水)를 만드는 자궁과 산모이고 원기인 것이다. 그래서
氣는 水之母(수지모)라 하는 것이다.

이러한 물은 높은 곳에서 낮은 곳으로, 골짜기에서 강으로, 바다
인 大洋(대양)으로 스스로 모여서 뭉치고 천하의 것을 통일하여 독
점하려는 것이니 이러한 점이 水의 본능이고 천성인 것이다.

2) 水 玄武는 盜賊의 代名詞

북방은 해가 뜨지 않는 어두운 밤을 먹고사는 것으로 밤의 동물은
鼠生員(서생원)인 쥐(子)가 대표적이다. 쥐는 밤눈이 밝아 밤이되면
도둑질하는 것이 능사인데 밤이면 생기가 넘치고 무엇이나 닥치는
대로 훔친다.

어둡고 가물거리는 北方水를 玄(현)이라 하고 무기를 가진 호반
을 武(무)라 한다. 서생원과 도적은 그 가물거리는 玄을 먹고산다.
玄을 이용해서 사냥을 하고 도적질을 일삼는 자를 玄武(현무)라 한
다. 즉 남의 재물을 몰래 숨어서 도적질하는 서생원과 도둑과 현무
는 아주 흡사하다. 그래서 밤도적을 현무라 하는 것이다.

현무는 北方水의 대명사인데 남의 눈에 띄지않게 엎드려서 살금

살금 소리없이 기는 것이 장기이다. 그래서 물은 언제나 땅에 엎드려서 기듯이 흐른다.

북방의 현무는 어두운 밤이면 염탐꾼을 몰래 보내서 적진을 살피고 숨어서 기습을 하는 것을 유일한 병법으로 삼는다. 즉 정정당당히 싸우는게 아니고 적을 속이고 유인하며 위장하고 숨어서 등뒤에서 무찌르는 비겁한 싸움을 최고의 전술로 삼는다. 이같이 밤이 아니면 상대의 허점을 치고 찌르는데서 비롯되는 현무술수의 대표적인 방법이 孫子兵法(손자병법)인 것이다.

물이 높은 곳에서 낮은 곳으로 흐르고 대체로 북에서 남으로 흐르듯이, 현무는 언제나 서북에서 동남으로 쳐들어 오기 때문에 현무와 이웃하는 국가들은 모두가 서북방에 성을 쌓고 진지를 마련하는 것이다.

그렇기에 도적떼가 득실거리는 현무의 북방에는 대문을 내지않는 이치인 것이다. 이는 도읍의 성곽이나 궁택이나 일반의 가택에서도 마찬가지인 것이다. 그래서 북문이 있게 되면 흉가라고 해서 외면을 하는 이치인 것이다.

이 지구상에서 현무의 본산이고 통로인 서북방을 봉쇄하는 성을 가장 높고 길게 쌓은 것이 중국의 萬里長城(만리장성)이다. 이렇게 진시황은 북방의 현무를 봉쇄하는 만리장성만 쌓으면 현무는 더 이상 침범할 수가 없고 진나라는 자자손손 튼튼하게 지켜질줄 알고서 최선을 다했다. 그러나 현무는 성밖이 아닌 성안에서 진나라를 사냥했던 것을 우리는 생각해야 할 것이다.

3) 水는 終末化身과 精神原動力

물(水)은 흐르는 것이 천성·본능이므로 자유롭게 달아나듯 奔流(분류)함을 추구한다. 그런데 추운 겨울은 물(水)을 꽁꽁언 凍死體(동사체)의 얼음덩이(氷)로 만들어서 生水가 아닌 死水로 만들어 버리기 때문에 물(水)이 추운 겨울(冬)을 두려워하는 이유가 여기에 있는 것이다.

生水는 만물을 발생하고 먹이며 기르는 천하의 生氣로서 중생들이 반기고 즐기지만, 死水는 무용지물로서 生氣를 殺氣(살기)로 만들고 얼어 죽게 하는 殺生(살생)을 즐기므로 만물의 저주와 증오를 받는 대상이다.

이렇게 하루의 종말인 밤이나 일년의 종말인 겨울을 상징하는 北方水는 인생의 老年期(노년기)를 의미한다. 노년기에는 육신과 정신이 허약해진 상태이기에 삶을 유지하기 위해서는 본능적인 행동보다는 知能的(지능적)이고 計略的(계략적)인 작전이 더욱 필요한 시기인 것이다.

그래서 대낮에 정면으로 대결하고 행동하는 것이 아니라 캄캄한 밤을 이용해서 이면과 옆구리를 奇襲(기습)하는 것이다. 이는 떳떳하지 못한 매우 卑劣(비열)하고 陰凶(음흉)한 權謀術數(권모술수)이지만 늙고 병든 노년의 인생이 살기 위해서는 어쩔수가 없는 것이다.

즉 그가 생존방식으로 살아가는 길은 계속해서 知能(지능)·智謀(지모)·術數(술수)로서 일을 처리해 갈 수밖에 없는 것이다. 그러기에 노년의 북방수를 지능·지모·권모·술수·작전·참모로 상징되는 이유가 여기에 있는 것이다.

예컨대 인생의 일생을 12단계로 분류한 12運星중에서 病死墓(병사묘)에서 보여지는 것처럼 노년의 북방수는 질병(病)과 무덤(墓)의 사이에 있는 死의 상태에 있는 별(星)인 것이다. 즉 死星은 육신을 쓰지 못하고 오로지 정신만으로 살아가는 정신적인 인생인 것이므로, 학술·예술·의술·점술·지식·기술 등 순수한 머리로서만 살아가는 인생인 것이다.

이렇게 늙고 병든 인생에 정신이 왕성할 수가 없기에 死의 인생은 창의적인 능력이 부족하다. 단지 전통적이고 傳受(전수)된 능력을 발휘하고 있을 뿐인 것이다.

이같이 죽음에 임박한 死의 인생은 物慾(물욕)과 執念(집념)에 담백하고 담담하여 철학과 종교를 더욱 생각하지만, 북방수는 결코 그렇지가 못하여 물질적인 욕심이 많고 집념도 강열하며 아집이 강한 고집불통이 그 특성이다.

이와같이 늙고 병든 인생에서는 고도의 지능과 정신이 발휘될 수가 없음에도 불구하고 북방수를 정신적인 지능과 술수를 창조·개발하는 원동력으로 상징하는 이유는 무엇인가?

하늘(天)의 陽氣는 無形이지만, 땅(地)의 陰質인 物質은 有形으로서 모두가 形體를 가지고 있는데 그 형체는 天의 氣와 地의 物(水)이 결합해서 이루어진 氣와 物(水)의 합동작품이기 때문인 것이다.

水는 體를 먹이고 살찌워서 형성하고, 氣는 정신을 먹이고 살찌워서 형성한다. 정신은 體를 기능으로 삼고, 體는 정신을 작용으로 삼는다.

그래서 肉體에 이상이 있으면 기능이 마비가 되고 기능이 마비가 되면 작용이 불가능하게 되는 것이다. 반면에 작용을 주관하는 정신에 이상이 있으면 기능을 조절·운전할 수가 없기에 기능이 대혼란을 일으켜서 치명적인 커다란 이변이 초래되는 것이다.

天氣는 무한대이고 地物은 유한하여 부족하기 때문에 氣를 먹고 사는 정신은 늘 여유가 있지만 地物인 水를 먹고사는 육신은 항상 부족한 상태인 것이다. 즉 여유가 있는 정신에는 이상이 있을 수가 없고 문제는 늘 부족상태인 육신에 있는 것이다. 그래서 육신의 이상은 바로 水의 공급부족에 있는 것이다. 따라서 표면상으로는 정신은 氣에서 발생하고 육신은 水에서 발생하는 二元的(이원적)인 차원과 구성을 가지고 있다.

그러나 정신과 육신 모두가 水의 생산과 연소로서 生을 유지하고 있는 水의 化身이고 作用인 것이다. 그러므로 水가 정신과 육체의 원동력인 것이다.

그리고 氣가 정신을 형성하고 水는 體를 형성하며, 정신작용은 피(血)의 질량에 정비례하기 때문에 피(血)가 정신을 발생하고 작용시키는 정신의 모체이고 원동력인 것이다. 그래서 水가 왕성한 자는 정신력이 왕성하고 水가 빈약한 자는 정신력이 빈약한 것이다.

태양의 빛과 열인 火를 먹고 사는 精神은 태양과 더불어 눈을 뜨고 작용하며 눈을 감고 휴식을 한다. 해가 뜨면 정신의 창문인 눈(眼)도 뜬다. 태양의 빛과 열이 정신의 음식이고 원기인 것이다.

봄가을(春秋)은 태양의 빛과 열이 적당하고 서늘하기에 정신이 과식하지도 굶주리지도 않음으로 정신이 가장 안정되고 활기가 있으며 즐거운 상태를 유지한다. 그러나 태양의 빛과 열이 너무 왕성한 무더운 여름(夏)에는 정신이 지나친 섭취로 인하여 늘 과식과 포식상태가 되어 위장기능의 상실이나 무기력상태에 빠지는 등 기진맥진의 녹초가 되기 쉽상인 것이다.

한편 태양의 빛과 열이 빈약하고 부족한 추운 겨울(冬)에는 정신이 필요로 하는 원기가 부족하여 굶주린지라 기진맥진하여 의욕이 없게 되고 꼼짝하기를 싫어하는 것이다.

4) 精神力과 持久力은 水의 質量에 正比例

水는 北方과 겨울(冬)에는 왕성하지만 南方과 여름(夏)에는 허약함이다. 水는 모든 물이 하나로 뭉치는 바다(海)가 소망이고 지상목표이기 때문에 水旺者는 천하를 통일·독점해서 다스리려 하는 것이 유일한 소망이고 평생의 뜻인 것이다.

그래서 水가 왕성한 사람은 정신력이 왕성해지기 때문에 욕심과 뜻이 태산처럼 커지고 높아지게 된다. 이는 水의 물리적인 작용과 함께 水에서 태동되는 정신력의 왕성함에서 발동되는 統一(통일)과 獨占意識(독점의식)의 知能的인 작용때문인 것이다.

그러나 반면에 水가 빈약한 자는 아무리 천재라고 하여도 큰 뜻과 욕심을 갖지도 못하고 이룩하지도 못하는 것이다. 무엇보다도 大業(대업)을 이루려면 持久力(지구력)이 왕성해야 하는데 지구력이란 불꽃을 오래 연소시킬 수 있는 물(水), 즉 油(유-기름)의 능력이기 때문인 것이다.

모든 경쟁과 투쟁은 지구력의 싸움이다. 지구력이 강하면 끝까지 싸워서 이기지만 지구력이 약하면 얼마 가지 못하고 지쳐서 쓰러지고 패배하는 이치이기 때문이다.

그러므로 水가 왕성하면 천리만리 길게 흘러가서 大江水(대강수)나 大洋(대양)을 이룰 수가 있지만, 水가 빈약하면 10리도 못가서 흙에게 흡수되어 먹히고 사라지게 되는 이치와도 같은 것이다. 그리고 水의 흐름은 水의 생명이고 본능이지만 水의 멈춤은 水의 죽음을 의미하는 것이다.

따라서 精神力(정신력)은 두뇌에서 발생하는 머리의 능력이 아니고 水에서 발생하는 電力(전력)이고 水力(수력)인 것이다. 따라서 精神力과 持久力은 水의 質量에 正比例하는 것이다.

5) 水土關係는 虛則同志 旺則敵軍

물(水)은 흙(土)을 만나면 흐름을 멈추고 지하로 스며들기 때문에 中央土는 水의 무덤(墓)이다. 이는 흙이 水를 집어삼키기 때문인데 그렇다고 항상 水가 土에게 먹히는 것만은 아니다. 즉 水가 뭉쳐서 江을 이루면 거꾸로 土를 휩쓸고 무너뜨리며 주름을 잡게 된다.

그리고 흐르는 물을 막아서 가두면 거대한 湖水(호수)가 되고 이것이 쌓이고 쌓이면 마침내 넘쳐서 무서운 洪水(홍수)를 이루는데 홍수는 대지를 물바다로 만들어서 휩쓸게도 된다. 이렇게 水가 가장 두려워 하는 것은 土이다. 그래서 土와 水는 서로가 상대방이 두려워 견제하면서 힘을 기르고 대비를 한다.

이렇게 土와 水는 서로 불가분의 관계를 가지면서도 항상 對立(대립)과 相剋(상극)의 상태를 유지한다. 그렇지만 늘 先手(선수)를 치는 침략자는 북방수이다. 그래서 土는 水를 이용할뿐 水와 짝이 되거나 공존할 수는 없는 것이다. 즉 土가 커지면 水를 집어 삼키고, 水가 커지면 土를 휩쓸어 무너뜨린다. 이렇게 土와 水는 늘 다정한 척 하지만 서로가 비대해지고 강대해지는 것을 경계하면서 두려워 하는 것이다.

土는 泰山처럼 우뚝서서 움직임이 없지만 水는 땅을 기는 밤도둑처럼 침투의 야욕을 쉴새없이 추구하는 것이다. 따라서 土와 水는 同志(동지)이면서도 敵軍(적군)인데 적과 동지는 이해가 같으면 동지이고 이해가 상반되면 적인 것이다. 즉 土와 水의 관계에서 적과 동지의 판단기준은 思想(사상)이 아니고 비즈니스의 개념인 것이다.

6) 水의 質量과 人性

方位上(방위상)으로 水는 西方에서 發生(발생)하고 北方에서 旺盛(왕성)하며 東方(동방)에서 泄氣(설기)되고 南方에서는 虛弱(허약)함이 특징이다. 즉 水는 西方에서 出生(출생)해서 北方에서 成熟(성숙)해지고 東方에서 老病(노병)으로 늙고 병든 뒤에 南方에서 극도로 衰退(쇠퇴)한 후에 中央에서 死하여 묻히는 것이다.

계절상으로 水는 가을(秋)에 자라고 겨울(冬)에 왕성하며 봄(春)에는 시들고 병들며 여름(夏)에는 마르고 가뭄이 생기는 것이다.

그래서 첫째 西方人이나 가을(秋) 태생은 物慾(물욕)이 강하고, 둘째 北方人이나 겨울(冬) 태생은 慾望(욕망)이 가장 크고 왕성하며, 셋째 東方人이나 봄(春) 태생은 修身齊家(수신제가)의 君子됨이 희망이고, 넷째 南方人이나 여름(夏) 태생은 물질을 경시하고 정신적인 宗敎(종교)와 修道(수도)를 추구하고 즐기는 경향이 매우 높은 것이다. 따라서 天下富貴(천하부귀)를 추구하는 大野望家(대야망가)는 겨울(冬) 출생이 단연 으뜸이다.

이렇게 北方人이나 겨울(冬)태생은 타고난 水가 풍부하기 때문에 天下를 獨占하려는 野獸的(야수적)인 정복과 침략적인 獨不將軍(독불장군)으로써 富보다는 만인의 위에서 호령하는 貴를 더욱 추구하는 것이다.

이러한 관점에서 인간의 胎生(태생)과 成長(성장)의 방위별로 서방인(西方金)·북방인(北方水)·동방인(東方木)·남방인(南方火)·중앙인(中央土)의 精神力(정신력)을 한번 비교하여 보는 것도 흥미로울 것이다.

(1) 北方人(旺水)-사냥꾼

北方과 겨울(冬)은 水가 왕성하고 성숙하기 때문에 北方人(북방인)은 정신력과 지구력이 왕성하다. 북방수는 왕성한 어른으로 만사에 주도면밀하고 백년대계를 세우며 초지일관하게 강력히 밀고 나가는 왕성한 박력과 지구력을 가지고 있다. 그리고 북방인은 총과 무기가 자본이고 수단이다. 그래서 세계통일이라는 백년대계를 세워서 정책이 일관되고 불변의 전략을 고수하며 강행하는 무서운 정신력과 지구력을 과시하고 있는 것이다.

전쟁은 무기와 무력의 대결이 아닌 인간의 정신력과 지구력의 대결인 것이다. 이렇게 정신력이 왕성한 자는 용감하고 호전적이며 끝까지 싸우는데 이러한 정신력의 우열은 타고난 水의 질량으로 저울질 되는 것이다. 이러한 水는 서방과 가을에서 발생하고 북방과 겨울에 왕성하므로 북방인은 타고난 사냥꾼이 생업이며 전쟁이 그들의 정복의 수단이 되는 것이다.

(2) 西方人(金生水)-장사꾼

西方과 가을(秋)은 추수를 전담하는 방위와 계절이다. 그래서 중년의 인생과 서방인은 처음부터 財福(재복)을 타고 났으며 황금에 밝으며 능숙한 것이다. 그래서 가을태생은 모든 것을 經濟爲主(경제위주)로 打算的(타산적)이고 實利的(실리적)으로 생각하면서 행동을 한다. 그러기에 서방인들은 物質萬能主義(물질만능주의)로 물질이 인간을 지배하고 천하를 다스린다는 것을 정당화 하는 것이다.

그들은 背信(배신)을 식은죽 먹듯이 하고 인정이나 의리 따위는
아랑곳 하지 않으며 돈을 버는데는 참으로 천재적이고 능소능대한
것이 특징이다.

이렇게 西方은 水가 발생하는 샘(泉)이기 때문에 西方人은 정신
력과 지구력이 날로 늘어나고 강해진다. 그러나 서방의 水는 이제
막 발생하는 옹달샘이기 때문에 정신력이 자라나는 성장과정일 뿐
이고 왕성하지는 못한 것이다.

샘(泉)이란 물이 솟고 고일뿐 흘러서 江을 이루지 못하는 것이기
때문에 서방인은 줄기차게 밀고 나가는 일관된 정책과 지구력면에
서는 약할 수밖에 없음인 것이다. 이는 미숙한 인생의 소년처럼 만
사가 서툴고 虛點(허점)이 많으며 近視的(근시적)이고 변덕이 많으
며 有始無終(유시무종)함이다. 그리고 날로 성장해서 강해지기는
하지만 왕성하고 늠름하지는 못한 것이다.

따라서 西方人은 황금이 자본이고 수단이므로 눈앞의 황금과 이
득에는 약삭 빠르고 번개와도 같지만 장기적인 안목이나 설계는 어
리고 부족하다.

그들은 어머니의 뱃속에서부터 計算器(계산기)를 두드리는 철저
히 돈을 버는 장사꾼으로서는 천재이고 일인자이지만 역사적·세계
적인 대업을 설계하는 정책과 이를 밀고 사냥을 해서 나가는 추진력
과 지구력은 아직도 어리고 나약하다고 할 것이다.

(3) 東方人(木)—농사꾼

西方에서 발생하고 북방에서 왕성했던 水가 東方에서는 老病(노
병)으로 늙고 병이 든다. 동방의 나무인 木은 水를 끊임없이 들이키
기 때문에 水가 감당을 못하고 기진맥진하여 늙고 병이 드는 것이

다. 그래서 東方人은 水로써 자신의 木을 기를뿐이므로 家畜(가축)
과 農事(농사)를 의미하기 때문에 농사꾼이라고 하는 것이다. 전통
적으로 농사는 天水(천수)인 비(雨)로 경작을 하였기에 비가 많이
내리면 풍년이 들고 비가 적게 내리면 가뭄으로 흉년이 든다.

이렇게 잘살고 못사는 것이 하늘에 달려 있는지라 동방인은 예부
터 敬天思想(경천사상)이 두터웠던 것이다. 天水와 인연이 두터운
동방인은 처음부터 천수로 농사짓는 것을 천직으로 삼아온 농사꾼
으로 天水를 먹고 살았지만 반면에 서방인은 지하수를 개발하여 수
돗물을 팔아먹는 장사꾼이었던 것이다.

이렇게 수돗물의 근본인 地下水(지하수)에 해당하는 壬水는 西方
金의 뿌리인 申金에서 長生을 한다. 그러나 農水(농수)의 근본인 天
水(천수)에 해당하는 癸水는 東方木의 뿌리인 卯木에서 長生을 하
고 西方金의 申酉에서 病들고 죽는 무덤(墓)이 되기 때문에 서방인
과는 인연이 적은 것이다.

(4) 南方人(火)－종교인

南方人도 天水를 먹고 살지만 태양의 빛과 열기가 지나치게 왕성
해서 火가 극성을 부리기 때문에 天水가 발을 붙일 곳이 없는 실정
이다. 그리고 남방의 폭양에서는 地下水도 마찬가지이다. 한편 砂漠
(사막)은 하늘의 은총인 天水가 메마른 곳으로 하늘의 버림을 받은
죽음의 땅인 것이다.

水의 부족은 정신력의 허약으로 직결되고 정신력의 부족은 지구
력과 참을성의 부족으로 연결된다. 그래서 남방인들은 성미가 불같
이 급하고 참을성이 적어서 걸핏하면 싸움을 벌이고는 수습을 하지
못한다.

불(火)은 붙으면 크게 번지고 끄기가 쉽지는 않지만 오래가지는 않는다. 그러기에 남방인들의 싸움은 닭싸움처럼 쉽게 붙고 쉽게 끝이 난다. 정신력이 부족하면 용기가 적을 뿐만이 아니라 두려움과 겁이 많다. 이렇게 힘이 부족하여 혼자는 살수가 없어서 그 무엇엔가 의지하려고 정신적인 의지와 마음의 지팡이로서 개발하고 선택한 것이 宗敎(종교)이고 信仰(신앙)인 것이다. 그래서 남방인들은 예로부터 종교와 신앙을 마음과 生活의 支柱(지주)로 삼아왔던 것이다.

이는 그들이 미개하거나 단순해서가 아니고 사물을 판단하고 다스리며 개발하고 극복하는 精神力(정신력)인 水가 절대적으로 不足하고 虛弱하기 때문인 것이다. 이러한 정신력인 水가 풍부하고 왕성한 북방인은 처음부터 종교와 신앙이 무용지물이듯이 아예 거들떠보지도 않는데 이는 공산주의가 종교와 신앙을 배척하는 것이 아니라 왕성한 북방수가 배격하는 이치와 같은 것이다.

(5) 中央人(土)-調整者

중앙토는 동서남북의 사방에 모두 골고루 퍼져서 金木水火와 함께 어울리며 지구의 子宮인 太極의 역할을 한다. 그래서 누구와도 친화력을 갖으며 설득력도 좋다. 그리고 中央土는 말이 없는 대신에 속이 깊고 約束(약속)을 잘지켜서 信義(신의)와 信用(신용)을 소중히 하는데 이것이 中央人의 특성이다.

이러한 中央土에 해당하는 방위는 지구의 중심기점을 어디로 하느냐에 따라서 그 해석이 달리 될 수가 있을 것이다.

第4節 五行의 生剋制化中和論

1. 五行相生法則－相扶相助秩序

相生(상생)은 서로가 生하여 준다는 뜻으로 木生火·火生土·土生金·金生水·水生木을 상생이라고 한다. 글자 그대로 풀이하면 木에서 火가 생하고 火에서 土가 생하며 土에서 金이 생하고 金에서 水가 생하며 水에서 木이 생하는 것으로 이는 五行의 正循環(정순환)이다.

그러나 경우에 따라서는 五行의 逆循環相生(역순환상생)도 상정해 볼 수가 있는데 木生水의 경우로 이 경우의 木은 숯의 경우이고 水는 濁水(탁수)의 경우이다. 生이란 단순한 출생이 아니라 생존·삶·생활·생산 등의 여러 가지 의미로 통용된다. 여기에서의 生은 삶으로, 즉 산다는 것이 가장 대표적인 것이기에 상생은 서로가 산다는 의미인 것이다. 혼자서는 살 수가 없기에 서로가 어울려서 사는 것이고 서로가 힘을 합해서 서로돕고 의지하는 것이다.

그래서 상생은 생존상 현실적으로 서로돕고 의지하는 相互依存法則(상호의존법칙)인 것이다. 이러한 오행의 정순환상생을 요약해

〈表 2－11〉 五行의 左旋循環相生

正循環相生	第一義	逆循環相生
木生火	나무가 불을 무성하게 함	火生木
火生土	불이 흙에게 생기를 줌	土生火
土生金	흙이 금을 생함	金生土
金生水	금이 물을 맑게 생함	水生金
水生木	물이 나무를 자라게 함	木生水

보면 〈표 2-11〉과 같이 정리될 수 있을 것이다.

1) 木生火와 火生木

火는 빛과 열을 발생하면서 활활타오르며 번지게 하는 것이 본성이지만 水를 만나면 풍전등화의 입장으로 위기일발에 직면하게 되고 水의 공격을 받으면 불(火)이 꺼져서 빛과 열을 잃게 된다. 이때에 木이 나타나서 水를 깨끗이 흡수함으로서 火를 집어삼키려던 水가 木의 피와 살로 변화하는 것이다.

이렇게 木은 火의 목숨을 구해준 恩人(은인-木生火)이고 구세주인 것이다. 또한 木은 불꽃에 기름를 공급하는 연료로서 꺼져가는 불(火)을 되살림으로써 두 번째의 木生火를 한다. 즉 木은 죽으면서 연료가 되어서 불(火)을 발생하고 연소시키며 火를 계속 보존시키는 것이다.

木은 살아서 生木(생목)의 입장에서는 水를 집어삼킴으로써 火를 살리고, 또다시 木은 죽어서 死木(사목)의 입장에서는 연료가 되어서 불(火)을 살리고 지켜줌으로써 죽어서까지 木生火를 한다.

木이 가장 두려워하는 것은 金이다. 기회만있으면 木의 은공에 보답하고자 하는 것이 火의 바램이고 염원이다. 그런데 도끼(金)가 나무를 내리찍으려 할 경우에 이를 막을 수 있는 것은 火뿐이다. 즉 火가 다가오니 金이 도망칠 수밖에 없고 그로 인해서 木은 金의 무자비한 살생으로부터 살아남을 수 있는 것이다. 이렇게 火의 등장이 金앞에서 죽음을 기다리는 木을 살리고 지켜주는 恩人(은인-火生木)이고 구세주인 셈이다. 또한 火는 엄동설한에 凍死(동사)에 직면한 木을 따사롭게 품으면서 추위를 쫓아 죽음으로부터 木을 살리고 지켜주는 두 번째의 火生木을 거뜬히 해낸다.

물(水)난리에서 꺼질뻔하였던 火를 살려주고 죽어 연료가 되어서 불꽃의 기름이 되어주는 것이 木生火라면, 살기등등한 도끼(金)앞에서 木을 구제하고 엄동설한 凍死에 직면한 木에게 따스한 熱氣로써 木의 생명을 지켜준 것이 火生木인 것이다. 이렇게 木과 火는 서로가 지켜주고 살려주며 의지하는 共存者(공존자)·相生者(상생자)인 한쌍의 다정한 부부인 것이다.

그래서 木을 가진 火는 건강·장수하고 평생 물(水)난리를 겪지 않는 것이며, 火를 가진 木도 무병·장수하고 평생 金의 수난을 겪지 않는 것이다.

2) 火生土와 土生火

土가 가장 두려워하는 것은 木이다. 木은 土를 剋하고 파헤치기 때문에 木을 만난 土는 오금을 펴지 못한채 죽음의 위기에 직면한다. 이때에 土가 火를 만나게 되면 火는 木을 불살음으로써 土를 구해주고 지켜주는 火生土의 역할을 행한다. 이렇게 火가 늘 土를 감싸면서 木의 침공으로부터 土를 살려주고 지켜주는 것이 火生土이다.

반면에 火를 늘 위협하는 것이 水이다. 이렇게 水가 火를 무찌르려고 노도와 같이 밀려오면 土는 水의 앞을 가로막고서 水를 무찌르니 水魔(수마)에 집어삼킬 뻔했던 火는 위기일보 직전에서 土의 구제로 죽음을 면하고 생을 유지하게 되니 이것이 土生火의 역할이다. 이렇게 土가 항상 火를 감싸고 水의 침공으로부터 火를 살리고 지켜주는 것이 土生火이다. 그래서 火가 없는 土는 木의 침공으로 언제 무너질지 모르는 좌불안석이고, 土가 없는 火는 언제 물(水)의 밥이 될지 몰라서 전전긍긍할 수 밖에 없는 것이다.

그러나 火를 얻어서 가진 土는 평생 木의 수난을 받지않기 때문에 건강하고 태연작약하게 장수할 수 있고, 土를 얻어서 가진 火도 평생 水의 수난을 받지않기 때문에 마음놓고 오래 장수할 수 있는 것이다. 이렇게 火와 土는 서로가 지켜주고 살려주며 의지하는 共存者·相生者인 한쌍의 유정한 부부로서 문자 그대로 공생공존의 상생관계를 하는 것이다.

3) 土生金과 金生土

金을 剋하여 치고 녹이며 못살게 구는 것은 火이기에 金이 가장 두려워하는 것은 火이다. 이때에 土가 나타나서 火를 泄氣(설기)시키면서 집어삼킴으로써 火魔(화마)에 녹아서 없어질뻔 하였던 金을 土가 살려주고 지켜주는 것이 土生金이다. 즉 土가 火의 침공을 받는 金을 감싸고 살리며 지켜주는 것이 土生金이다.

金은 土의 은공에 보답하기를 맹세하고 있는 중이다. 土를 못살게 굴고 걸핏하면 파헤치며 무너뜨리는 것이 木이다. 이렇게 木이 土를 침공하여 土가 비명을 지르면 金이 뛰어가서 木을 내리치니 木은 혼비백산해서 도망치고 土가 구제되니 金이 土를 木으로부터 살려주고 지켜준 구세주로 이것이 金生土이다. 즉 土의 수문장으로써 칼을 찬 金이 木의 침공을 받는 土를 무찔러서 감싸고 살리며 지켜주는 것이 金生土이다.

그래서 土가 없는 金은 火의 침공이 언제 있을지 몰라서 좌불안석이고, 金이 없는 土도 木의 수난을 언제 당하여 무너질지 전전긍긍하며 불안하기는 마찬가지이다.

그러나 土를 얻은 金은 평생동안 火의 침공과 受難(수난)을 받을 염려가 없으니 여유와 자신이 있고 건강·장수할 수 있으며, 金을 얻은 土도 평생동안 木의 수난을 받지 않기에 병들지 않고 장수할 수 있는 것이다.

이와같이 土와 金은 서로가 상대방을 안전하게 지켜주고 살려주며 의지하듯이 相生相扶(상생상부)하며 공존공생하는 사이인 것이다.

4) 金生水와 水生金

水가 土를 만나면 흐를수가 없고 흙더미에 묻혀 흔적도 없이 사라지는 죽은 목숨이기에 水가 가장 두려워 하는 것이 土이다.

水가 무서운 土 앞에서 전전긍긍할 때에 金이 나타나면 土를 泄氣(설기)해서 무너뜨리니 水는 土의 수난과 위기에서 살아나 다시 흐를 수 있는 것이다.

이렇게 水가 土로부터 수난을 받을때마다 金이 앞장서서 土를 설기시키고 무너뜨려 水를 감싸 안전하게 지켜주는 것이 金生水이다. 金을 괴롭히고 못살게 구는 것은 언제나 火이다. 火는 언제나 金을 보면 기어코 덤벼들어 상처투성이를 만든다.

이렇게 火 앞에서 金이 수난을 당하고 있을 때에 水가 나타나면 火가 기겁을 하고 삼십육계 도망치니 金은 수난과 위기일발에서 되살아나 다시 생을 유지할 수 있는 것이다. 이렇게 金이 火로부터 수난을 받을때마다 水가 앞장서서 火의 침공을 무찔러 金을 보살피고 지켜주는 것이 水生金이다.

그래서 金을 만난 水는 평생 土로부터 수난을 면하여 안전하게 장수하고, 水를 얻은 金도 평생 火로부터의 수난이 없이 건강장수 할 수 있는 것이다.

　이와같이 金과 水는 서로가 상대방을 안전하게 지켜주고 살려주며 의지하듯이 相生相扶(상생상부)하며 공존공생하는 천생연분의 사이인 것이다.

5) 水生木과 木生水

　木이 金을 만나면 찍히고 짓밟히기에 木은 언제나 金을 가장 두려워한다. 이렇게 金의 수난을 받아서 木이 떨고 있을 때 水가 나타나면 金은 泄氣가 되어 무기력해지기 때문에 木이 金의 수난으로부터 벗어나 살아남게 되는데 이처럼 水가 木을 살려주고 지켜주는 것이 水生木이다.

　한편 水를 가로막고 들이삼키며 괴롭히는 것은 土이다. 그래서 土를 만난 水는 風前燈火格(풍전등화격)이 된다. 이때에 木이 나타나면 土는 꼼짝을 못하고 무릎을 꿇으니 水는 유유히 흐르면서 土를 다스릴 수 있게 되는데 이렇게 木이 水를 살려주고 지켜주는 것이 木生水이다.

　그래서 水를 얻은 木은 평생 金의 수난을 모르고 안전하게 되며, 木을 얻은 水도 어디를 가나 土의 수난을 받지 않고서 유유히 흐를 수가 있기에 평생동안 병들지 않고 장수할 수 있는 것이다. 이렇게 水와 木은 서로가 상대방을 안전하게 지켜주고 살려주며 서로돕고 의지하듯이 相生相扶(상생상부)하며 공존공생하는 천생연분인 것이다.

　즉 相生(상생)은 서로가 적의 수난으로부터 삶을 지켜주고 서로돕고 의지하며 보살피고 報恩(보은)하는 헌신적인 상부상조의 관계이지 일방적인 헌신과 희생을 위주로 자기 혼자만 살겠다는 獨生(독생)이나 放生(방생)이 아닌 것이다.

2. 五行相剋法則－戰爭秩序

1) 五行相剋의 本質

相剋(상극)은 서로가 공존할 수가 없기에 싸우고 이겨서 지배하려는 것이니 싸움의 대결은 승리를 위한 수단이고 승리는 지배가 목적이다. 인간과 자연은 모두가 상대의 지배를 원하지 않지만 싸움에서의 패자가 추방을 면하려면 승자에게 굴복하고 복종할 의무가 있다.

즉 상극은 평화질서인 河圖의 상생을 무시·파괴하고 각각의 힘을 앞세워 대립하고 싸우며 승부를 다투는 것이다.

상극은 상생질서를 파괴하고 한자리씩 뛰어넘는 越權(월권)과 폭력의 亂舞(난무)로서 水剋火·火剋金·金剋木·木剋土·土剋水로 서로 대립하고 대결한다. 겉으로는 水가 火를 치고 이기며 火가 金을 이겨 다스리며 金이 木을 이기고 지배하며 木은 土를 무찌르고 다스리며 土가 水를 가로막고 다스린다.

그러나 剋은 서로가 싸우고 이기는 相對的(상대적)·雙方的(쌍방적)인 相剋이지 絕對的(절대적)·一方的(일방적)인 獨剋(독극)이 아닌 것이다. 즉 水가 火를 치고 이기면 水가 火를 지배하고 다스리듯이, 火도 水를 치고 이기면 火가 水를 지배하고 다스리는 것이다.

이렇게 이기고 지는 관계를 알기 위해서는 오행의 힘인 旺衰强弱(왕쇠강약)을 저울질하는 明細表(명세표)인 12運星을 알아야 한다. 즉 오행의 旺衰(왕쇠)와 虛實(허실)은 方位(방위)와 季節(계절)로

서 저울질하는데, 방위와 때를 얻은 오행은 무르익고 왕성해지지만
방위와 때를 잃은 오행은 늙고 병들어 쇠퇴하고 무력·무능해지는 것
이다.

五行의 運氣와 勢力은 方位와 季節에 따라서 왕성과 쇠퇴를 순환
하며 반복한다. 상극은 旺(왕)과 衰(쇠)의 대결로서 旺者(왕자)는
때(時)를 얻은 得時(득시)·得令(득령)한 자이고 衰者(쇠자)는 때
(時)를 잃은 失時(실시)·失令(실령)한 자이다.

相剋은 득시·득령하여 세력을 형성한 오행의 무리와 실시·실령하
여 세력이 약한 무리간의 대결로 五行의 集團的인 鬪爭(투쟁)인 것
이다. 오행의 運勢(운세), 즉 運氣와 勢力은 세월을 따라서 변하며
돌고 도는데 봄에는 木이·여름에는 火가·가을에는 金이·겨울에는
水가·長夏(장하)와 四季(사계)에는 土가 각각 득시·득령하여 왕자
로 군림하는 것처럼 상극의 법칙은 철, 즉 계절에 따라서 그 승패를
달리하는 것이다.

이와같이 승리로 집권하고 보복으로 복권하는 勝利(승리)와 報復
(보복)의 무상한 反復(반복)과 循環(순환)이 바로 상극의 본질인데
이를 정리하여 보면 다음과 같이 정리될 수 있다.

〈표 2-12〉 五行의 右旋循環相剋

季 節	方 位	旺者	衰者	相剋體制 I	相剋體制 II
春(봄)	東方	木	金	木剋金	木剋土
夏(여름)	南方	火	水	火剋水	火剋金
秋(가을)	西方	金	木	金剋木	金剋火
冬(겨울)	北方	水	火	水剋火	水剋土
四季(토왕)	辰戌丑未	土	木	土剋木	土剋水

2) 木의 相剋 … 土·金

木은 발생의 기운을 상징하며 동방과 봄의 군왕·천하·전성기이
다. 木의 본질은 나무가 아니고 만물을 발생시키는 生氣이다. 그래
서 木이 대권을 잡은 동방과 봄철에는 木의 만능시대이기 때문에 他
五行들은 木 앞에서 굴복·순종하고 木을 대왕으로 공경하고 섬긴다.
그러나 오행중에서 木과 싸우고 대결하는 相剋者는 土와 金이다.

(1) 木剋土
일반적으로 木이 土를 이기고 지배하는 것이 木剋土이다. 木은 동
방의 절대적인 최고통치자로서 어떤 누구도 木에게 대항하거나 木
의 지배를 거역할 수가 없다. 이같이 木의 성숙기인 봄은 木의 계절
이고 전성기로서 木이 천하를 지배하고 호령하며 다스린다.

(2) 金剋木과 木剋金
金이 木을 이기고 다스리며 지배하는 것을 金剋木이라 한다. 예컨
대 金(肅殺-숙살)의 기운이 왕성한 가을과 서방에서는 木(生氣-
발생기운)이 극도로 쇠퇴하고 허약하여 金에게 대결을 할 수가 없어
서 木은 무조건 金에게 항복을 하고 金의 어떠한 지배와 통치도 감
수한다.
즉 가을과 서방에서 木이 金에게 패하는 이유는 가을과 서방은 木
의 生氣를 집어삼키는 肅殺(숙살)의 기운이 왕성하여 생기가 만신
창이가 되기 때문인 것이다.
그러나 木이 집권한 대왕이고 사자격인 동방과 봄철에는 木에게
강한 金도 木앞에서 꼼짝을 못하고 사자앞의 토끼처럼 무릎을 꿇고

木의 지배와 통치를 받고 감수를 하는데 이러한 경우가 木이 金를 이기고 지배하는 木剋金이다.

즉 봄과 동방에서 木이 金을 이기는 이유는 木의 본질인 生氣가 넘치고 왕성하기 때문인 것이다.

3) 火의 相剋 … 金·水

火는 성장의 기운을 상징하며 남방과 여름의 군왕·천하·전성기로서 만물을 다스리고 천하를 호령한다. 火의 본질은 불이 아니고 만물을 성장시키는 빛과 열기로서 발전적 변화와 조화를 일으키는 것이다.

그래서 火가 대권을 잡은 남방과 여름철에는 火의 만능시대이기 때문에 타오행들은 火 앞에서 굴복·순종하고 火를 대왕으로 공경하고 섬긴다. 그러나 오행중에서 火와 싸우고 대결하는 相剋者는 金과 水이다.

(1) 火剋金과 火剋水

일반적으로 火가 金과 水를 이기고 지배하는 것이 火剋金·火剋水이다. 예컨대 뜨거운 불(火)더미 속에서는 金이 완전히 녹아 없어져 그 자취를 감춘다. 또한 뜨거운 불(火)더미 속에서는 水도 펄펄 끓다가 수증기로 증발되어 흔적조차 없이 사라지고 만다.

(2) 水剋火와 金剋火

겨울과 북방은 水의 고장이고 전성기이다. 이렇게 水가 득세하고 집권하는 북방과 겨울에는 火도 失權(실권)한 실패자로서 水앞에서 완전히 손을 들고 굴복을 한다. 이렇게 水가 火를 이기고 지배하는 것을 水剋火라고 한다.

한편 여름의 火는 능히 金을 다스지만 金이 득세를 하는 가을과 서방의 경우에서 火는 病들고 金이 왕성하기 때문에 金이 도리어 火를 지배하고 다스리는 金剋火를 하는 것이다.

4) 土의 相剋 … 水·木

木火金水는 생사·왕쇠강약·흥망성쇠가 있기에 상생상극이 분명하지만 土는 그러하지 않아서 헤아리기가 지극히 애매하다. 그래서 土는 외형적·추상적인 측면에서만 상생상극이 존재할 뿐이다. 그러나 오행중에서 土와 싸우고 대결하는 相剋者는 水와 木이다.

(1) 木剋土

木이 왕성한 봄과 동방에서는 木이 거목이 되어서 土를 파헤치고 무너뜨림으로써 土가 기진맥진하여 木에게 대항해 싸울힘이 없기 때문에 木의 지배와 다스림을 감수할 수 밖에 없다.

즉 木이 왕성하고 집권하는 동방과 봄에는 木이 土를 정복하고 지배하는 木剋土가 정당화되고 합법화되는 것이다.

(2) 土剋木과 土剋水와 水剋土

土의 기운이 천지에 가득차고 왕성해지는 辰戌丑未方과 四季(사계)에서는 土가 집권하고 통치하기 때문에 土의 상전으로 군림하던 木도 역시 꼼짝을 못하고 土가 木을 이기고 지배하며 다스리는 土剋木을 감수해야하는 것이다. 즉 土가 왕성하고 집권하는 辰戌丑未方과 四季에서는 土가 木을 지배하고 호령하기 때문에 土剋木이 당연시되고 합리화되는 것이다.

土剋水의 경우에도 마찬가지이다. 본래 土와 水는 육지와 바다로서 서로 의지하고 공존하지 다투거나 대립하지 않는다. 다만 작은 물과 흙덩이가 어떤 경우에 실랑이를 벌이는 것처럼 보일수도 있는데, 즉 흘러가는 작은 물을 흙으로 막으면 물이 흐를수가 없고 작은 물구덩이는 흙으로 덮어서 묻어버릴 수가 있다. 그러나 강물·바다와 같은 큰 물덩이·물결은 흙으로 막거나 덮을 수가 없다.

이같은 이치로 土가 득세를 하고 집권을 하는 辰戌丑未方과 四季에서는 土의 천하이기 때문에 능히 土가 水를 지배하고 호령하는 土剋水의 체제를 형성할 수가 있다.

그러나 水가 득세하고 집권하는 북방과 가을에는 水의 천하이기 때문에 土가 오히려 水의 지배와 통치를 받게되는 水剋土의 체제를 감수해야만 한다.

5) 金의 相剋 … 木·火

金은 성숙과 거두는 수렴의 기운을 상징하는 것으로 金은 서방과 가을의 군왕·천하·전성기이다. 이렇게 金의 본질은 쇠(鐵)가 아니고 만물을 성숙시켜 거두는 冷氣(냉기)인 것이다. 그래서 金이 대권을 잡은 서방과 가을철에는 金의 만능시대이기 때문에 타오행들은 金 앞에서 굴복·순종하고 金를 대왕으로 공경하고 섬긴다.

그러나 오행중에서 金과 싸우고 대결하는 相剋者는 木과 火이다.

(1) 金剋木과 木剋金
金이 대권을 잡은 가을과 서방에서는 金의 천하이기에 모두가 金

의 뜻에 따르고 金의 지배와 통치를 감수해야만 한다. 그래서 木은 金의 秋霜(추상)같은 서리가 내리면 하루아침에 생기를 잃고 秋風落葉(추풍낙엽)처럼 시들어 버리는 것이다.

이렇게 秋霜(추상)같은 金은 중생인 木을 단칼에 정복하고 지배하는 金剋木을 정당화하고 金의 체제화를 함으로써 木의 저항과 반란을 뿌리 뽑는 것이다.

그러나 木의 생기가 천지에 충만하는 동방과 봄에는 木이 천하를 정복하고 호령하는 木의 천하이기 때문에 오히려 金이 발붙일 곳이 없다.

즉 봄과 동방에서 金은 극도로 허약하고 기진맥진하여 완전 탈기 상태로 기운이 충천하는 木에게 대항할 수가 없기 때문에 木이 金을 정복하고 지배하는 木剋金의 체제를 감수해야만 하는 것이다.

(2) 火剋金과 金剋火

위와같은 현상은 火剋金의 경우에서도 마찬가지이다. 본래 金이 火를 두려워하지만 金이 대권을 잡은 서방과 가을에는 火가 병들고 늙어서 산송장처럼 무기력하기 때문에 金이 火를 치고 정복하기는 누워서 식은죽 먹기인 것이다.

즉 늙고 병든 火가 젊고 씩씩한 金의 秋霜(추상)같은 호령 앞에서 대항하지를 못하고 金나라의 백성으로서 金이 火를 지배하는 金剋火를 정당하게 받아들일 수밖에 없는 것이다.

그러나 火의 보복은 火가 왕성해서 집권하는 남방과 여름철에 이루어진다. 즉 火의 불꽃이 천하를 녹이는 남방과 여름에는 무쇳덩이도 쇳물로 녹임으로써 金은 항복하고 맹종할 수밖에 없는 것이다. 그래서 火가 金을 지배하는 火剋金의 질서와 법칙을 순순히 지켜야

하고 火의 어떠한 폭정도 金은 감수를 해야만 하는 것이다.

6) 水의 相剋 … 火·土

水는 갈무리(藏)의 기운을 상징하며 북방과 겨울의 군왕·천하·전성기이다. 水의 본질은 물이 아니고 만물을 갈무리 시키는 殺氣(살기)이다.

그래서 水가 대권을 잡은 북방과 겨울철에는 水의 만능시대이기 때문에 타오행들은 水 앞에서 굴복·순종하고 水를 대왕으로 공경하고 섬긴다. 그러나 오행중에서 水와 싸우고 대결하는 相剋者는 火와 土이다.

(1) 水剋火와 火剋水

殺氣騰騰(살기등등)하여 모든 것을 바다(海−結集)와 얼음(凍結·凍死)으로 통일·일원화 시키는 水가 가장 즐거이 치는 것은, 만물을 성장·분화시키는 것을 능사로 하는 밝은 光明(광명)과 뜨거운 熱氣(열기)의 火이다. 그래서 水·火의 양자는 처음부터 서로 상생·공존할 수 없는 상극자이다.

틈만 있으면 水는 火를 침범하여 불을 끄고 암흑세계를 만들려하지만 火는 어떻게든 광명과 열기를 내뿜어서 어둠을 몰아내고 광명천지를 만들려고 한다.

언제나 침략을 일삼는 것은 도둑고양이인 玄武(현무)의 水이다. 水는 언제나 땅에 바싹 엎드려서 뱀과 구렁이처럼 살금살금 기는 것이 본성이지만 火는 언제나 하늘위로 높이 치솟아 정정당당하게 싸운다.

그래서 水가 왕성하여 집권하는 북방과 겨울에는 大洪水(대홍수)를 이루어서 水가 천하를 휩쓸고 주름잡으니 火가 고양이 앞의 쥐처럼 水에게 정복을 당하고 水의 지배와 통치를 감수하는 水剋火의 체제를 형성한다.

한편 火가 왕성하여 대권을 잡는 남방과 여름에는 水가 무릎을 끓고 항복을 하여 火가 水를 다스리는 火剋水를 정당화하고 체제화한다. 그러나 水와 火가 늘 不俱戴天(불구대천)의 원수만은 아니다.

즉 水는 陰의 주체(큰물−등잔기름)이고 火는 陽의 주체(큰불−등잔불빛)로서 양자는 서로 의지·공존하는 表裏關係(표리관계)이면서도 눈만 뜨면 으르렁거리고 싸우는 관계이다. 이렇게 水火가 서로 의지하고 다정한 것은 등잔기름과 등잔불빛과의 관계이고 서로 으르렁거리고 싸우는 것은 큰물(大水)과 큰불(大火)과의 관계인 것이다.

여기에서 작은 것은 個體(개체)이고 큰 것은 勢力(세력)이다. 즉 水와 火는 비유컨대 남여(火·水)가 개체로서는 서로 다정하게 사랑하고 의지한다. 그러나 떼를지어 세력화한 덩어리인 남성(火)과 여성(水)은 세력으로서는 서로 편을 지어서 사랑이 아닌 적으로서 무서운 싸움을 일으키는 것이다.

뭉쳐서 세력화되면 적이 되고 흩어진 개체로서는 사랑하는, 즉 겉으로는 적이지만 속으로는 부부가 되는 二律背反的(이율배반적)인 矛盾(모순)이 바로 相剋原理(상극원리)이고 이치인 것이다.

(2) 土剋水와 水剋土

土의 태산이 水의 물줄기를 가로막아서 싸움을 걸듯이 水의 홍수도 土의 대지를 휩쓸면서 싸움을 즐긴다. 그렇다고 水·火가 영영 헤어져서 살수도 없으니 水가 없으면 만물의 자궁인 土는 메말라서 죽은 흙덩이가 되어 生氣가 없기에 한톨의 씨앗도 부화시킬 수 없다.

자궁은 피가 있어야 잉태하고 분만을 하는데 水는 피(血)이고 生氣이며 生命의 젖(乳)인 것이다. 그래서 土는 水가 없으면 갈증이 생기고 피가 돌지를 않아서 허덕거리기 때문에 土는 水를 갈구하고 기뻐하는 것이다.

마찬가지로 水도 역시 土가 없이는 흐를 수도 존재할 수도 없으니 흙(土)이 있어야 물(水)이 고이고 흐를 수 있으며 흙속으로 숨어야만 태양의 증발을 면할 수가 있는 것이다.

이와같이 흙이 물을 먹고사는 것처럼 물도 흙을 먹고 살듯이 서로 의지하고 사랑하면서도 떼를 지어서 덩어리가 되어 勢力化(세력화)가 되면 서로가 대권을 잡겠다고 칼을 빼들게 되는 것이니 이는 水·火의 싸움이 아닌 衆土(중토)와 衆水(중수)의 대결인 것이다.

즉 무리는 세력을 형성하고 세력은 대권을 다투니 상극은 곧 개별적인 오행의 싸움이 아니고 五行勢力間(오행세력간)·五行集團間(오행집단간)의 대결인 것이다.

水의 무리가 왕성한 북방과 겨울에는 水가 집권하기에 水의 백성으로 土가 종속화되는 水剋土의 체제가 형성되고, 土의 무리가 왕성한 辰戌丑未方과 四季에서는 土가 대권을 잡아서 집권하기에 土가 水를 다스리고 지배하는 土剋水의 체제를 水가 감수하는 것이다.

예컨대 個體(개체)는 自然(자연)을 먹고살지만 集團(집단)과 무리는 政權(정권)을 먹고사는 것이기 때문에 대권을 빼앗긴 무리는 반드시 대권을 탈환하여 보복을 기도하는 것이다. 이와같이 겨울과 북방에서 水에게 패배한 火와 土가 각기 동류의 무리를 재편성하고 힘을 기르고 배양하여 때가 되면 지체없이 반격하여 집권자를 타도하고 대권을 되찾을 준비를 하는데 火는 남방과 여름에서 복권하게 되고 土는 辰戌丑未方과 四季에서 보복하고 집권하게 되는 것이다.

이렇게 때를 만난 火·土가 水를 무찌르고 집권하였지만 이에대해 水가 완전히 항복할 수는 없는 일이다. 水가 大勢(대세)가 不利(불리)해서 一時的(일시적)으로 敗亡(패망)을 하였으나 대권에 대한 집념은 결코 버릴 수가 없기에 水는 자기의 때가 오기를 기다리면서 칼을 갈고 자신의 무리들을 재정비하는 것이다. 이렇게 자신의 무리들을 재정비하면서 기다리던 水에게 水의 무리가 왕성한 북방과 겨울을 맞이하면 火와 土를 무찌르고 천하대권을 다시 쟁취하게 되는 것이다.

3. 五行相制·相化·中和法則

1) 五行相制法則

五行相制(오행상제)란 木인 나무가 土인 흙을 相剋할 경우에 金인 쇠가 木을 制御(제어)한다는 뜻이다. 예컨대 木剋土할 경우에 金剋木으로 金이 木을 制御한다는 논리가 相制(상제)인 것이다. 즉 金인 쇠가 木인 나무를 이기기 때문이다.

한편 金剋木으로 金인 쇠가 木의 나무를 이길 때에 火剋金으로 火의 불이 金을 制御한다는 논리도 같은 이치이다. 즉 火의 불이 金의 쇠를 이기기 때문이다. 이와같은 논리로 五行의 상호관계를 정리한 것이 五行相制인 것이다.

2) 五行相化法則

五行相化(오행상화)란 木剋土로 木의 나무가 土의 흙을 이길 때
에 火의 불이 나타나서 그 과정을 妨害(방해)를 한다. 즉 木生火로
木의 나무는 火의 불을 돕는데 火生土로 火의 불이 다시 土를 도와
서 재(흙)을 만드는 것이다. 이렇게하여 결국은 木의 나무가 土의
흙을 이기면서도 火의 불로 인해서 간접적으로 木이 土의 흙을 돕는
셈이 된다는 논리가 相化(상화)인 것이다.

한편 火剋金으로 火의 불이 金의 쇠를 이길 때에 土의 흙이 나타
나서 그 과정을 방해한다. 즉 火生土로 불(火)이 흙(土)을 낳는데
土生金으로 흙(土)이 쇠(金)를 낳기 때문이다. 그래서 흙(土)이 있
으므로서 불(火)은 쇠(金)를 이기면서도 동시에 土를 통해서 간접적
으로 쇠(金)를 돕는 역할을 하게 되는데 이를 相化라고 하는 것이
다. 이렇게 정리된 논리가 바로 五行相化인 것이다.

3) 五行中和法則

五行中和(오행중화)란 오행이 數的(숫적)으로도 균형을 이루고,
時期的(시기적)으로도 中庸(중용)됨을 지칭하는 것이다. 즉 오행중
화는 相生中相剋(상생중상극)과 相剋中相生(상극중상생)의 관계를
살피는 것이라고 할 수 있다.

이는 비록 오행의 구성이 상생관계 일지라도 균형이 맞지 않을 경
우에는 오히려 病이 됨을 뜻한다. 그리고 剋을 받는 입장일지라도
數的으로 우세하거나 시기적으로 得令(득령)을 하였다면 오히려 그
반대가 됨을 뜻한다.

4. 物質五行과 運氣五行

物質五行(물질오행)에서는 木을 나무·火를 불·土는 흙·金은 쇠·水를 물로 생각을 하여 五行을 단지 物質自然(물질자연)으로만 관찰하고 관념하는 논리이다. 즉 나무·불·흙·쇠·물은 문자대로 자연에서의 5종의 物體인 五物(오물)·五常(오상)에 불과하는 자연의 물질과 형상일뿐이다. 이러한 물질오행은 그 자체가 움직이고 행하는 것은 결코 아니므로 이를 形象五行(형상오행)·物質五行(물질오행)·地五行(지오행)이라고 할 수 있을 것이다.

그러나 五行의 본질은 움직(動)이고 행(行)하는 그 무엇을 의미하므로 움직이는 性情(성정)으로 관찰해야 옳은 것이다. 이러한 관점에서 본다면 우주공간에서 움직이고 행하는 것은 자연의 물질과 물체가 아닌 天地의 運氣(운기), 즉 運行(운행)되는 氣運(기운)이라는 점에 접근할 수 있을 것이다.

이러한 運氣가 우주공간에서 무형의 原動力·元氣로서 끊임없이 움직이고 행하면서 萬物을 창조·발생·양육·성장·성숙·수렴·거둠·저장 등을 하면서 삼라만상을 다스리고 있는 것이다. 運氣의 근원은 빛(光)과 熱氣(열기)로써 이는 모두가 태양에서 발생·방출되고 있는데 빛과 열기는 時間(시간)·方位(방위)·節氣(절기)에 따라서 大小(대소)·强弱(강약)·旺衰(왕쇠)하는 변화가 무상한 것이다.

이렇게 太陽의 進行·變化를 주관·구분하는 다섯가지의 段階·過程·法道·原則이 바로 五行인 것이다. 이처럼 우주공간에서 끊임없이 움직이고 진행하는 것은 태양이 발생·방출하는 천지운기뿐이다. 運氣는 처음부터 발생·성장·성숙·수장하는 朝夕(조석)·晝夜(주야)·春秋(춘추)·夏冬(하동)의 네 과정을 법칙화하고 있는 것이다. 이러한 네가지의 운행법도와 과정을 四行(사행) 또는 五行(오행)이라고 하는 것이다.

그러하기에 運氣의 발생·성장·수렴·수장의 형상으로써 춘하추동의 사계절과 동서남북의 사방은 바로 四行에 의해서 창조되고 형성되며 다스려지는 것이다.

따라서 만유의 구성은 모두가 운기의 변화이자 천지운기오행을 기본으로 하는 것이다. 자연은 물질이지만 운기는 생기이며 정신이기에 운기를 망각한 자연위주의 물질오행은 생기와 정신이 없는 격이므로 그 어떠한 개발과 변화도 가져올 수가 없는 것이다.

〈表 2-13〉 五行의 時間·方位·節氣

四行	時間			四方	四節	運氣	過程	自然
木	寅卯	朝	아침	東方	春節	發生	始作	태어남
火	巳午	晝	낮	南方	夏節	成長	發展	번창
金	申酉	夕	저녁	西方	秋節	收斂	成熟	결실
水	亥子	夜	밤	北方	冬節	收藏	貯藏	갈무리

五行	時間	間方	換節	運氣	自然
土	辰戌丑	左同	三季	陰陽	열매의
	未		長夏	配合象徵	발생

1) 一日의 天地運氣五行

一日(일일), 즉 하루의 天地運氣五行(천지운기오행)은 태양이 떠오르고 충천하며 기울고 갈무리되는 하루의 과정과 변화의 오행이다.

첫째로 하루의 시작은 태양이 발생하는 아침(朝)에서 비롯되고 태양은 언제나 동방에서 발생하고 떠오르기에 이를 東方木이라고 하는데 이는 동방의 나무가 아니고 동방에서 태양이 뜨고 하루의 시작인 아침이 비롯된다는 의미인 것이다.

둘째로 이렇게 아침에 떠오른 태양은 점차 상승하여 한낮(晝)쯤이 되면 하늘의 정상인 남방에 치솟아 충천하니 이를 南方火라고 하는데 이는 남방의 불이 아니고 남방에서 태양이 최고로 성장·발전해서 충천하는 일대변화를 이루었다는 의미인 것이다.

셋째로 태양이 저무는 저녁(夕)이 되면 태양이 서산으로 기울고 저물어서 마침내는 땅으로 거두어 들이니 이를 西方金이라고 하는데 이는 서방의 쇠가 아니라 서방에서 태양을 거두어 들이고 하루의 종말을 내린다는 의미인 것이다.

넷째로 태양이 숨어버린 한밤(夜)이 되면 태양은 완전히 북방의 지하로 갈무리되고 캄캄한 밤이 되니 이를 北方水라고 하는데 이는 북방의 물이 아니고 태양이 북방의 암흑세계로 완전히 갈무리 되는 종말의 과정을 의미하는 것이다.

2) 一年의 天地運氣五行

一年(일년), 즉 한해의 天地運氣五行(천지운기오행)은 봄에서 시작되고 여름에서 무성하며 가을에서 무르익고 겨울에서 막을 내리는 일년의 과정과 변화의 오행이다.

첫째로 봄(春)이면 만물에서 새싹이 발생되고 생기가 천지에 가득하여 이를 春木(춘목)이라고 하는데 이는 봄의 나무가 아니고 만물이 발생하고 시작하는 봄의 절기를 의미하는 것이다.

둘째로 여름(夏)이면 만물이 성장하고 무성하니 이를 夏火(하화)
라고 하는데 이는 여름의 불이 아니고 만물이 성장하고 발전해서 놀
라울정도로 변화한 여름의 절기를 의미하는 것이다.

셋째로 가을(秋)이면 오곡백과가 무르익고 만물이 시들며 결실을
맺으니 이를 秋金(추금)이라고 하는데 이는 가을의 金이 아니고 만
물이 성숙되고 거두어들이는 가을의 절기를 의미하는 것이다.

넷째로 겨울(冬)이면 눈이 내리고 추위가 극심하며 한기와 살기
가 가득차서 생기를 찾아볼 수가 없으니 이를 冬水(동수)라고 하는
데 이는 겨울의 물이 아니고 만물이 죽은 듯이 고요하게 잠들고 온
천지가 꽁꽁 얼어붙은 겨울의 절기를 의미하는 것이다.

〈表 2-14〉 五行의 一般歸類表 I

	木(太始)		火(太初)		土(太極)		金(太素)		水(太易)	
陰陽	陽	陰	陽	陰	陽	陰	陽	陰	陽	陰
天干	甲	乙	丙	丁	戊	己	庚	辛	壬	癸
地支	寅	卯	午	巳	辰戌	丑未	申	酉	子	亥
後天數	三	八	七	二	五	己100 丑未10	九	四	一	六
先天數(六爻)	/	乙庚丑未 八	丙辛申寅 七	/	戊癸辰戌 五	/	甲己子午 九	已亥 四	/	丁壬卯酉 六
相生	生火		生土		生金		生水		生木	
相剋	勝土		勝金		勝水		勝木		勝火	
生數	三		二		五		四		一	
成數	八		七		十		九		六	
五常	仁(貌)		禮(視)		信(思)		義(言)		智(廳)	
六獸	青龍		朱雀		勾陳, 蛇		白虎		玄武	
五色	蒼/青		赤		黃		白		黑	
五方	東		南		中央		西		北	
五時	春		夏		四季		秋		冬	
五響	角		徵		宮		商		羽	
五音	牙音 (ㄱㅋ)		舌音 (ㄴㄷㄹㅌ)		喉音 (ㅇㅎ)		齒音 (ㅅㅈㅊ)		脣音 (ㅁㅂㅍ)	
五形	直		方		圓		銳		曲	
五氣	風		熱		濕		燥		寒	
神將	青帝		赤帝		黃帝		白帝		黑帝	
五情	怒		笑		思		憂		恐	
五意	人情		明朗		厚重		冷情		秘密	
五格	曲直		炎上		稼穡		從革		潤下	
五塵	色		味		香		聲		觸	
五畜	羊		馬		牛		鷄犬		豚	
五事	教育		事業		榮農/宗教		軍人/革命		法官	
五心	喜悅		多辯		塞滯(건체)		急速		陰凶	
八卦 易五行	☳ 震/雷 ☴ 巽/風		☲ 離/火		☶ 艮/山 ☷ 坤/地		☱ 兌/澤 ☰ 乾/天		☵ 坎/水	

〈表 2-15〉 五行의 人體配屬歸類表 Ⅱ

	太始 木		太初 火		太極 土		太素 金		太易 水	
陰陽	陽	陰	陽	陰	陽	陰	陽	陰	陽	陰
天干	甲	乙	丙	丁	戊	己	庚	辛	壬	癸
地支	寅	卯	午	巳	辰戌	丑未	申	酉	子	亥
人體	左部		上部		中部		右部		下部	
五臟	肝		心		脾		肺		腎	
六腑	膽 精氣蓄積		小 飲食物蓄積		胃 五穀收受		大 飲食物輸送		膀胱/三焦 溱液處理/氣通	
魂魄	魂藏		神藏		意志藏		魄藏		精/智藏	
日干基準	肝生魂		心生神		脾生意		肺生魄		腎生智	
日干基準	膽力		心神		意志		氣魄		智明	
五官(根)	目		舌		鼻		耳		口脣	
五覺	視		味		嗅		聽		觸	
五體	筋肉		血肉		飢肉		皮毛		骨	
五華	손톱		面		脣		皮		髮	
人體五行配屬 病根	肝臟		心臟		下腹		呼吸器		腎臟	
	胃腸		腦		肋骨		眼		下腹	
	—		眼		子宮病		性病		胎病	
天違	膽 담	肝臟 간장	小腸 소장	心臟 심장	胃臟 위장	脾臟 비장	大腸 대장	肺臟 폐장	膀胱 子宮	腎臟 신장
	頭/두	項/항	肩/견	胸/흉	脇/협	腸/장	臍/제	股/고	膣/질	脚/足
	머리	목	어깨	가슴	옆구리	창자	배꼽	넓적 다리	陰門	다리
	이마	冠後	견딤	가슴속	갈비뼈	마음	팔목	정강이	女生 殖器	정강이
地反	脈	十指	咽	小腦	皮脚	脾/腕	肺	呼吸器	腎	尿道
	膽	肝	面	眼	膽	兩脚	大腸	頭精血	痔	子宮
	兩手	血管	大腦	心	胸	胃吐	肋膜	鼻	水氣	陰部
	—	—	齒	舌	命門	胸	—	小腦	便	耳

〈表 2-16〉 方位別 色配屬歸類表Ⅲ

五方	東方	南方	中央	西方	北方
正色	蒼/靑	赤	黃	白	黑
間色	綠色	紅色	驪黃/黑黃	縹色/玉色	紫色

八方	正東	東南	正南	南西	正西	西北	正北	北東
八卦	震	巽	離	坤	兌	乾	坎	艮
正色	靑色	綠色	赤色	黃色	白色	紫色	黑色	紅色

天干	甲	乙	丙	丁	戊	己	庚	辛	壬	癸
正色	靑色	玉色	赤色	紫色	黃色	綠色	白色	紅色	黑色	驪黃色

(表 2-17) 五行의 其他配屬歸類表Ⅳ

	木	火	土	金	水
五穀	밀/보리	기장	쌀/조/수수	좁쌀	콩/팥
果實	배/사과	복숭아/오얏	대추/포도	복숭아/감귤	밤/호도
草類	五味子	玄蔘	茯笭	桂心	天門冬
나물	부추	염교	아욱	파	콩잎
肉類	개고기	양고기	소고기	닭고기	돼지고기
石類	曾靑	雄黃	玉	金	赤石脂
蟲類	쥐며느리	비단뱀	바퀴벌레	노래기	바구미
五臭	操 노린내 지린내	焦 단내 탄냄새	香 고소한내 화한내	腥 생선비린내 피비린내	腐 썩는냄새 암·구린내
五味	酸 생해줌	苦 길러줌	甘 조화성취	辛 위축축소	鹹/緘 청결응고

〈表 2-18〉 五行의 姓氏配屬歸類表 V

	太始 木		太初 火		太極 土				太素 金		太易 水	
陰陽	陽	陰	陽	陰	陽		陰		陽	陰	陽	陰
地支	寅	卯	午	巳	辰	戌	丑	未	申	酉	子	亥
分類	吳	徐	崔	李	朴	尹	鄭	張	金	權	安	黃
一般姓氏分類	金趙崔 俞孔高 車曹康 劉廉朱 陸朴洪 董周秋 延固鼎 簡火虞		李尹鄭 姜蔡羅 辛愼丁 全邊池 石陳吉 玉卓薛 咸具秦 宣鄧唐 段		宋權閔 任林嚴 孫丘皮 都田沈 奉明甘 玄睦仇 童貢陶 牛冉				徐成黃 元韓南 張申郭 盧裵文 王班陰 柳方安 河白蔣 慶梁杜 楊片晋 邵		吳呂禹 奇許蘇 馬魯曾 余千孟 卞卜魚 毛牟乭 尙庚龍 皇梅南 宮皇甫 鮮于東 方	

第3編
天干地支의 思惟體系

第1章 天干地支의 構成體系
第1節 天干地支의 意義
第2節 六十甲子의 意義

第2章 十天干의 性情과 變化
第1節 10天干性情의 解說
第2節 天干合의 五行變化

第3章 十二地支의 性情과 變化
第1節 12地支의 構成體系
第2節 12地支의 性情
第3節 12地支의 節氣·三陽三陰論
第4節 12地支와 12運星論
第5節 地支合의 五行變化
第6節 地支冲의 性情과 體用論

第4章 地藏干의 性情
第1節 地藏干의 意義
第2節 地藏干構成의 觀察法
第3節 餘氣·正氣·中氣의 形成法則
第4節 地藏干의 力量과 早見表

第1章 天干地支의 構成體系

第1節 天干地支의 意義

天地人으로 대표되는 天文 地理 人事를 관찰함에 있어서 만유와 인간천명 등은 그 모두가 陰陽五行으로 구성된 建造物(건조물)이므로 음양오행의 본질과 이치를 바르게 究明(구명)하여 터득하는 것이 가장 중요한 일이다.

그런데 음양오행을 표시하는 天氣符號(천기부호)가 天干(천간)이고 地氣符號(지기부호)가 地支(지지)이며 人氣符號(인기부호)가 地藏干(지장간)이므로 이에대한 정확한 이해와 깨달음이 필요한 것이다. 그래서 천문지리인사의 관찰과 분석에서 天干·地支·地藏干의 性情과 다양한 變化(변화) 등의 내용을 터득하는 일이 가장 중요한 기본과제중의 하나인 것이다.

宇宙空間(우주공간)·地理空間(지리공간)·人間(인간) 등은 그 모두가 살아 있는 有機體(유기체)로서 생명의 주체이기 때문에 당연히 생물학적·물리학적으로 해부·분석·판단함이 올바른 관찰과 분석이라고 할 것이다.

이러한 천간지지에 대한 문헌들로는 許愼(허신)의 說文解字(설문해자)와 사마천의 史記(사기) 그리고 반고의 漢書―律曆志(율력지)

등 다양하다. 干支는 五行을 따라서 만든 것인데 옛날 五帝(오제)중의 한 사람이였던 軒轅黃帝(헌원황제)를 도와서 大撓氏(대요씨)가 만든 것이다. 干에는 주관할 幹(간)·줄기 斡(간)·장대 竿(간)의 성정을 모두 갖고 있음인데 사용의 편의상 방패 干(간)으로 쓰고 있는 것이다.

天干은 지평선위에 고개를 쳐들고 하늘을 향해서 힘차게 뻗어가는 줄기이다. 천간의 干은 줄기 幹(간)을 뜻하는 것이 아니다. 干은 높은 하늘을 상징하는 한일자(一)와 陽의 符號(부호)인 플러스(+)의 합작문자인 것이다.

이는 땅위에 나타난 陽(+)의 줄기가 하늘(天)을 향해서 힘차게 치솟고 뻗어가는 형상인 것이다. 그리고 땅속의 뿌리에 까지 大氣(대기)를 공급하는 天氣(천기)와의 유기적인 생활을 상징하는 것이다. 그래서 天干은 하늘의 빛(光)과 熱氣(열기)를 호흡으로 열심히 섭취하는 부호를 나타낸 것이다.

한편 地支(지지)는 땅속 깊이 여러 갈래로 파고드는 枝根(지근)인 뿌리인 것이다. 그래서 地支의 支는 陽의 符號(부호)인 플러스(+)와 또우(又)의 합작문자인 것이다. 이렇게 地支는 여러 갈래로 나뉘는 뿌리의 형상인 동시에 地上의 줄기인 플러스(+)를 지탱하기 위해서 땅의 기운인 물질적인 영양분을 열심히 생산하는 모습인 것이다. 그래서 지지는 땅의 물질을 뿌리로 열심히 생산해 섭취하는 부호를 나타내는 것이다.

第2節 六十甲子의 構成

1. 六十甲子의 構成

六十甲子(육십갑자)는 陽干(양간)과 陽支(양지) 그리고 陰干(음간)과 陰支(음지)를 합하여 60개의 조합을 이룬다. 그 60개의 조합으로 구성된 60甲子를 정리하면 다음과 같다.

〈表 3-1〉 六十甲子의 構成

甲子	甲	乙	丙	丁	戊	己	庚	辛	壬	癸
筍中	子	丑	寅	卯	辰	巳	午	未	申	酉
甲戌	甲	乙	丙	丁	戊	己	庚	辛	壬	癸
筍中	戌	亥	子	丑	寅	卯	辰	巳	午	未
甲申	甲	乙	丙	丁	戊	己	庚	辛	壬	癸
筍中	申	酉	戌	亥	子	丑	寅	卯	辰	巳
甲午	甲	乙	丙	丁	戊	己	庚	辛	壬	癸
筍中	午	未	申	酉	戌	亥	子	丑	寅	卯
甲辰	甲	乙	丙	丁	戊	己	庚	辛	壬	癸
筍中	辰	巳	午	未	申	酉	戌	亥	子	丑
甲寅	甲	乙	丙	丁	戊	己	庚	辛	壬	癸
筍中	寅	卯	辰	巳	午	未	申	酉	戌	亥

2. 六十甲子와 納音五行算出

納音數(납음수)는 사람의 본명이 소속된 音(음)으로 宮商角徵羽

(궁상각치우)의 다섯 가지인데 納音은 이러한 音律(음율)을 취해서
소속해 있는 성질을 조율하는 것이다.

즉 공자께서 첫 번째 소리(1)로 土音을 얻으니 宮(궁)이고 세 번
째 소리(3)로 火音을 얻으니 徵(치)이며 다섯 번째 소리(5)로 水音
을 얻으니 羽(우)이고 일곱 번째 소리(7)로 金音을 얻으니 商(상)이
며 아홉 번째 소리(9)로 木音을 얻으니 角(각)이고 이 모두가 陽數
인데 納音數에서는 老數를 사용한다.

老數를 활용하기 위해서는 천간지지의 별수와 천간지지의 팔괘배
속을 알아야만 이해가 되므로 이를 표로 정리하여 보면 다음과 같다.

〈表 3-2〉 天干의 別數

甲	乙	丙	丁	戊	己	庚	辛	壬	癸
9	8	7	6	5	9	8	7	6	5

〈表 3-3〉 地支의 別數

子	丑	寅	卯	辰	巳	午	未	申	酉	戌	亥
9	8	7	6	5	4	9	8	7	6	5	4

〈表 3-4〉 五行五音과 生數 壯數 老數

五行	水	火	木	金	土
五音	羽	徵	角	商	宮
老數	5	3	9	7	1
壯數	6	7	8	9	10
生數	1	2	3	4	5

〈表 3-5〉 天干地支와 八卦配屬

天干	甲壬	乙癸	丙	丁	戊	己	庚	辛
地支	－	－	辰戌	巳亥	寅申	卯酉	子午	丑未
八卦	乾卦	坤卦	艮卦	兌卦	坎卦	離卦	震卦	巽卦
	☰	☷	☶	☱	☵	☲	☳	☴

첫 번째 소리(1)로 土音을 얻으니 宮(궁)인데 예컨대 本命이 庚子일 경우에 子는 庚에 속하고 子에서 庚을 얻으니 그 數가 1인 것이다. 즉 庚子의 子는 庚에 속하므로 庚에서 庚까지를 세어보면 11이 되는데 11-10=1이 된다. 따라서 庚子의 數는 1에 해당하고 1은 老數에서 土의 소리(音)이므로 庚子는 納音五行으로 볼 때에는 土에 해당함인데 이렇게 庚子는 辛丑과 함께 壁上土(벽상토)라고 하는 것이다.

세 번째 소리(3)로 火音을 얻으니 徵(치)인데 예컨대 本命이 丙寅일 경우에 寅은 戊에 속하고 寅에서 戊를 얻으니 그 數가 3인 것이다. 즉 丙寅의 寅은 戊에 속하므로 丙에서 戊까지를 세어보면 3이 된다. 따라서 丙寅의 數는 3에 해당하고 3은 老數에서 火의 소리(音)이므로 丙寅은 納音五行으로 볼 때에는 火에 해당함인데 이렇게 丙寅은 丁卯와 함께 爐中火(노중화)라고 하는 것이다.

다섯 번째 소리(5)로 水音을 얻으니 羽(우)인데 예컨대 本命이 壬戌일 경우에 戌은 丙에 속하고 戌에서 丙을 얻으니 그 數가 5인 것이다. 즉 壬戌의 戌은 丙에 속하므로 壬에서 丙까지를 세어보면 5가 된다. 따라서 壬戌의 數는 5에 해당하고 5는 老數에서 水의 소리(音)이므로 壬戌은 納音五行으로 볼 때에는 水에 해당함인데 이렇게 壬戌은 癸亥와 함께 大海水(대해수)라고 하는 것이다.

일곱 번째 소리(7)로 金音을 얻으니 商(상)인데 예컨대 本命이 壬

申일 경우에 申은 戊에 속하고 申에서 戊를 얻으니 그 數가 7인 것이다. 즉 壬申의 申은 戊에 속하므로 壬에서 戊까지를 세어보면 7이 된다. 따라서 壬申의 數는 7에 해당하고 7은 老數에서 金의 소리(音)이므로 壬申은 納音五行으로 볼 때에는 金에 해당함인데 이렇게 壬申은 癸酉와 함께 劍鋒金(검봉금)이라고 하는 것이다.

아홉 번째 소리(9)로 木音을 얻으니 角(각)인데 예컨대 本命이 己巳일 경우에 巳은 丁에 속하고 巳에서 丁를 얻으니 그 數가 9인 것이다. 즉 己巳의 巳은 丁에 속하므로 己에서 丁까지를 세어보면 9가 된다. 따라서 己巳의 數는 9에 해당하고 9는 老數에서 木의 소리(音)이므로 己巳는 納音五行으로 볼 때에는 木에 해당함인데 이렇게 己巳는 戊辰과 함께 大林木(대림목)이라고 불리우는 것이다.

〈表 3-6〉 六十甲子와 納音五行配屬

甲子	乙丑	丙寅	丁卯	戊辰	己巳	庚午	辛未	壬申	癸酉
海中金		爐中火		大林木		路傍土		劍鋒金	
甲戌	乙亥	丙子	丁丑	戊寅	己卯	庚辰	辛巳	壬午	癸未
山頭火		潤下水		城頭土		白鑞金		楊柳木	
甲申	乙酉	丙戌	丁亥	戊子	己丑	庚寅	辛卯	壬辰	癸巳
泉中水		屋上土		霹靂火		松柏木		長流水	
甲午	乙未	丙申	丁酉	戊戌	己亥	庚子	辛丑	壬寅	癸卯
沙中金		山下火		平地木		壁上土		金箔金	
甲辰	乙巳	丙午	丁未	戊申	己酉	庚戌	辛亥	壬子	癸丑
覆燈火		天河水		大驛土		釵釧金		桑石木	
甲寅	乙卯	丙辰	丁巳	戊午	己未	庚申	辛酉	壬戌	癸亥
大溪水		沙中土		天上火		石榴木		大海水	

〈表 3-7〉六十甲子와 納音五行算出

甲子	乙丑	丙寅	丁卯	戊辰	己巳	庚午	辛未	壬申	癸酉
9+9	8+8	7+7	6+6	5+5	9+4	8+9	7+8	6+7	5+6
49−34=15÷5 =3…0(5土)		49−26=23÷5 =4…3(木)		49−23=26÷5 =5…1(水)		49−32=17÷5 =3…2(火)		49−24=25÷5 =5…0(5土)	
海中金		爐中火		大林木		路傍土		劍鋒金	
甲戌	乙亥	丙子	丁丑	戊寅	己卯	庚辰	辛巳	壬午	癸未
9+5	8+4	7+9	6+8	5+7	9+6	8+5	7+4	6+9	5+8
49−26=23÷5 =4…3(木)		49−30=19÷5 =3…4(金)		49−27=22÷5 =4…2(火)		49−24=25÷5 =5…0(5土)		49−28=21÷5 =4…1(水)	
山頭火		潤下水		城頭土		白鑞金		楊柳木	
甲申	乙酉	丙戌	丁亥	戊子	己丑	庚寅	辛卯	壬辰	癸巳
9+7	8+6	7+5	6+4	5+9	9+8	8+7	7+6	6+5	5+4
49−30=19÷5 =3…4(金)		49−22=27÷5 =5…2(火)		49−31=18÷5 =3…3(木)		49−28=21÷5 =4…1(水)		49−20=29÷5 =5…4(金)	
泉中水		屋上土		霹靂火		松柏木		長流水	
甲午	乙未	丙申	丁酉	戊戌	己亥	庚子	辛丑	壬寅	癸卯
9+9	8+8	7+7	6+6	5+5	9+4	8+9	7+8	6+7	5+6
49−34=15÷5 =3…0(5土)		49−26=23÷5 =4…3(木)		49−23=26÷5 =5…1(水)		49−32=17÷5 =3…2(火)		49−24=25÷5 =5…0(5土)	
沙中金		山下火		平地木		壁上土		金箔金	
甲辰	乙巳	丙午	丁未	戊申	己酉	庚戌	辛亥	壬子	癸丑
9+5	8+4	7+9	6+8	5+7	9+6	8+5	7+4	6+9	5+8
49−26=23÷5 =4…3(木)		49−30=19÷5 =3…4(金)		49−27=22÷5 =4…2(火)		49−24=25÷5 =5…0(5土)		49−28=21÷5 =4…1(水)	
覆燈火		天河水		大驛土		釵釧金		桑石木	
甲寅	乙卯	丙辰	丁巳	戊午	己未	庚申	辛酉	壬戌	癸亥
9+7	8+6	7+5	6+4	5+9	9+8	8+7	7+6	6+5	5+4
49−30=19÷5 =3…4(金)		49−22=27÷5 =5…2(火)		49−31=18÷5 =3…3(木)		49−28=21÷5 =4…1(水)		49−20=29÷5 =5…4(金)	
大溪水		沙中土		天上火		石榴木		大海水	

그리고 〈表 3-7〉에서 보여지듯이 納音五行을 산출해 내는 다른
방법으로는 다음의 공식을 활용하여 나머지의 數가 1·2·3·4·0중에
서 무엇이냐에 따라서 納音數를 찾아서 사용할 수도 있다.

【大衍數(49)－干支先天合數÷五行數(5)＝몫 … 나머지의 數】

첫째 戊辰과 己巳의 경우를 공식에 대입하여 산출해 보자!
　　【49－(5+5)+(9+4)】 = 26 ÷ 5 = 5 … 1
　　나머지의 數가 1이므로 1水로 水生木해 주기 때문에
　　戊辰과 己巳의 납음오행은 木이며 大林木이 되는 것이다.
둘째 庚午와 辛未의 경우를 공식에 대입하여 산출해 보자!
　　【49－(8+9)+(7+8)】 = 17 ÷ 5 = 3 … 2
　　나머지의 數가 2이므로 2火로 火生土해 주기 때문에
　　庚午와 辛未의 납음오행은 土이며 路傍土가 되는 것이다.
셋째 丙寅과 丁卯의 경우를 공식에 대입하여 산출해 보자!
　　【49－(7+7)+(6+6)】 = 23 ÷ 5 = 4 … 3
　　나머지의 數가 3이므로 3木으로 木生火해 주기 때문에
　　丙寅과 丁卯의 납음오행은 火이며 爐中火가 되는 것이다.
넷째 丙子와 丁丑의 경우를 공식에 대입하여 산출해 보자!
　　【49－(7+9)+(6+8)】 = 19 ÷ 5 = 3 … 4
　　나머지의 數가 4이므로 4金으로 金生水해 주기 때문에
　　丙子와 丁丑의 납음오행은 水이며 澗下水가 되는 것이다.
다섯째 壬申과 癸酉의 경우를 공식에 대입하여 산출해 보자!
　　【49－(6+7)+(5+6)】 = 25 ÷ 5 = 5 … 0
　　나머지의 數가 0이므로 5土로 土生金해 주기 때문에
　　壬申과 癸酉의 납음오행은 金이며 劍鋒金이 되는 것이다.

第2章 十天干의 性情과 變化

　天氣에는 陰五行(음오행)과 陽五行(양오행)의 氣運이 있는데 이를 합하면 十氣運(십기운)이 된다. 이렇게 하늘에 존재하는 음양오행의 十氣運을 記號化(기호화)하여 상징하는 글자가 十天干(십천간)인 것이다.

　즉 天干에는 각각의 陰陽과 五行이 있다. 陽干(양간)에는 甲·丙·戊·庚·壬(갑·병·무·경·임)이 있고 陰干(음간)에는 乙·丁·己·辛·癸(을·정·기·신·계)가 있다.

　十天干은 하늘의 원리를 표시하는 것으로 陽天(양천)이기 때문에 그 움직임이 강하다고 할 것이다. 그래서 陽天干(양천간)의 性情은 남성적이고 급하며 억세고 독립심이 강하여 굽히기를 싫어하고 氣가 밖으로 열리는 외향적인 氣運이라 할 수 있다.

　반면에 陰天干(음천간)의 性情은 여성적이고 온화하지만 의존적인 경향이 있으며 氣가 안으로 모이는 내향적인 氣運이기에 헤아리기가 쉽지 않음이 특징이다.

　이러한 十天干은 우주만물의 靑寫眞(청사진)으로써 우주만물의 四肢五體(사지오체)이고 五臟六腑(오장육부)이다. 그리고 十天干은 우주만물이 發生(발생)·成長(성장)·孵化(부화:제2생명잉태)·成熟(성숙)·冷凍(냉동:갈무리)하는 과정을 단계별로 표현한 것이다. 이

<표 3-8> 十天干의 陰陽五行分類

		甲	丙	戊	庚	壬
天干	陽干	甲	丙	戊	庚	壬
	陰干	乙	丁	己	辛	癸
	五行	木	火	土	金	水
		春	夏	長夏	秋	冬
		發生 生	成長 長	第二生命 孕胎	成熟 衰	冷凍 藏
	五常	仁	禮	信	義	智

러한 十天干이 우주만물의 모든 것을 관찰·분석·이해하는데 있어서 그 바탕과 도구가 된다.

이렇게 陰陽은 天地의 本體이고 五行은 陰陽의 기능과 作用이기 때문에 陰陽은 體이고 五行은 用을 상징하는 것이라 할 수 있다. 우주는 천지음양의 體로서 형성되지만 이 體는 어떠한 작용도 할 수가 없다. 이러한 體를 움직이고 유지하는 작용은 五行으로서 構成(구성)되고 순리적으로 진행되는 相生에 의해서 運動을 한다. 이러한 상생운동은 發生으로부터 시작하여 成長·成熟·統一의 원점으로 還元(환원)함을 대법칙으로 한다.

이러한 오행운동의 方向(방향)·秩序(질서)·階段(단계)를 구체화한 것이 春夏秋冬(춘하추동)과 東西南北(동서남북)인 것이다. 그리고 이러한 춘하추동의 계절과 동서남북의 방향을 구체화한 것이 바로 十天干인 것이다.

예컨대 水는 하늘의 오행상 첫 번째로 數理上(수리상)으로 일(一)이라고 한다. 이는 조물주가 만물을 癸水(계수)로써 창조했기 때문에 天一生水(천일생수)하는 것으로, 癸水는 조물주의 첫 月水(월수)이고 羊水(양수)로써 만물은 그 月水에서 孕胎(잉태)하고 羊水(양

수)에서 자라나서 生物인 甲木으로으로 태어나는 것이다. 그리고 이러
한 甲木은 하늘바람(天風—天氣—生氣)과 하늘비(天雨—天水—癸
水)로 창조된 최초의 작품이다.

　생기와 생물로 구성되는 木의 발생은 생기로부터 비롯되는데, 생
기는 하늘의 씨앗인 天水(癸水)를 원동력으로 한다. 즉 甲木은 하늘
의 癸水가 부화된 형상으로 하늘의 呼吸(호흡—숨결)인 바람(風)에
의해서 싹이 트고 자라나는 癸水와 바람(風)의 소생인 것이다. 즉
甲木은 癸水의 탯줄을 물고 이 세상에 태어나는 癸水의 化身이고 첫
작품으로서 甲木의 形體는 癸水의 질량과 정비례하여 그대로 반영
한다.

　한편 이렇게 癸水에서 발생한 甲木은 하늘의 따뜻한 입김인 봄바
람과 어머니의 젖줄인 癸水에 의해서 地殼(지각)을 완전히 탈피한
乙木으로 늠름하게 탈바꿈을 한다.

　甲木이 어머니의 젖꼭지를 물고 자라나는 嬰兒(영아—갓난아이)
라고 한다면 乙木은 젖꼭지를 떠나서 밥을 먹으며 자유롭게 자라는
孾兒(영아—어린이)에 해당한다. 즉 甲木의 젖먹이가 먹는 젖은 바
로 어머니격인 하늘(天)의 癸水이고, 乙木의 어린이가 먹는 밥은 바
로 이 땅(地)의 壬水인 것이다. 그러므로 하늘(天)의 빗물(雨水)인
癸水로써 만물을 창조하고 발생시키는 한편 태양인 丙火로써 만물
을 성장시키고 성숙시키는 것이다.

第1節 十天干 性情의 解說

1. 甲乙木의 性情

만물이 陰陽에서 창조되듯이 五行도 陰과 陽으로 형성된다. 양은 氣이고 음은 體이기에, 木도 陽氣를 상징하는 陽木의 氣가 먼저 발생하고, 陰體를 상징하는 陰木의 형체가 그 다음으로 형성되어 나타나는 것이다. 그러한 陽木이 甲이고 陰木이 乙인 것이다.

만물을 발생시키는 씨앗인 氣를 生氣라 하고 그 生氣에서 발생한 形體를 生物이라고 한다. 이렇게 만물의 生氣를 상징하는 生氣의 씨앗이 甲이고 이러한 甲의 生氣와 씨앗에서 발생한 生物을 상징하는 것이 乙인 것이다. 즉 甲은 무형의 氣로서 만물의 發生過程(발생과정)을 상징하지만 乙은 유형의 物體로서 지상에 모습을 나타낸 만물의 形象(형상)을 상징하는 것이다.

한편 甲은 押(압)이므로 억누르고 잡아 가두는 것이다. 그리고 禮記月令에 甲은 싹틔우고 잡아당기는 것이며 乙은 꼬불꼬불한 것이므로 봄이 되면 모든 물건이 씨앗의 껍질을 뚫고 나오는 것이라고 하고 있다.

木은 위로 자라려는 성질과 의욕이 있다. 그래서 木은 땅의 지평선인 한일자(一)에서 3개의 뿌리를 내리고 줄기인 싹이 지상으로 솟는 모습을 나타내는 만물의 발생을 상징한다. 즉 甲은 밭전자(田)의 흙더미 속에서 한줄기의 뿌리가 내리는 형상으로 한줄기의 싹이 밭(田)을 들고서 막 일어서려는 모양이기도 하다.

한편 乙은 싹이 지상에 완전히 모습을 들어내고 龍이 꼬리를 치듯이 하늘로 높이 치닫는 나무의 모습을 상징한 것이다. 그래서 甲은 밭(田)의 흙(土)속에서 움트는 씨앗이고 乙은 지상으로 나타난 생물이 자유롭고 힘차게 약동하는 跳躍(도약)을 상징하는 것이다.

甲은 흙속에서 부화중인 태아이기 때문에 태양의 氣보다는 지하의 영양분인 水가 더 절실하고 소중한 것이고, 乙은 하늘로 뻗어가는 나무이기에 地下水보다는 잎과 꽃을 피우는 태양의 빛(光)과 열(熱氣)이 보다 더 간절하고 소중한 것이다.

이렇게 萬物은 씨앗의 生氣에서 창조·발생되고, 五行은 木에서 시작되듯이, 十干은 그 씨앗과 생기를 간직한 甲을 으뜸으로 하고 甲에서 발생한 乙을 그 다음으로 하는 이치인 것이다.

甲은 흙(土)과 地下水에서 부화되고 발생하기 때문에 北方水가 무르익는 十月의 亥水를 孕胎(잉태)하는 어머니(장생—子宮)로 삼는다.

그러나 乙은 태양을 향해 힘차게 뻗어가는 만물이기에 南方火가 무르익는 五月의 午火를 길러서 成長(성장)시켜 주는 어머니(장생—乳房)로 삼는다. 즉 長生(장생)의 별(星)은 나를 낳고 길러주는 어머니의 별이다. 長生이 陽五行에게는 잉태하는 어머니의 子宮(자궁)이고 陰五行에게는 먹이고 살찌우는 어머니의 젖꼭지로서 乳房(유방)이다.

모든 오행은 長生에서 발생되고 길러지는데, 씨앗이고 태아인 陽木의 甲은 자궁속에서 어머니의 피를 먹고 움이 트기 때문에 北方水를 장생으로 삼지만, 분만된 아기이고 나무의 枝葉(지엽)인 陰木인 乙은 어머니의 젖과 함께 하늘의 태양인 빛과 열을 먹고 자라기 때문에 南方火를 장생으로 삼는 것이다.

1) 甲木의 性情

① 甲木은 參天(참천)으로 하늘을 찌르듯 씨앗이 싹터 오르는 기상을 표시하는 글자로서 나무(木)의 줄기뿌리에 해당한다. 즉 甲木은 純陽木(순양목)으로써 甲木의 뿌리는 땅을 헤치고 뻗어 나가는 忍耐力이 있다. 그리고 하늘을 찌르는 기세가 있기 때문에 밖으로는 剛直(강직)하고 안으로는 仁義的(인의적)인 性情을 가진다.

② 甲木의 유형으로는 大林木·大木·巨木·枯木·死木·木材·原木 등을 들 수 있다.

③ 甲木은 반드시 癸水나 己土를 만나야 좋다.

④ 甲木(대림목)은 乙木(덩쿨)의 도움을 전혀 필요로 하지 않는다. 그러나 甲木에 乙木이 있거나 官星이 있으면 의욕이 더욱 강해진다.

⑤ 甲木에 있어서 가장 좋은 根이 되는 것은 辰土(水庫)와 未土(木庫)이다.

⑥ 甲木이 印星을 구하는 경우에는 단지 癸水(雨-비)만 있는 것보다는 己土(田-밭)를 겸하는 편이 나무가 잘 자랄 수 있어서 양호하다.

⑦ 甲木의 너무 강함을 억제하고자 하는 경우에는, 庚金으로 剋하여 필요한 부분만을 剋制(극제)하는 방식이 좋으며, 丁火로 泄氣(설기)하는 방식은 전부를 태워 버릴 수도 있으므로 좋지가 않다.

⑧ 겨울(冬)의 甲木은 반드시 丙火를 필요로 한다.

⑨ 봄(春)의 甲木을 金으로 制壓(제압)하는 것은 좋은 방식이 아니다. 그 이유는 나무의 가지 자르기를 너무 바짝 해주어도 나무가 상하기 때문이다. 따라서 이런 경우에는 土로 泄氣(설기)를 해줌

이 좋다.

⑩ 가을(秋)의 甲木을 흙(土)을 덜어내듯 土로 나누듯 泄氣시키는 것은 좋은 방식이 아니다. 즉 甲木이 추운 겨울을 나기 위해서는 흙(土)이 많아야 하기 때문이다.

⑪ 甲木에 辰土가 있으면 火가 강하여도 두려워 하지 않는다.

⑫ 甲木에 寅木이 있으면 水가 많아도 두려워 하지 않는다. 즉 陽木이 많을 경우에는 水를 모두 빨아 들여서 中庸(중용)을 취할 수 있기 때문이다.

⑬ 甲木은 天干의 丙火와 地支의 水를 적당하게 갖는 것을 필요로 한다. 즉 火·水는 생명의 원천이기 때문이다.

⑭ 人事에 적용해 볼 경우에는 甲寅木은 어질고 賢良(현량)하며 名分을 소중히 여기고 柔順平和(유순평화)하며 행동은 端正(단정)하고 인자하고 同和하며 관용하고 모양과 형태도 길고 수려하고 악을 미워하며 온후독실한 성품을 지닌다.

甲寅木은 陽木이라 하고 後天數(후천수)로는 3을 나타낸다. 그러나 木이 過多(과다)할 경우에는 利益을 傷(상)하는 憂患(우환)이 있고 爭財(쟁재)하므로 木이 空亡(공망)되면 꺾어진다.

한편 甲寅木은 표면상은 溫和(온화)하고 고요하지만 思慮(사려)가 치밀한 가운데서도 화려한 風道(풍도)가 있고 상당한 실력을 기르고 理智性(이지성)이 풍부하며 착실한 바탕에 점진적인 기세로 마음이 굳센 不撓不屈(불요불굴)한 기백의 소유자이다.

마치 소나무와 잣나무가 잡목이 무성한 중에서도 울창하게 잘 자라는 것과 같음이다. 그리고 물질에 대한 감정이 銳敏(예민)하기 때문에 多情多感하고 사려가 깊으며 德望을 중시하는 특성이 있다. 그러나 甲寅木의 결점은 卽興的(즉흥적)이고 嫉妬心(질투심)

이 많다는 점을 들 수가 있을 것이다.

2) 乙木의 性情

① 乙木은 첫봄에 새싹(芽)이 구부러지면서 地上으로 막 나온 것을
   상징한다. 그래서 乙木의 性情은 柔弱(유약)하지만 인내력이 강
   하며 生木으로 어진 사람을 상징한다.
② 乙木의 유형으로는 花草木·花草·小木·꽃·풀·덩굴·잎사귀 등을
   들 수 있다.
③ 乙木은 반드시 甲木이 있어야 성장을 할 수 있는데 그 이유는 支
   柱木(지주목)이 있어야 자라기 때문이다.
④ 乙木의 뿌리(根)는 陽支를 기뻐하고 陰支를 좋아하지 않는다. 그
   래서 乙木에 있어서의 뿌리(根)는 불(火)이 되는 나무(木)인 寅
   木·未(木庫)를 좋아한다. 그러나 반면에 뿌리가 엉킨 卯(陰木)나
   물(水)이 많은 辰(水庫)·亥(水)를 좋아하지 않는 것이다. 그러나
   물중에서도 子水는 위로 떠버린 물이므로 乙木에서는 이를 따지
   지 않는다. 이러한 子水는 연꽃만 좋아한다.
⑤ 乙木이 약한 경우에는 水의 印星(인성)보다는 甲木의 劫財(겁재)
   를 좋아한다. 그러나 반대로 乙木이 강한 경우에는 金으로 剋하
   는 것보다는 丙火로 泄氣함을 좋아한다.
⑥ 人事를 분석할 경우에 南方의 巳午未의 大運으로 가면 火를 꺼리
   고, 西方의 申酉戌의 대운으로 가면 土와 金을 꺼리는데 그 이유
   는 흙(土)이 많으면 乙木을 덮어 버리기 때문이다.
⑦ 乙木이 比劫(비겁)을 필요로 하는 경우에 있어서 甲木의 劫財는
   도움이 되지만 乙木의 比肩(비견)은 도움이 되지 않는다.

⑧ 乙木은 木剋土의 관계에 있어서 단지 己土를 剋하는 힘만이 있다. 그리고 乙木이 戊土를 剋할 수는 있지만 剋하는 힘은 아주 미미한 것이다.

⑨ 乙木은 濕(습)을 매우 두려워하는데 濕(습)과 潤(윤)이라 함은 癸水를 가리키는 것이지 壬水(死水)와는 무관한 것이다.

⑩ 乙木에 支柱木인 甲木의 用神이 있으면 매우 좋은 관계의 짝이 되어 일생을 통하여 어떠한 것도 두려워 하지를 않는다.

⑪ 人事에 적용해 볼 경우에는 乙木의 성분은 안으로는 어질고 밖으로는 강직한 본성을 가진다. 즉 어질고 현량하며 명분을 소중히 여기고 유순평화하며 행동은 단정하고 악을 미워하며 온후독실한 성품이다.

2. 丙丁火의 性情

地上에 발생한 어린 生物로서 햇병아리인 乙木이 추위에 상하지 않고서 자라기 위해서는 암탉과 같이 포근히 감싸주는 불(火)의 원동력인 太陽의 빛(光)과 熱氣(열기)가 필요하다. 즉 태양이 하늘(天)의 얼굴이고 精氣(정기)이며 만물을 기르고 부화하는 어미닭인 셈이다.

태양을 상징하는 하늘 天字가 양날개를 천하로 내리고 펴면서 암탉이 햇병아리의 만물을 감싸듯 품는 형상을 나타낸 글자가 남녘병·밝을병(丙)자인 것이다. 즉 丙은 天의 아래에 있는 한일자가 양날개를 펴고 아래로 내려와서, 천하의 만물을 밝혀주고 감싸주며 품어주기 위해서 땅(地)을 향해서 아래로 양팔을 크게 벌린 형상인 것이다.

한편 丙은 자루 柄(병)이므로 물건이 생겨나서 자라면 각각 줄기

자루를 잡는 것과 같은 것이다. 禮記月令에 丙은 빛나(炳)는 것이니 여름에 모든 물건이 강대해져서 빛나게 나타나 보이는 것이고 丁은 머무를 亭(정)자와 같아 그쳐 쉬는 것이므로 물건이 생겨나 크다가 그치는 것과 같은 것이다.

만물이 성장·발전하는 것이 생명의 변화이다. 이러한 생명의 변화는 太陽의 作用에 의한 火의 造化이기 때문에 만물을 기르고 변화시키는 造化의 化를 상징하는 것이 火인 것이다.

성장과 발전의 변화를 주관하는 火는 변화를 일으키는 元氣인 陽火의 丙과 그 陽氣에 의해서 성장·성숙된 변화의 물체와 형상인 陰火의 丁으로 형성된다. 여기에서 丙火는 태양의 상징이고 대명사이다. 丙火를 가장 아쉬워 하고 丙火의 은총을 가장 많이 받는 것이 지상의 생물을 상징하고 대표하는 衆生(중생)인 乙木이다. 이러한 乙木은 丙火의 작용을 통해서 生氣를 호흡하면서 성장·성숙하는 것이다. 이같이 丙火는 만물을 기르고 무성하게 하는 조화의 원동력이고 원기이기 때문에 그 작용력은 엄청나게 크지만 무형의 氣로서 모습은 없다.

그러나 무형의 氣인 丙火라는 태양의 빛과 열을 먹고 자라난 乙木과 宇宙萬物은 무성한 유형의 형체를 가지고서 나타낸다. 이렇게 유형의 형체로써 성숙하고 힘이 넘치는 늠름한 변화의 化身이 바로 丁火인 것이다. 丁에서 위의 한일자(一)는 하늘(天)이고 아래로 길게 뻗은 세로는 땅(地)에서 하늘(天)로 높이 뻗은 생명의 줄기를 상징한다. 그래서 丁은 땅에서 움튼 한줄기 생명이 높이 자라서 성숙한 巨木의 형상인 것이다.

사람도 자라서 늠름하게 성숙하면 壯丁(장정)이라 하는데 이러한 장정이 바로 丁火인 것이다. 그러므로 성장의 극대화나 성숙의 정상

을 이루는 변화의 극치로서 성장·발전·변화된 일체의 모든 모습이
丁火로 집약되고 집대성 되는 것이다.

陽火인 丙은 東方의 寅에서 장생하고 陰火인 丁은 西方의 酉에서
장생을 한다. 東方木은 陽氣인 태양이 발생하는 陽火의 자궁이고 젖
꼭지이지만, 西方金은 만물의 피(血)인 陰水를 발생하는 정력의 샘
이고 젖꼭지이기 때문이다. 그리고 陽의 長生은 生氣의 發生處(발생
처)이고 陰의 장생은 먹이고 기르는 物質의 發生處이기 때문이다.
즉 모든 氣가 동방에서 발생하듯 모든 物質은 서방에서 발생하기 때
문에 만물이 水分을 섭취하기 위해서 뿌리를 서방으로 먼저 내리는
이치와 같은 것이다.

1) 丙火의 性情

① 丙火는 溫明(온명)한 태양을 뜻하며 만물의 형체를 드러내는 五
   陽(甲丙戊壬庚)의 으뜸이라 할 수 있다. 丙火의 性情은 예의는
   바르지만 自慢心(자만심)이 강하기 때문에 인내심을 갖고서 참
   는 것이 중요하다고 할 수 있다.
② 丙火의 유형으로는 太陽火·太陽·큰불·밝은불·광양·허풍·허황한
   것 등을 들 수 있다.
③ 丙火는 他干의 상생상극의 작용을 거의 받지 않는다. 특히 他干
   의 상생작용을 받지 않는다. 즉 태양은 누구하고도 비교가 되지
   않기 때문이다.
④ 丙火는 他干에서의 生剋, 즉 영향을 받지 않는 반면에 他干에 대
   해서는 작용을 크게 부여한다. 특히 丙火가 강할 경우에는 他干
   에 주는 害(해)의 작용이 아주 크다고 할 수 있다.

⑤ 丙火가 天干에 나와 있을 경우에는 浮木(부목)을 도울 수가 있다. 원래 浮木, 즉 壬水가 많아서 일어나는 甲木과 乙木의 害는 매우 구제하기 어려운 것이지만 그것이 透干(투간)해 있는 丙火에 의해서는 구제될 수 있는 것이다.

⑥ 丙火가 天干에 나와있지 않는 경우에는 아무리 地支에 丙火가 있어도 이럴 경우에는 조그마한 濕泥(습니)도 구해낼 수가 없다. 원래 濕泥, 즉 癸水가 많아서 일어나는 己土의 害는 매우 구제하기 쉬운 것이지만, 丙火가 투간해 있지 않을 경우에는 그것마저도 구해낼 수가 없는 것이다. 즉 地藏干(지장간) 속에 暗藏(암장)해 있는 丙火는 화산과 마찬가지이기 때문이다.

⑦ 丙火가 강할 경우에는 壬水로 剋制(극제)하는 것이 불가능하게 된다. 반면에 丙火가 약할 경우에는 甲木만으로도 害가되고 도리어 丙火를 약화시키는 작용을 갖는다.

⑧ 丙火가 약할 경우에는 甲木이 많은 것을 두려워 한다.

⑨ 丙火는 보통으로는 癸水를 특히 두려워 하지만 丙火가 강할 경우에는 겨울(冬)의 癸水도 두려워 하지 않는다.

⑩ 丙火가 庚金에는 害를 주지만 辛金에게는 害를 주지 않는다. 그 이유는 丙辛合水(병신합수)가 되기 때문이다.

⑪ 丙火가 약할 경우에는 己土마저도 두려워 하지만 丙火가 강할 경우에는 壬水·癸水마저도 두려워 하지 않는다.

⑫ 丙火의 뿌리(根)가 강할 경우, 즉 月令에 卯巳午가 있어서 通根(통근)을 할 경우에는 丙火가 甲木에 害를 준다. 즉 丙火의 뿌리가 강해져서 甲木을 泄氣시키면서 甲木을 태워 버리기 때문인 것이다.

⑬ 人事에 적용해 볼 경우에는 丙火는 性格이 맑고 名分이 있으며

단정하고 光體가 나며 熱誠的(열성적)인 성격이다. 그리고 안으로는 急한 面이 있고 겉으로는 華麗(화려)함을 좋아한다. 理論보다는 實行이 앞서며 忍耐力은 약하고 말하는 속도가 빠르다. 丙火가 밤에 태어나면 별빛·달빛 등 등불이 되고 判斷力이 빠르고 정신적인 次元이 높은데 특히 丙日生은 더욱 그러하다.

2) 丁火의 性情

① 丁火는 화살이나 못을 본뜬 글자로도 볼수가 있어 형체가 더 확실하게 윤곽이 드러난 모습이다. 丁火의 性情은 예의는 있으나 게으른 것이 탈이므로 근면함을 길러야 한다. 사람의 경우에 80~90%가 아침에 힘을 못 쓰는 것이 특징이고 저녁의 酉時가 되어야만 활동을 시작하는 버릇이 있다. 그러나 밤에 출생한 丁火는 낮에도 힘을 쓸 수가 있다.

② 丁火의 유형으로는 달·등잔·등잔불·작은불·횃불·산소불 등을 들 수 있다.

③ 丁火는 他干으로부터의 生剋에 크게 좌우되는 특성을 지니고 있다.

④ 丁火가 他干에 끼치는 힘은 庚金에 대한 힘이 가장 강하게 작용한다. 그러나 겨울(冬)의 丁火는 甲木이나 戊土가 없을 경우에는 역시 힘이 없다.

⑤ 丁火가 木을 좋아하는 것은 단순히 건조한 甲木만을 가리키는 것이다. 그래서 濕한 甲木이나 보통의 乙木인 生木은 丁火에게 전혀 도움이 되지 않는다.

⑥ 丁火가 너무 강할 경우에는 戊土로 自然泄氣(자연설기)함이 가

장 좋다. 그러나 丁火가 너무 약할 경우에는 건조한 甲木이 가장 도움이 되는 것이다.

⑦ 丁火는 戊土만 있으면 강하지도 않고 약하지도 않는 조화가 이루어진다.

⑧ 丁火에게 甲木이 있을 경우에는 어떠한 계절에도 약해지는 일이 없다.

⑨ 人事에 적용해 볼 경우에는 丁火는 어두운 편이다. 그래서 丁日 生은 아침에는 힘을 못쓰는 것이 특징이지만 저녁만 되면 힘을 발휘하는 밤도깨비 같은 사람이다.

3. 戊己土의 性情

戊는 바꿀 貿(무)와 같은 것이고 모든 것이 생겨나서 극에 달하도록 크게 되면 당연히 이전의 몸체가 변해서 바뀌게 된다. 그리고 己는 벼리 紀(기)와 같은 것이므로 물건이 이미 이루어지면 줄기와 바탕이 되는 것이 있게 되는 것이다.

禮記月令에 戊는 무성한 것이고 己는 일어나는 것인데, 즉 만물의 가지와 잎새가 무성해짐이 戊이고 그 중에서 빼어나 튀어나온 것이 억눌려서 굽혔다가 다시 일어나는 것이 己라고 하고 있다.

生氣의 씨앗인 甲木에서 발생된 지상의 만물인 乙木이 태양이라는 丙火에 의해서 성숙한 변화로 丁火를 이루면 각자는 자기의 分身(분신)인 제2세의 생명을 잉태하게 되는데 五穀百果(오곡백과)의 열매(實)가 그 대표적인 상징물이다. 여기에서 제2의 생명을 잉태하고 부화하는 한쌍의 부부가 바로 戊己土(무기토)인 것이다.

土는 조물주의 유일한 아내(妻)이고 子宮(자궁)으로 남편이고 하늘(天)인 太陽의 精子를 흡수해서 胎兒(태아)를 창조한다. 즉 胎氣(태기)를 조성하는 精子이자 男便이 戊土(무토)이고, 胎氣인 精子를 받아서 子息을 孕胎(잉태)하고 기르는 子宮이자 아내가 바로 己土(기토)인 것이다. 즉 土는 陽火인 플러스(+)와 陰水인 마이너스(−)가 합작한 음양의 배합을 상징하는 것으로 남녀가 결합하면 자식을 잉태하기에 土는 자궁을 상징하기도 하는 것이다.

戊土의 본분은 하늘의 씨앗인 태양의 정자, 즉 빛과 열기를 대량 흡수하는 것이다. 하늘을 향해서 벌리는 나무의 손이 나뭇잎이다. 나뭇잎은 나무의 코이고 숨통이며 호흡수단으로써 창조수단인 것이다. 그래서 나뭇잎의 茂盛(무성)한 茂(무)를 상징하는 태아의 아버지이자 태기이며 정자의 주체가 바로 戊土인 것이다. 즉 무성한 나뭇잎이 정자의 생산수단으로써 戊土인 것이다. 戊土가 흡수한 하늘의 정자는 모두 아내인 己土가 정중히 받아서 잉태하고 부화하므로 己土는 姙娠婦(임신부)가 되는 것이다.

自然의 土는 본래 生死가 없지만 씨앗을 부화하는 자궁으로써 水와 火를 필요로 할 뿐인 것이다. 다만 土가 씨앗을 잉태하고 부화하는 조물주의 자궁역할을 할 경우에 한해서 태양의 씨를 받는 아버지의 戊土는 태양과 生死를 같이 하기 때문에 태양이 발생하는 東方木의 寅에서 장생을 하고, 땅의 水分으로써 하늘의 씨앗을 반죽하고 빚어서 태아를 잉태하고 먹이고 살찌우는 어머니의 己土는 자궁의 피(血−水)를 발생하는 西方金의 酉에서 장생을 하는 것이다.

1) 戊土의 性情

① 戊土는 나뭇잎의 茂盛(무성)할 茂(무)자를 본뜬 글자로 만물이

무성하게 성장하는 뜻을 가지고 있다. 戊土의 性情은 城垣土(성
원토)·山土(산토)로 信義(신의)는 있지만 朝夕變(조석변)이다.

② 戊土의 유형으로는 마른 흙·벽·건물·제방·운동장·산야·태
산 등을 들 수 있다.

③ 戊土는 壬水를 剋制하는 힘이 있지만 그 경우에는 반드시 자신
(戊)에 뿌리(根)가 없으면 안된다.

④ 戊土는 月令에 의하여 강약이 크게 좌우가 된다. 대체로 陽干이
이와 같은 성질을 가지고 있다.

⑤ 戊土는 보통 陽干과 달라서 너무 강할 경우에는 剋을 당하는 것
보다 泄氣을 당하는 것을 기뻐(喜)한다.

⑥ 戊土는 여러가지의 뿌리(辰戌丑未)중에서 辰중에는 癸水가 있으
므로 辰(水庫)과의 관계가 가장 깊다. 그 이유는 辰土중의 水分
이 적당하게 戊土의 습도를 조절하기 때문이다.

⑦ 戊土는 직접적으로 水나 火가 너무 강할 경우에는 강한 水는 木
을 부패시키고, 강한 火는 木을 泄氣 시키므로 戊土와 나란히 하
고있는 他干에 害를 준다. 즉 他干을 변하게 하기에 그러함인데
예컨대 山이 무너지면 밭(田)이 되는 이치와 같은 것이다.

⑧ 人事에 적용해 볼 경우에 戊土는 언어가 무겁고 온후한 성격이며
信用을 소중히 여기고 中庸(중용)을 지킨다. 즉 성격이 원만중후
하고 언행이 진중함이다. 또한 성실하고 책임감이 강하고 질서가
있고 생각이 깊다. 그러나 戊陽土(무양토)가 燥土(조토)일 경우
에는 가벼운 사람이 되는데 그 이유는 뿌리가 없으면서 불(火)이
많기 때문인 것이다. 예컨대 물(水)이 전혀 없는 土는 먼지(塵)
이고, 물(水)이 조금있는 土는 모래(砂)이며, 물(水)을 적당히 가
지고 있는 土는 땅(地)이기 때문인 것이다.

2) 己土의 性情

① 己土는 실의 한쪽끝이 구부러진 모습을 본뜬 글자로 만물의 성장이 외형적으로 완성된 단계에 이르렀음을 뜻하며 낮고 습하다. 즉 己土는 낮고 습한 밭으로 卑濕한 田園土이기에 나무뿌리를 북돋을 수도 있고 물을 덮어 막을 수도 있으므로 中正·中庸을 蓄藏(축장)한다. 己土의 性情은 田園土(전원토)로 신의가 있고 모든 것을 받아들이지만 너무 깊이 파고드는 경향과 약간 急한 면이 있다.

② 己土의 유형으로는 田園(전원)·전원토·초원·습토·토기·도자기·화분흙·작은 흙 등을 들 수 있다.

③ 己土는 壬水를 제외하고는 他干에 대하여 반드시 利(이)를 준다. 즉 壬水에 대해서 己土는 전혀 利를 주지 않는다.

④ 己土는 丙火와 나란히 다른 三行과 함께 있는 것을 매우 기뻐한다.

⑤ 己土는 庚金에 대해서 작용을 하지만 己土가 庚金에 작용하는 경우에는 반드시 己土가 강한 경우에만 그러하다.

⑥ 十天干의 干合은 반드시 약해지지만 己土의 干合만은 강해지는 경우도 있는데 이는 땅에 말뚝을 박는 경우이기 때문에 그러한 것이다. 한편 庚金의 干合은 약해지지도 강해지지도 않는다.

⑦ 己土는 곧잘 他干의 下固(하고)의 작용을 다하는 天干이다. 여기에서 下固의 작용이라고 함은 己土는 田園土이므로 地支 즉 地藏干(지장간)에 있는 것이 좋다는 뜻이다.

⑧ 己土는 甲을 보면 甲己의 合이 되므로 有情하고, 木이 盛하면 憂愁(우수)에 젖지 않고, 水를 보면 감추어(土가 물을 흡수하여) 水가 旺한 것을 두려워 하지 않고, 己土는 火를 능히 泄氣·漏出시

킴으로써 강한 火를 어둡게 하고 또한 金을 윤택하게 살려주므로
金이 빛나 그 效用性을 강하게 한다.

⑨ 土가 많으면 土氣를 빼주어야 한다. 甲木은 甲己의 合이되어 쓸 수
없으므로 偏官인 乙木이 있어야만 土氣를 빼줄 수 있는 것이다.

⑩ 己와 丑未는 陰土로서 後天數로는 10을 말한다. 즉 田園土로서
卑濕하고 中正的이어서 蓄藏하는 功이 크고 모든 것을 다 받아
들이는데 미개발적인 원시림과 같은 것이다. 따라서 일면에는
剛健(강건)하고 手腕(수완)이 바른 敏腕者(민완자)인 傑出者(걸
출자)가 있는가 하면, 타면에서는 卑屈(비굴)한자도 있는 변화
적인 성격을 함께 혼유하고 있다. 예컨대 좋은 땅, 즉 良田(양
전)과 황폐한 땅인 荒蕪地(황무지)의 대조적인 장면이라고 할
수 있음이다.

⑪ 土가 강할 경우에 丙火를 만나면 田이 쪼개진다. 그리고 土가 강
할 경우에 庚金을 만나면 돌밭(石田)이 되듯 황무지가 된다. 그
러나 반대로 土가 강할 경우에 庚金이 적으면 良田이 된다. 일반
적으로 표면은 심히 온화하고 침착하며 중후하지만 內面은 剛氣
(강기)를 함유하고 保守的(보수적)인 경향이 있어서 본심을 능히
비장하고 강하며 어질(仁)고 正義가 있고 말을 한번하면 실행을
하는 좋은 사람이다. 그러나 반면에 嫉妬心(질투심)이 강함이 결
점이다. 이렇게 己土는 온화·침착·용렬·의심·질투·망상 등이 그
특징이다.

⑫ 우주의 삼라만상이 오행원리에 의하여 소장·성쇠·흥망·영고·기
복의 만반사가 이 법칙에 의하여 직업·출세·빈부차이의 분기점
에 달하는데 이 모든 것이 흙(土)에서 나타난다. 이러한 己土는
만물을 모두다 받아들일 수 있고 만물을 生成消滅(생성소멸) 할

수도 있는 것이다.

4. 庚辛金의 性情

만물이 이루어짐에는 고쳐지고 새로워짐을 수반한다. 禮記月令에
모든 만물이 엄숙하게 고쳐지고 변경되어서 열매가 빼어나고 새롭
게 이루어지는 것이라 하고 있다. 그러므로 庚은 고치는 것이고 辛
은 새롭게 하는 것이라 할 것이다.

金은 삿갓(人)속에 구슬(玉)이 가리워져 있는 형상으로 삿갓은 太
陽火를 가리는 遮陽(차양)을 상징하고 구슬은 단단하게 여물은 오
곡백과를 상징한다. 차양은 하늘을 가리는 동시에 光合成(광합성)
을 단절시키는 것을 의미하듯이 구슬은 오곡백과가 돌처럼 단단하
게 여문 것을 의미하는 것이다. 즉 이렇게 서리(霜)와 성숙한 오곡
백과를 상징하는 것이 金인 것이다.

戊己土에서 오곡백과의 열매가 발생하고 성장하는데 이렇게 자라
나는 열매를 완전히 成熟(성숙)시키는 結實作用(결실작용)과 결실
의 物體가 庚辛金이다. 열매를 익히는 하늘의 氣가 熟氣(숙기)이고
그 숙기에 의해서 무르익은 오곡백과를 成物(성물) 또는 熟物(숙물)
이라 한다.

생물은 生氣(생기)가 있는 한 발생과 성장을 계속하려 하기 때문
에 열매를 익히려면 생기(甲)부터 거세해야 한다. 그래서 生氣를 몰
아내는 가을바람인 秋風(추풍)이 필요한 것이다.

바람(風)은 하늘(天)의 숨결이고 입김이다. 첫째 봄바람인 春風
(춘풍)은 生氣를 생산하는 발생의 합창으로 싹을 트게 한다. 둘째
여름바람인 夏風(하풍)은 熱風(열풍)으로써 陽氣를 생산하는 성장

의 합창이다. 셋째 가을바람인 秋風(추풍)은 冷氣(냉기), 즉 肅殺之氣(숙살지기)를 생산해 생기의 거세작용을 하여 만물의 水分을 건조시키고 서리(霜)로써 除葉(제엽)을 하여 거두어 收斂(수렴)하는 葬送曲(장송곡)인 것이다. 넷째 겨울바람인 冬風(동풍)은 冬將軍(동장군)으로써 寒氣(한기)를 생산하여 殺氣로써 지상의 생기와 열기를 모두 추방하여 갈무리하여 貯藏(저장)하는 역할을 한다.

가을에 내리는 서리는 결실을 방해하는 잎을 제거하는 수단일 뿐이지 열매를 익히지는 못한다. 열매를 익히는 작용은 水分을 건조시키는데 있기에 태양의 빛과 열인 照光(조광)과 서늘한 秋風만이 가지고 있는 것이다.

그래서 만물을 익히는 庚金은 태양이 이글거리는 南方火의 巳에서 장생을 하는 것이다. 그러므로 열매는 싹이 트고 꽃이 피는 木의 생기와 火의 열기를 가장 두려워 한다. 이는 추수한 곡식과 과일에 싹이 나면 무용지물이 되기 때문이다. 황금의 오곡백과를 온전하게 상품화 하기 위해서는 가공을 하든지 기름으로 짜서 저장하고 갈무리를 해야만 한다. 그 기름이 北方水를 상징하므로 성숙한 辛金은 北方水의 子에서 장생하는 것이다.

그래서 陽金의 庚은 만물을 성숙시키는 서릿발같은 熟氣이고, 陰金의 辛은 서리를 맞고 토실토실하게 무르익은 오곡백과(實)인 것이다. 성숙한 오곡백과는 쇳덩이처럼 단단하기에 쇠를 상징하는 金이 되는 것이고, 동시에 상품이기에 財物로서 經濟의 기본이 되므로 富의 黃金으로 그 의미가 통용 되는 것이다.

한편 다른 각도에서 보았을 경우에 庚金은 鑛山(광산)의 큰 金이기 때문에 불(火)로서 반드시 녹여주어야 빛이 나고, 辛金은 珠玉(주옥)과 같은 작은 金이기 때문에 물(水)로써 泄氣시켜 빼주어야만 빛이 나는 것이다.

1) 庚金의 性情

① 庚金은 절구공이를 가리키는 글자와 두손을 가리키는 글자를 합한 글자에서 유래된 글자이다. 庚金의 性情은 劍戟金(검극금)으로 강경하고 내적으로 충만함과 완성을 뜻한다. 그래서 정의감은 있지만 미리 걱정하는 면이 많고 急한 것이 약점이기 때문에 이를 고쳐야만 한다. 그러므로 庚金에는 반드시 丙火가 있어서 庚金을 녹여주어야만 하는 것이다.

② 庚金의 유형으로는 광산·광산의 원석·큰 쇠덩어리·자동차·연장·무기·총·칼 등을 들 수 있다.

③ 庚金은 丁火인 鎔鑛爐(용광로)를 기뻐(喜)하며 癸水를 꺼린다.

④ 봄철의 나무인 春木에는 庚金은 좋지가 않다.

⑤ 夏生(하생)의 天命盤(천명반)에 庚金이 있을 경우에는 그 庚金을 火로 剋制해주는 것을 기뻐(喜)하며 좋은 천명반이라 할 것이다.

⑥ 秋生(추생)의 天命盤에 庚金이 있으면 그 庚金을 土로 돕는것을 기뻐(喜)하며 좋은 天命盤이라 할 것이다.

⑦ 庚金에 土가 많으면 埋金(매금)이 된다. 즉 땅속에 묻힌 金은 빛을 낼 수가 없기 때문이다.

⑧ 庚金은 자체가 강할 경우에는 壬水의 泄氣 또는 丁火의 剋을 기뻐(喜)한다.

⑨ 庚金은 자체가 약할 경우에는 戊土나 己土를 좋아하지만, 地支에 水가 있거나 天干에 癸水가 있는 편이 양호한 것이다. 즉 통관의 법칙에 따라서 土生金→金生水 하기 때문인 것이다.

⑩ 庚金은 쉽게 甲木을 剋할 수 있다. 그래서 甲木이 제일 꺼리는 것이 庚金인 것이다.

⑪ 庚申은 陽金이므로 쪼개고 다스리듯 하는 帶殺(대살)이고 後天數(후천수)로는 9를 말한다.

⑫ 庚金은 최고로 강건함인데 水를 만나면 맑아지고, 火를 만나면 견고해지고, 濕土(辰-水庫, 丑-金庫)를 만나면 生하고, 乾燥土(戌-火庫, 未-木庫)를 만나면 厄이 초래된다. 甲木은 강하지만 능히 자르고 구부리며, 乙木은 비록 약한 것이나 함께 합하면 유정하다.

⑬ 庚申金은 堅固(견고)하고 희(白)며 義를 좋아하므로 卑屈(비굴)한 것을 보기 싫어하고, 희생·봉사정신이 강하며 인협적인 의리에 봉사적인 남자다운 성정이다. 그리고 一刀兩斷(일도양단)하는 물사처리에 쾌속하지만 미리 걱정하는 성격이 있다. 그러나 庚申金이 過多할 경우에는 주로 刑厄(형액)과 刑殺(형살)의 厄을 면하기 어렵거나 疾病이 있게 되는데 金이 공망을 만날 경우에 아프거나 질액이 있게 된다.

⑭ 性格은 자연 찬란한 빛의 상징이고 한번 두드리면 장엄하게 울리는 형상이며 잘 닦여진 검과 같은 성격이다. 그리고 예지·지략·광채를 발하는 듯한 언동을 하는 민완가로서 용단과 결단력이 강하여 萬難(만난)을 배제·배타하는 氣力이 굳세다. 그리고 성격은 강하며 義理는 所重히 하는 性分이다. 內心으로는 강건·위청·의지·정의감·비판성·반발심의 경향이 강하고 영웅적 협심적인 기질이 있으며, 예리하고 名譽를 소중히 여기며 決斷力(결단력)이 있다. 庚金은 강한 것이니 밀고 가는 推進力(추진력)도 강하고 잘 따지듯 統計性(통계성)도 강하다.

⑮ 庚申金의 결점으로는 융통성이 없으니 착하게 수양하면 고쳐져 최고의 이상적인 성격이 된다고 할 수 있다. 또한 멋과 모양을 잘 내고 구질구질한 것은 아주 꺼려하며 자만심이 강하고 허영·초조·離合(이합)·실행·용단·광채 등을 그 특성으로 한다.

2) 辛金의 性情

① 辛金은 먹물로 피에 문신을 넣은 글에서 유래한 글자로 結實(결실)한 열매(實)가 母體로부터 離脫(이탈)한 것을 뜻한다. 辛金의 性情은 연약하고 맑고 윤택한 성질로 義理가 있지만 너무 銳利(예리)하며 정신적인 차원이 높아서 대개가 꿈과 예감이 잘 맞는 사람이 많다. 辛金이 年月日柱에 있을 경우에는 더 잘 맞는데 이는 조상이 도와 주기 때문이다.

② 辛金의 유형으로는 珠玉金(주옥금)으로 보석·작은 쇠·수저·열쇠·면도칼·바늘·침 등을 들 수 있다.

③ 辛金이 좋아하는 天干은 丙火·壬水·戊土 등 이다.

④ 辛金은 너무 강한 것을 억제하거나 약한 것을 도와주려는 경우에 殺이 되는 丁火나 印星이 되는 己土를 사용할 수 없다.

⑤ 辛金에 木火가 강할 경우에는 地支인 西北方, 즉 辛酉戌亥子丑이나 亥水속에는 戊土가 있으므로 亥水에서 구하며, 金水가 강할 경우에는 丙火나 丁火로 도와주게끔 하면 좋다.

⑥ 辛金은 왕성한 氣運를 따라 가는 從旺格(종왕격)은 되기 어려운데 이 경우에는 辛酉와 身旺을 조건으로 한다.

⑦ 辛金은 壬水나 乾土인 戊土를 좋아하고 濕土인 己土는 꺼린다.

5. 壬癸水의 性情

壬은 맡기는 任(임)이고 癸는 헤아리고 계책할 揆(규)임이니 즉, 음이 양에게 맡겨져서 물건이 싹트이도록 계책을 함인 것이다. 禮記 月令에 壬癸는 만물을 닫아 감추는 때이므로 아래에서 회임을 해서 싹이 돋아나도록 하는 것이라 하고 있다.

예컨대 秋收(추수)한 오곡백과를 온전히 보관·저장하기 위해서는 지상의 生氣·熱氣를 모두 몽땅 추방시켜야 하는데 이때에 필요한 것이 寒氣(한기)와 殺氣(살기)이다. 겨울의 北方水는 살기가 충만한 얼음덩이로 모든 것을 얼리고 죽이는 살생을 능사로 하기 때문에 만물이 숨을 죽이고 죽은 듯 고요한 밤의 상태가 된다.

그 무서운 冷藏(냉장)의 寒氣가 壬水이고 寒氣에 의해서 잘 저장된 冷物(냉물)이 癸水인 것이다. 水는 생기와 정신력으로써 봄부터 만물을 창조하고 개발하여 생물로 변신한다. 이렇게 立春(입춘)부터 움직이는 水는 나무가 무성하게 자라면서 서서히 줄어들고 여름(夏)이 되면 완전히 탕진한 상태가 된다.

그러나 가을(秋)이 되면서 生氣인 水分을 빨아먹는 거머리같은 나뭇잎을 소탕하여 물구멍을 막고 수분의 地上發散(지상발산)을 금하면서 지하로 거두어 들이는 회수작전을 진행한다. 이렇게 수분의 지출이 중단되고 지하로 회수됨으로써 탕진되었던 水는 가을과 더불어 다시 회생되고 모여서 겨울(冬)이 되면 다시 왕성하게 천하에 충만하게 되는 것이다.

겨울(冬)에 北方水를 왕성하게 貯藏(저장)하는 이유는 봄부터 시작될 만물의 창조와 개발의 작용을 충분히 할 수 있는 체력과 정신력을 미리 장만하고 기르기 위함인 것이다. 水는 생물의 원동력이기 때문에 겨울을 통해서 그 위대한 원동력을 지하에 저장하고 봄을 대비하는 것이다.

만물의 자궁인 土가 겨울에 水를 임신하는데 지하에 가득찬 水가 土의 뱃속에 가득찬 태아로서 임신중인 水인 것이다. 그 姙娠(임신)한 水를 상징하는 것이 바로 壬水이다. 壬은 임신의 姙(임)을 의미하는 것이다. 즉 水는 가을에 임신하고 겨울에 성숙하므로 가을의 水는 임신중의 水로서 壬水를 의미하는 것이다. 그래서 壬水는 초가을인 西方金의 酉에서 장생하는 것이다.

한편 뱃속의 水인 壬水가 성숙해서 지상으로 나타난 生水를 癸水라고 한다. 하늘(天)의 구름(雲)에서 발생하는 癸水는 빗물(雨)이고 지상(地)의 샘(泉)에서 발생하는 癸水는 샘물(井水)이다. 이러한 癸水는 지상의 생물을 먹이고 살찌우는 조물주의 젖이기 때문에 생물이 발생하는 東方木의 卯에서 장생하는 것이다. 이렇게 샘은 샘물을 잉태한 샘의 자궁이고, 구름은 빗물을 잉태한 빗물의 자궁이다. 그래서 샘과 구름은 水를 임신하고 있는 壬水가 되는 것이고, 물방울로 나타난 샘물과 빗물은 모두가 癸水인 것이다.

그리고 비(雨)를 상징하는 癸水는 하늘 천(天)자와 걷는 발(癶)자의 합작문자로서 하늘(天)에서 비(雨)가 걸어나오는 것을 상징하는 것이다. 물(水)이 걸어서 나온다는 것은 물의 발생을 의미하는 것이니 癸水는 바로 하늘의 비를 상징하는 것이다.

여자는 14세가 되면 임신의 명맥인 任脈(임맥)이 발동하면서 임신에 필요한 月經(월경)의 水가 하늘에서 내리는 이슬비처럼 나타나는데 이러한 처녀의 月水는 봄비와 같은 것이다. 처녀는 인생의 봄철이고 봄비는 씨앗을 싹틔우는 발생의 원동력이다.

봄이 되면 생명의 씨앗이 움이 트듯이 여자나이 14세가 되면 잉태의 기운이 싹트는 것이다. 이러한 任脈에 비를 내려서 生氣와 活氣를 주고 孕胎(잉태)를 促進시키는 창조의 원동력이 바로 月水인 것이다. 그래서 처녀아이의 月水를 天癸(천계)라 하고 癸水라고 하는 것이다.

水	壬	陽	地水	地上水/地中水
	癸	陰	天水	天上水/天中水

1) 壬水의 性情

① 壬水는 길쌈할 때에 북실을 감은 글자를 본뜬 모양으로 임신하는데 음양이 교차하는 것이며 生成의 일기가 종료하는 것을 의미한다. 이러한 壬水는 通河(통하)라고 하며 天河(천하), 즉 銀河水(은하수)라고도 한다. 壬水의 性情은 死水로 머리는 좋지만 自己主張(자기주장)이 강하고 큰물로 다 쓸어 가버리는 속성이 있기에 너무 강직함이 탈이다.

② 壬水의 유형으로는 바닷물·대해수·강·호수·큰물·死水·우물 등을 들 수 있다.

③ 壬水가 강하면 他干에 재앙을 준다.

④ 壬水는 己土를 매우 두려워한다.

⑤ 壬水가 강할 경우에는 癸水를 매우 두려워하는데 그 이유는 爭財가 되기 때문이다.

⑥ 壬水가 강할 경우에는 丙火를 필요로 한다.

⑦ 壬水가 강할 경우에는 庚金이나 辛金을 泄氣하게 된다.

⑧ 壬水의 성정은 유순하며 항상 움직이는 것을 좋아하고 언어는 有

情하고 머리는 총명하고 맑으며 적응력이 강하고 활동하는 성분
이며 기억력·암기력이 좋고 사회사고력이 강하며 지혜·지략·지용
을 겸비하고 있는 臨機應變(임기응변)에 능한 사람이다. 그래서
壬水의 특징은 智慮(지려:슬기로운 생각)·深謀(심모:꾀)·激怒(격
노)·寬仁(관인:베품)·濃情(농정:욕심)·活動的(활동적)인 것이다.
⑨ 壬水는 天河(천하:은하수)·大河(대하:큰강)·通河(통하:큰물)이
다. 능히 金의 기운을 빼앗고, 끊임없이 사방으로 흐르며 강한 가
운데에 덕이 있다. 通根되어 뿌리를 박으면 癸水와 合이 되어 하
늘을 찌르고 땅을 희롱하며 合하면 有情하다.
⑩ 壬日柱가 여름인 夏月(巳午未)에 출생한 사람은 火가 강하므로
火生土하고 金生水하여서 별로 도움이 없다. 이럴 경우에는 火가
天干에 透出하여 강하면 從火(종화)하여서 從財格이 되어야 하
고, 土가 透干하여 강하면 從土하여 從官殺格하므로 조화·윤택
·相濟之功(상제지공:서로 제하는공)이 있게 된다.
⑪ 壬子는 陽水이니 後天數로는 1이라고 하고, 才智(재지)가 과인
하고 슬기가 있고 문장이 능하고 언어가 달변인데, 큰 뜻과 큰 계
획을 도모하나니, 활기가 넘쳐 흘러 홍수와 같이 평야를 흐를적
에 큰 바위라고 하여도 뚫고 바위를 움직이는 상당한 실력과 활
동력이 있다. 그리고 일을 처리함이 능하고 촌각도 정지할 줄 모
르는 활동가이며, 천성이 담백하여 해물지심(해물지심:남을 해
하는 마음)이 없고, 사람들이 좋아하는 미덕을 겸유하고 있음이
그 특징이다.
⑫ 壬水日柱에 신강사주는 의협심과 급한 성격이 있는 반면에, 그 이
면에는 헛되게 필요 없는 욕심인 정욕을 소비하는 경향도 있다.

2) 癸水의 性情

① 癸水는 純陰水(순음수)로서 삼지창을 사방에 꽂은 모습에서 파
  생한 문자로서 壬에서 임신한 것이 성장하여 점차 陽의 존재가
  내부나 외부에 확실히 나타난 것을 의미한다. 癸水는 生水이고
  길게 흐르며 성질은 고요하고 약하다. 그래서 癸水의 性情은 生
  水로 착하기는 하지만 知能的(지능적)이고 奸巧(간교)할 수가 있
  으므로 모사꾼이 많다.

② 癸水의 유형으로는 雨露水(우로수)·시냇물·샘물·작은물·대접물
  ·이슬비·눈물·진액 등을 들 수 있다.

③ 人事에 적용할 경우의 성정은 유순하고 항상 움직이는 것을 좋아
  며 언어는 有情하고 머리는 총명하고 맑으며 적응력이 강하고 활
  동하는 성분이며 기억력·암기력이 좋고 사회사고력이 강하며 지
  혜·지략·지용을 겸비하고 있는 임기응변에 능한 사람이다.

④ 癸水가 강함을 결정하는 것은 陽干과 마찬가지로 根과 季節의 관
  계이다.

⑤ 癸水는 陽干과 마찬가지로 강한 것을 좋아하고 약한 것을 싫어한
  다.

⑥ 癸水는 빗물(雨水)이므로 金으로부터 生을 받는 일이 없다. 그러
  나 癸水가 지나치게 약할 경우에는 金을 사용할 수도 있다.

⑦ 癸水는 生水이고 길게 흐르기에 성질은 고요하고 약하다. 그리고
  地支에 辰이 있어서 和한 기운은 있지만 元神인 癸水가 透出(투
  출)되어 나타나게 되면 火土를 꺼리지 않고 많은 기운을 따라간
  다. 그리고 庚辛金이 있으면 도리어 金이 많아지므로 癸水가 탁
  해진다. 한편 戊癸之合이면 戊土가 燥厚(조후)하게 되고 天命에

丙辰이 있을 경우에는 火로 변화하는 化神(화신)을 인출한다.

⑧ 癸水는 주로 고요하며 유약하지만 함축성과 융통성이 있어서 화합을 잘한다. 그리고 두뇌가 영민하여 판단력이 강하고 타인의 모략을 당할 경우에는 즉시 풍우를 초래함과 같아서 파도를 일으켜 호수로 변하여 大海를 이룬다. 그러나 융통성 때문에 간혹은 사기꾼이 많다.

⑨ 癸水는 평소에는 침착하고 침체하며 침울한 기운에 사로잡힐 때도 있다. 그리고 우발적인 장면을 나타낼 때도 있기 때문에 그 심중을 측량하기가 어렵다. 그래서 癸水日柱生을 부하로 두지 않는 경향이 있다.

⑩ 癸水는 괴걸·위인·열녀·기인 등의 인물이 가끔 있다. 그리고 결백하고 공익적인 일에 헌신적인 노력을 하지만 정에 약함이 결점이다.

第2節 天干合의 五行變化

1. 天干合의 意義

1) 天干合의 一般的인 意義

天干合(천간합)이란 天干과 天干끼리 서로 만나서 合이 되는 것을 뜻하는 것으로 줄여서 干合(간합)이라고 한다. 즉 甲己(갑기)·乙庚(을경)·丙辛(병신)·丁壬(정임)·戊癸(무계)가 서로 合하여서 五行의 속성이 변화하는 경우를 천간합이라고 한다.

본래 相剋은 전쟁의 법칙이기 때문에 남성과 남성간에 이루어지듯이 陽干(양간) 對(대) 陽干(양간)에서 이뤄진다. 예컨대 木剋土(목극토)는 甲木(갑목) 對 戊土(무토)의 대결이다. 이러한 甲戊의 대결 구도에서는 왕성한 巨木인 甲木이 戊土를 능히 정복하고야 만다.

이렇게 정복을 당하여 멸망의 위기에 처한 土나라의 戊土왕은 凱旋將軍(개선장군)인 甲木에게 자신의 여동생인 己土를 진상하면서 和平(화평)을 청한다. 아리따운 己土를 본 甲木장군은 홀딱 반해서 己土를 아내로 맞아들이고 土나라와 화평을 한다. 이는 勝者(승자)가 敗者(패자)의 여동생을 진상선물로 받아들이고 百年佳約(백년가약)을 맺는 것이기 때문에 甲과 己는 干合을 이루는 것이다.

이와같이 相剋은 金剋木·木剋土·土剋水·水剋火·火剋金으로 金은 木을 치고 木은 土를 치며 土는 水를 치고 水는 火를 치며 火는 金을 공격하고 치기 때문에 干合은 하나같이 승자와 패자의 여동생간에서 이루어지는 결합물인 것이다.

그래서 庚金은 乙木과·甲木은 己土와·戊土는 癸水와·壬水는 丁火와 丙火는 辛金과 百年佳約(백년가약)을 맺고서 干合을 이루는 것이다. 그러므로 干合은 음양이 서로 사랑(愛)하고 아끼며 多情多感(다정다감)하여 자신의 모든 것을 상대방에게 아낌없이 바치는 사랑(愛)·獻身(헌신)·犧牲(희생)·情熱(정열)을 상징한다. 그러므로 干合이 있을 경우에는 圓滿(원만)한 유정천리로서 어디를 가나 친구가 많고 돈보다도 情(정)을 먹고산다. 그러나 干合은 중심이 없고 줏대가 약해서 어느것 한가지도 一貫(일관)되게 하거나 이뤄지는 것이 없다.

그리고 이렇게 合이 되어서 나오는 五行은 대체적으로 陰의 성정을 갖는데 이를 정리하여 보면 다음의 표와 같다. 그래서 干合은 여성다운 성정을 갖기 때문에 여성의 경우가 바람직하다고 할 것이다.

〈表 3-9〉 天干合의 類型

甲己	合→	陰土	甲己	仁信	正中之合
乙庚	合→	陰金	乙庚	仁義	仁義之合
丙辛	合→	陰水	丙辛	禮義	威嚴之合
丁壬	合→	陰木	丁壬	禮智	仁壽之合
戊癸	合→	陰火	戊癸	信智	無情之合

2) 天干合 化五行의 天氣觀察法

正五行은 甲乙木·丙丁火·戊己土·庚辛金·壬癸水를 말한다. 그런데 이러한 정오행이 변화된 변태이자 조화로서 干合으로 이뤄진 오행, 즉 甲己土·乙庚金·丙辛水·丁壬木·戊癸火와 같은 오행을 化五行(화오행)이라고 하는 것이다.

이렇게 造化를 자유자재로 할 수 있는 것은 無形으로 형체가 없는 하늘의 기운인 天氣뿐이다. 氣는 그 움직임이 자유자재이듯이 변화함도 자유자재로 변화가 무쌍한데 이러한 天氣의 造化를 化五行 또는 五運六氣(오운육기)라고 한다.

이러한 오운육기는 하늘과 땅의 運氣가 發生·變化하는 法則과 秩序인 것이다. 그래서 天地間(천지간)에서 일어나는 氣候(기후)나 모

든 現象(현상)들은 모두가 오운육기의 조화현상이라고 할 수 있는
것이다.

化五行은 모두가 하늘(天)의 造化이지만 땅(地)과 사람(人)에게
도 그대로 반영이 된다. 즉 하늘이 추우면 땅도 꽁꽁얼고 사람도 傷
寒(상한)에 시달리는 것이며, 하늘이 무더우면 땅도 무덥고 사람도
함께 더위를 타는 것이다.

이러한 化五行이 天地運氣(천지운기)를 操縱(조종)하고 다스리
(治)는 玉皇上帝(옥황상제)로서 五運(오운)과 六氣(육기)로 분류되
어서 風寒暑濕燥熱(풍한서습조열)의 造化를 부리는 것이다.

天地運氣의 基本秩序(기본질서)로서 化五行의 風寒暑濕燥熱의 造
化를 具體化(구체화)·法則化(법칙화)·秩序化(질서화)한 것이 春夏
秋冬(춘하추동)의 季節(계절)이고 열두달의 節氣(절기)인 것이다.
이러한 五運과 六氣의 造化를 구체적으로 집대성한 것을 五運六氣
라고 한다.

예컨대 干合으로 이뤄진 化五行의 경우와 氣候關係(기후관계)를
살펴보면 다음과 같다. 첫째 化五行의 土가 극성을 부리는 해에는
폭우·우박·暴風·寒氣·큰장마가 진다. 둘째 化五行의 火가 극성을 부
리는 해에는 큰가뭄이 발생된다. 셋째 化五行의 水가 극성을 부리는
해는 큰장마와 큰추위가 생긴다. 넷째 化五行의 木이 극성을 부리는
해는 폭풍이 있다. 다섯째 化五行의 金이 극성을 부리는 해는 무서
운 건조가 있어서 큰 흉작을 맞이하게 되는 것이다.

이렇듯 化五行은 천지운기를 조종하고 주관하는 최고사령관인데
사령관이 왕성하고 늠름하면 큰조화를 부리지만 사령관이 무기력하
고 허약하면 조화가 부실하고 빈약하게 된다. 즉 陽은 强하고 陰은
弱하기 때문에 陽의 해에는 化五行의 조화가 치열하고 극성을 부리

지만 陰의 해에는 化五行의 조화가 빈약하고 부실하게 나타나는 것이다.

〈表 3-10〉化五行과 氣候分析

化五行	氣候特性
土가 극성을 부리는 해(年)	폭우·우박·暴風·寒氣
火가 극성을 부리는 해(年)	큰가뭄
水가 극성을 부리는 해(年)	큰장마와 큰추위
木이 극성을 부리는 해(年)	폭풍
金이 극성을 부리는 해(年)	무서운 건조로 큰흉작

2. 甲己合化의 土論

1) 甲己合化 土論의 一般的인 意義

甲木(갑목)이라 함은 生氣(생기)·精子(정자)·男便(남편)·長男(장남)·巨木(거목)·掙機(쟁기)·農夫(농부) 등을 상징한다. 그리고 己土(기토)라 함은 子宮(자궁)·卵子(난자)·婦人(부인-妻)·長女(장녀)·田畓(전답)을 상징한다. 예컨대 農土(농토)는 쟁기를 얻어야 耕作(경작)될 수 있고 山土(산토)는 숲(林)을 이뤄야만 청산의 名山(명산)이 되는 것이며 나무(木)도 기름진 沃土(옥토)를 만나야만 무성하게 우거진 숲(林)을 이룰수가 있는 것처럼 精子(정자)도 卵子(난자)를 만나야 孕胎(잉태)를 할 수가 있고 子宮(자궁)도 胎氣(태기)를 얻어야만 胎兒(태아)를 기를 수가 있는 것이다.

甲은 만물을 창조하는 생기이면서 농부이고 己는 만물의 자궁으로 땅이기에 이들은 천생연분이다. 모든 만물이 生氣없이는 생명을 창조할 수 없고 子宮없이는 잉태를 할 수 없기에 甲己化土(갑기화토)는 五行을 創造하는 造化에 있어서 으뜸이 되는 것이다.

甲己의 合이 土로 변하는 이유는 다음과 같다. 즉 甲은 死木이고 己는 田土이다. 예컨대 밭(田)에 나무(木)를 심고 박아도 그 밭(田)을 밭이라고 하지 나무(木)라고 하지 않기 때문이다. 즉 밭에 나무가 있으면 저 밭이 내 밭이라고 하지 저 나무가 내 나무라고 하지 않는 것과 같음이다. 그리고 밭에 말뚝을 박은 경우에도 마찬가지 이치이다.

그러기에 甲己의 合은 土가 되는 것으로 甲己의 合은 正中之合(정중지합) 또는 中正之合(중정지합)이라고 한다. 즉 甲은 仁이고 己는 信으로 존중관후하기 때문에 이를 정중지합이라고 하는 것이다.

〈表 3-11〉 甲己化土論의 性情

甲木	萬物創造	생기/정자/남편 장남/쟁기/농부	정자→난자(逢)→잉태(可能) 자궁→태기(得)→태아(養育)
己土	萬物子宮	자궁/난자/아내 장녀/山土/農土	農土→쟁기(得)→耕作(可能) 大山→큰숲(成)→靑山名山 巨木→沃土(逢)→茂盛森林
甲己	化五行土	五行創造/造化(元) 五行氣運(無)	安協名手/理解性(多) 職分遵守/간혹−自己分數忘却

人事(인사)에 이를 적용해 보면 甲己合土가 있는 천명은 五行의 기운은 없지만 殺이 있을 경우에는 憤怒(분노)하고 偏屈(편굴)하는 성정을 갖는다. 그러나 甲己의 合이 土로 변하여 남과 安協(타협)을

잘하고 理解性(이해성)이 많으며 자신의 직분을 잘 지켜서 존경을
받지만 간혹 자기꾀에 자신의 분수를 배반할 때도 있다.

　예컨대 天命盤(천명반)에서 日天干이 甲일 때 己가 와서 合이 되
는 경우는 첫째 코(鼻)가 대체적으로 큰데 이는 밭인 己土田(기토
전)에 말뚝인 甲死木(갑사목)을 박으면 위로 올라오게 됨과 같이 얼
굴에서 올라온 부분이 코이기 때문이며, 둘째 音聲(음성)이 거칠게
나타나는데 이는 土의 본질이 맑지 않기 때문이고, 셋째 信義는 있
으나 知能이 부족하며 넷째 아내(妻)의 권리가 강하게 나타나는데
이는 甲에서 볼 때에 己는 正財(정재)로써 妻이기 때문인 것이다.

　그러나 반면에 天命盤에서 日天干이 己일 때 甲이 와서 合이 되는
경우는 아내(妻)와는 多情하지만 音聲(음성)이 濁(탁)하고 코(鼻)
가 납작코이며 信義가 없음이 그 특징이다.

2) 甲己合土 化五行의 天氣觀察法

　甲은 木이고 己는 土인데 運氣의 造化인 化五行(土運土氣－土五
行)은 甲木과 己土를 모두다 土로 遁甲(둔갑)을 시켰다. 그래서 甲
木은 戊土로 변했고 己土는 그대로 己土가 되어서 土의 조화를 부리
게 된다.

　조화와 작용력이 戊는 陽이므로 강하고 己는 陰이기에 허약함이
다. 따라서 甲이 戊土로 변하였기 때문에 甲年은 戊土가 모든 행세
를 한다. 그리고 己는 그대로이기에 己年은 己土인 것이다.

(1) 甲年의 戊土運氣

甲年(甲子·甲辰·甲午·甲申·甲戌·甲寅)에는 천기운기상 甲己化土

하여서 甲이 戊土로 둔갑이 된다. 이렇게 甲己化土한 戊土가 왕성하여 극성을 부리기 때문에 강하고 왕성한 濕土(습토)가 甲年을 다스린다고 보면 된다.

그래서 甲年에는 戊土가 왕성하기에 濕(습)이 왕성해져서 暴雨(폭우)·雨雹(우박)이 쏟아지고 큰장마가 지며 濕病(습병)이 만연해진다. 그리고 戊土가 너무 왕성하기에 脾胃(비위)에 큰탈이 생기게 된다. 이렇게 甲年에는 土가 왕성해지니 水가 타격을 받고 木이 곤욕을 치르게 되는 것이다.

(2) 己年의 己土運氣

己年(己巳·己卯·己丑·己亥·己酉·己未)에는 천지운기를 다스리는 己土가 陰土이기에 너무 허약하고 무기력함이다. 역사적인 기록을 보아도 군왕이 무능하면 신하와 백성이 난리를 일으켜서 왕권을 겁탈했다. 그래서 己年에는 土의 지배를 받던 水가 亂動(난동)을 부리든가 아니면 土의 남편인 木이 집권중인 己土여왕을 무시하고 제멋대로 왕권을 행사해서 己土를 만신창이로 만들어 버린다. 이렇게 己年에는 土가 극도로 허약하기 때문에 水와 木이 극성을 부리는 것이다.

따라서 己年에는 木의 暴風(폭풍)이 천지를 진동하고 水의 寒氣(한기)가 천하를 주름잡기 때문에 冷病(냉병)·傷寒病(상한병)·眼疾(안질)·肝疾患(간질환) 등이 극성을 부려서 만발하고 脾胃(비위)가 허약하게 되기 때문에 消化不良症(소화불량증)·消化器能疾患(소화기능질환) 등이 크게 번지게 되는 것이다.

3. 乙庚合化의 金論

1) 乙庚合化 金論의 一般的인 意義

土에서 발생한 것은 金이지만 자궁인 土에서 발생한 것은 생명인 木이다. 이러한 乙木은 이제 막 발생한 어린나무로 무성하게 자라난다. 그러나 乙木의 나무는 천성이 柔弱(유약)하기에 능수버들처럼 나약한 나무는 얼마큼 자라면 힘이 없어서 굽어지는데 이를 곧게 성장시키려면 속을 쇳덩이처럼 단단하게 만들어 주어야 하는 것이다.

이렇게 乙木의 어린나무를 단단하고 야무지게 속을 다지는 동시에 곧게 성장시키는 輔弼者(보필자)가 바로 庚金이다. 그래서 乙木과 庚金은 아내와 남편사이의 천생연분으로 굳센 남편(庚金)이 아니고서는 연약한 아내(乙木)를 보살필 수가 없는 이치인 것이다.

〈表 3-12〉 乙庚化金論의 性情

乙木	子宮土에서 發生된 生命	풀/초목/칼집 구부러진 나무	乙木(柔弱婦人)과 庚金(强健男便)은
庚金	成長輔弼者	돌(石)/칼(刀)	天生緣分
乙庚	化五行金	단단/야무지게함	仁義(多)/剛直/勇敢

乙은 仁이고 庚은 義의 성정을 갖는다. 그런데 乙庚이 合을 하면 金으로 변하므로 仁義之合(인의지합)이라고 하는 것이다. 乙木은 풀·초목·칼집·구부러진 나무(木)이고, 庚金은 돌(石)·칼(刀) 등으로 상징할 수 있다. 예컨대 칼이 칼집에 끼어 있어도 칼이라고 하지 칼집이라고 하지 않는다. 그리고 돌이나 칼에 잡초가 우거져 있으면

잡초에 휘감긴 돌이나 칼이라고 하는 이치와 같은 것이다. 그래서
乙庚之合은 金이 되는 것이다.

乙庚之合의 金의 性情은 어질(仁)고 의리심(義)이 많으며 굳세고
용감함이다. 그러나 天命盤에 乙庚合이 있으면서 동시에 偏官(편
관)이 있을 경우에는 용감하지만 賤(천)한 성정을 갖게 된다.

한편 人事(인사)에 이를 적용해 보면 다음과 같다. 天命盤에서 日
干이 乙일 때에 庚이 와서 合이 되는 경우는 첫째 무식·경솔하고 예
의와 결단성이 부족하며, 둘째 치아가 대체적으로 나쁜데 이는 金끼
리 부딪히기 때문이고, 셋째 성욕이 약한데 이는 乙木이 水를 빼앗
기 때문이며, 넷째 매사에 허약한데 이는 金은 젖지않고 말라 있기
때문인 것이다.

그러나 반면에 天命盤에서 日干이 庚일 때에 乙이 와서 合이 되는
경우는 대체적으로 가정이 윤택하고 행복하지만 자비심이 부족하
며, 치아가 튼튼하여 식욕이 왕성하고 정력이 강하기 때문에 주색잡
기를 삼가야 하는 성정을 갖는다.

2) 乙庚合金 化五行의 天氣觀察法

乙은 木이고 庚는 金인데 운기의 조화인 化五行(金運金氣－金五
行)은 乙木과 庚金을 모두 金으로 遁甲(둔갑)을 시킨다. 그래서 乙
木이 辛金으로 변했고 庚金은 그대로 庚金이 되어서 金의 조화를 부
리게 된다. 조화와 작용력이 庚는 陽이므로 강하고 乙은 陰이기에
허약하다. 그리고 乙이 辛金으로 변하였으니 乙年은 모두가 辛金으
로 행세를 하는 것이다.

(1) 乙年의 辛金運氣

乙年(乙丑·乙亥·乙酉·乙未·乙巳·乙卯)에는 乙木이 辛金으로 둔갑되었다. 그러나 辛金은 陰이므로 허약하기 때문에 辛金의 여왕은 군림은 하지만 신하격인 木과 남편격인 火가 난동을 부리고 탈권을 자행함으로써 크나큰 이변을 일으킨다. 또 폭풍과 무더위가 극성을 부리기에 오곡백과를 익히는 힘이 부족하여 결실에 애를 태우는 등 辛金이 만신창이가 되는 것이다.

이렇게 辛金이 허약하므로 호흡기능이 허약해져서 기관지질환이 심하고 안질환·간질환 등이 극성을 부리며 혈액순환질환이 번지기가 쉽기 때문에 주의를 해야만 한다.

(2) 庚年의 庚金運氣

庚年(庚午·庚辰·庚寅·庚子·庚戌·庚申)에는 庚金이라는 陽의 강한 運氣(운기)가 극성을 부리기 때문에 乾燥(건조)가 지나치게 빠르고 왕성하게 된다. 그래서 오곡백과가 여물기도 전에 서리가 내려서 성숙작용이 중도에 중단되기 때문에 늦작물은 수확량이 부실하게 된다. 그래서 이러한 庚年에는 오곡백과를 익히는 太陽(태양)이 無氣力(무기력)하기 때문에 알뜰한 결실을 할 수가 없는 것이다.

예컨대 1980년은 庚申년으로 건조를 주관하는 庚金이 극성을 부리는 해였기 때문에 太陽火가 무기력해서 힘을 쓰지못하는지라 결실을 제대로 이룰 수가 없어서 벼농사에 큰 타격을 주었던 것이다.

이렇게 庚年은 金이 왕성하기에 木이 타격을 받고 火가 곤욕을 치루는 것이다. 그래서 庚年에는 안질·간질환이 심하고 심장질환이 번지기가 쉽기 때문에 주의를 하여야 한다.

4. 丙辛合化의 水論

1) 丙辛合化 水論의 一般的인 意義

사람이 성장하여 청년이 되면 사랑을 구하여 정열적인 사랑을 한다. 丙火는 陽中陽(양중양)으로서 씩씩한 大丈夫(대장부)의 사내이고 辛金은 무르익은 오곡백과로서 달덩이 같은 미인중의 美女(미녀)이다.

이렇게 태양같이 뜨거운 丙火와 포도알같이 토실토실 잘익은 辛金이 부딪히니 불덩이같은 정열이 치솟고 甘露水(감로수)같은 이슬이 방울방울 맺히게 되는 것이다. 이처럼 처녀총각의 사랑이 정렬적으로 무르익어가는 과정이 바로 丙辛化水(병신화수)인 것이다. 그러나 처녀총각인 丙火와 辛金의 사랑은 사랑만으로 흡족하지 그 결과는 아직 없는 상태이다.

丙은 火이고 辛은 金이며 丙은 信義이고 辛은 正義이다. 또한 丙은 태양이고 辛은 주옥·구름·의리를 상징한다. 이러한 丙과 辛이 서로가 합쳐서 水가 되므로 그 명칭을 威嚴之合(위엄지합)이라고 하는 것이다. 그리고 丙은 태양이고 辛은 구름이면서 보석이고 쇠붙이이기 때문에, 辛이 丙속으로 들어가면 태양이 구름에 가리어 비가오며, 辛金이 태양의 뜨거운 불속에 들어가면 녹아서 물이 되기에 水가 나오는 이치인 것이다. 丙辛合水(병신합수)의 性情은 위엄이 있어 성질이 차고 냉정하며 약간 잔인한 면이 있지만 한편으로는 비굴하고 호색적인 경향도 가지고 있다.

한편 人事(인사)에 이를 적용해 보면 다음과 같다. 天命盤에서 日干이 丙일 때 辛이 와서 合이 되는 경우는 불(丙火)이 구름(辛金)에 가려진 형국이므로 陰水에 해당하여 그 성정이 첫째 예의가 부족하고 기회에 따라서 꾀를 잘 쓰며, 둘째 사기와 거짓을 잘하는 경향이 있고, 셋째 남자의 경우에는 처의 권리가 강해 恐妻家(공처가)가 되고, 넷째 여자의 경우에는 姦夫(간부)를 두는 경우가 있다.

한편 天命盤에서 日干이 辛일 경우에 丙이 와서 합이 되는 경우에는 그 성정이 포부가 작고 처의 권리가 너무 비대하여 공처가가 많고, 女子(辛丙合－陰水)가 男子(丙火－陽火)를 불러들인 격이 되는 것이다.

〈表 3－13〉 丙辛化水論의 性情

丙火	陽中陽 大丈夫男兒	太陽/鎔鑛爐	丙火와 辛金이 부딪힘은 情熱이 치솟아 甘露水의 이슬방울이 맺힘
辛金	五穀百果 美人中美女	珠玉/寶石 雲/義理	丙辛은 사랑만으로 洽足 結果는 아직 없는 상태임
丙辛	化五行水	男女가 情熱的으로 무르익어가는 과정	

2) 丙辛合水 化五行의 天氣觀察法

丙火와 辛金은 다함께 천지운기상 水運水氣(수운수기)의 水五行(수오행)로 변하기 때문에 丙은 壬水로 辛은 癸水로 遁甲(둔갑)을 하는 것이다. 그래서 丙火와 辛金은 각각 水의 조화를 부리게 되는 것이다. 조화와 작용력이 丙이 둔갑한 壬水는 陽이므로 강하고 辛이 둔갑한 癸水는 陰이기에 허약한 것이다.

(1) 丙年의 壬水運氣

丙年(丙寅·丙子·丙戌·丙申·丙午·丙辰)에는 丙火가 나타나니 丙이 壬水로 둔갑을 하여 壬水가 천지운기를 통치하고 다스린다. 壬水는 陽이기 때문에 壬水의 水運水氣가 왕성하고 극성을 부려서 춥고 떨리는 寒水(한수)가 천지를 휩쓸기 때문에 겨울이 일찍들고 酷寒(혹한)이 극성을 부리게 된다.

이렇게 水가 왕성하면 신하격인 火와 남편격인 土가 맥을 추지못하고 곤욕을 치루고 망신을 당하면서 만신창이가 된다.

그래서 脾胃(비위)의 소화부진과 배탈이 만연하고 심장과 순환기 능이 위축되어 이러한 계통의 질환이 많이 발생되며 腎臟(신장)과 膀胱(방광)이 극성지패로 질병을 자초하는 것이다.

(2) 辛年의 癸水運氣

辛年(辛未·辛巳·辛卯·辛丑·辛亥·辛酉)에는 辛金이 나타나니 辛이 癸水로 둔갑하여 천지운기를 다스린다. 이러한 辛年에는 水나라를 다스리는 癸水여왕이 天下絶世美人(천하절세미인)으로 아름답기는 하지만 너무나 연약한 癸水의 女子이고 보니 모두가 얕보고 능멸하면서 난동을 부린다. 이렇게 水가 허약하기 때문에 남편격인 土와 신하인 火가 법과 질서를 어기고 멋대로 놀아나는 것이다. 그래서 辛年에는 소나기와 우박이 홍수를 이루고 무더위가 극성을 부리기도 한다.

질병으로는 비위의 소화기질환과 혈액순환질환이 극성을 부리는가 하면 피부족과 배설기능허약에서 오는 신장병과 방광질환 등이 많이 발생하게 되는 것이다.

5. 丁壬合化의 木論

1) 丁壬合化 木論의 一般的인 意義

　丁火는 성숙한 壯丁(장정)이고 壬水는 성숙한 女人(여인)으로 이들은 이미 결혼한 부부이기에 어른 노릇을 하는 것이 급선무이다. 어른 노릇을 한다는 것은 곧 제2생명인 子息을 孕胎(잉태)하는 것이다. 성숙한 부부가 잉태하는 것은 자연의 섭리이고 木이 생명의 주체이기 때문에 한쌍의 부부사이에서 생명을 창조하는 과정을 丁壬化木(정임화목)이라고 하는 것이다.

　그리고 장작불인 丁火에다가 물인 壬水를 부으면 숯이 되며 숯은 木이기 때문에 丁壬의 合은 木으로 변하는 것이다. 그리고 丁은 禮義(예의)이고 壬은 智慧(지혜)이기 때문에 丁壬合의 이름을 仁壽之合(인수지합)이라고 부르는 것이다.

〈表 3-14〉 丁壬化木論의 性情

丁火	장작불	成熟한 壯丁	丁火에 壬水를 부으면
壬水	물	成熟한 女人	→陰木인 숯이 나옴
丁壬	化五行木	生命主體夫婦間 生命創造過程	기혼부부→자식잉태→자연섭리 財物關係觀察에 有用

　한편 人事(인사)에 이를 적용해 보면 다음과 같다. 이러한 丁壬合木의 性情은 질투심이 많고 호색가이며 예민하고 감정적이다. 그리고 뜻과 기상은 크지만 지혜가 부족한데 대인관계에서 신의는 없지만 그늘속에서 남몰래 재산은 모은다. 그래서 丁壬의 合은 주로 財物關係(재물관계)를 관찰할 경우에 유용한 것이다.

天命盤에서 丁壬의 合에 桃花殺(도화살)이 있으면 응큼하고 음란하여 가정파탄을 일으키기 일수이다. 그리고 남자가 丁壬의 合에 도화살이 있을 경우에는 집안이 깨지고 재물이 흩어지며, 여자가 丁壬의 合에 도화살이 있을 경우에는 다정하고 감격을 잘하지만 질투심이 강하고 부정적이며 바람을 피우는 경향이 있다.

즉 天命盤에서 日干이 丁일 때 壬이 와서 合이 되는 경우에는 陰木인 숯이 되므로 그 성정이 첫째 마음이 좁고 질투가 많으며, 둘째 몸은 약간 마르고 키가 큰편이며, 셋째 남자의 성기가 가늘면서 길고, 넷째 여자의 경우에는 Sex의 감정이 아주 풍부한 요부에 해당한다고 할 수 있다.

그러나 반면에 日干이 壬일 때 丁이 와서 合이 되는 경우에는 그 성정이 첫째 성질이 급하고, 둘째 마음이 좁고 신의가 부족하며, 셋째 비교적 신체는 짧고 작으나 색정이 강하고, 넷째 부부는 대체적으로 화목을 한다.

2) 丁壬合 化五行의 天氣觀察法

丁火와 壬水는 모두가 천지운기상 木運木氣인 木五行로 변하기 때문에 丁火는 乙木으로 壬水는 甲木으로 둔갑을 하여 천지의 운기를 조종하고 다스린다.

(1) 丁年의 乙木運氣

丁年(丁卯·丁丑·丁亥·丁酉·丁未·丁巳)에는 丁火가 나타나는 해이기 때문에 丁이 乙木으로 둔갑을 한다. 그러나 乙木은 陰으로 허약하기에 나약한 여왕으로 군림을 한다. 이런 乙木여왕은 비록 영리하고 사리에는 밝으나 나약한 여인이기 때문에 신하와 백성이 제멋대로 날뛰고 난동을 부리게 되는 것이다. 乙木이 허약하므로 남편격인 金과 신하격인 土가 극성을 부리는지라 기후는 乾燥(건조)가 심하고 때아닌 暴雨(폭우)와 雨雹(우박)이 쏟아진다.

그리고 질병관계로는 호흡과 소화기계통의 질병이 크게 번지며 안질과 간질환이 심하게 발생되는 한해이므로 주의가 필요한 것이다.

(2) 壬年의 甲木運氣

壬年(壬申·壬午·壬辰·壬寅·壬子·壬戌)에는 壬이 나타나는 해이기 때문에 壬이 甲木으로 둔갑을 하여 천지의 운기를 조종하고 다스린다. 甲은 陽이기에 왕성한 甲木으로서 천지를 다스리는 것이다.

그러나 甲木이 지나치게 극성을 부릴 경우에는 經濟와 아내격인 土와 그리고 政治와 官星格(관성격)인 金이 기진맥진을 하여 만신창이가 되어 버린다. 이렇게 甲木이 왕성하여 土를 무찌름으로써 뚝을 무너뜨리며 폭풍과 폭우가 극성을 피우게 되는 것이다.

그리고 질병관계로는 脾胃(비위)를 크게 상하게하며 눈병과 간질병이 심하고 호흡질환이 크게 번지게 되는 것이다.

6. 戊癸合化의 火論

1) 戊癸合化 火論의 一般的인 意義

丁壬사이에서 창조되고 발생한 생명의 木이 꽃(花)이 피듯이 성장·변화하는 과정을 戊癸化火(무계화화)라고 한다. 어린아이는 청춘의 사랑을 모르고 오직 성숙한 어머니의 사랑과 젖꼭지를 그리워

하는 풋내기이기 때문에 일방적인 어머니의 사랑인 모정이 있을 뿐이다.

그래서 戊癸의 合을 無情限合(무정한합)이라고 하는데 이는 마치 늙대같은 노총각이 철부지의 어린처녀를 甘言利說(감언이설)로 살살 꾀어서 귀여워 하고 탐하는 일방적인 사랑과 똑같다고도 할 수 있는 것이다.

그러나 戊癸化火는 그같은 속임수의 사랑과 결합이 아닌 母子間(모자간)의 가장 순수한 모정이고 천생연분의 결합인 것이다.

〈表 3-15〉 戊癸化火論의 性情

戊土	대낮의 태양빛	剛土/高山土	甘言利說의
癸水	한밤중의 은은한 달빛	이슬/바다	→속임수결합이 아님 母子之間의 純粹한 母情
戊癸	化五行火	작은불/陰火 成長變化過程	天生緣分의 結合關係

戊癸之合은 火로 변하는데 작은불인 陰火인 것이다. 戊는 信義(신의)이고 癸는 智慧(지혜)이기 때문에 그 명칭을 無情之合(무정지합)이라고 하는 것이다. 戊는 강한 흙이고 고산의 흙인데 믿을 信을 위주로 하고, 癸는 이슬·바다인데 지혜의 智를 위주로 한다.

자연을 살펴보면 땅에 비가 내리면 번개나 마찰의 힘으로 불(火)이 일어나게 되어 있다. 그 번개나 마찰력은 火이기 때문에 戊癸之合이 火로 변하는 것이다.

한편 人事(인사)에 이를 적용해 보면 다음과 같다. 戊癸合火(무계합화)의 性情은 용모는 아름다우나 성질은 냉정하고 박정하며 용두사미의 성격을 갖는데 남자는 결혼운이 불길할 때가 많다.

그리고 天命盤에서 日干이 戊일 때 癸가 와서 合이 되는 경우는 첫째 총명하고 인정이 있고, 둘째 부부화합은 되지만 박정하고 무정하며, 셋째 癸水가 두 개가 있을 경우에는 재혼녀가 아니면 연상의 여인과 결혼을 하게 된다.

그러나 반면에 天命盤에서 日干이 癸일 때 戊가 와서 合이 되는 경우는 첫째 얼굴은 희고, 둘째 질투심이 많은데, 셋째 지능이 부족하고 인내심이 없어 용두사미격이고, 넷째 대부분이 연상의 사람과 결혼하는 예가 많음이 특징이다.

2) 戊癸合火 化五行의 天氣觀察法

戊土와 癸水가 만나면 모두가 천기운기상 火運火氣(화운화기)인 火五行으로 변하여 천지의 운기를 다스린다. 이렇게 戊土는 丙火로 癸水는 丁火로 둔갑을 하게 된다. 여기에서 丙火는 대낮의 뜨거운 태양빛이고 丁火는 한밤중의 은은한 달빛이다.

(1) 戊年의 丙火運氣

戊土가 나타나는 戊年(戊辰·戊寅·戊子·戊戌·戊申·戊午)에는 천지 운기인 戊가 丙火로 둔갑을 하여 천지운기를 다스린다. 그런데 丙은 陽이기 때문에 왕성한 丙火로써 천지를 다스리는 것이다. 즉 戊年에는 천지운기가 무더운 火로 변하여 뜨거운 熱氣를 강렬하게 내뿜기 때문에 만물의 여름성장은 왕성하지만 자칫하면 큰가뭄으로 만물이 말라죽는 氣象(기상)의 이변을 일으킬 수도 있는데 1978년 戊午년의 무서운 큰가뭄이 최근의 그 실증이다.

이와같이 戊年에는 丙火의 熱氣가 극성을 부리기 때문에 金이 타

격을 받고 水가 곤욕을 치루어 몸둘바를 모른다. 그래서 가을의 건
조와 결실이 부실하고 겨울이 되어도 추위가 맥을 못추기 때문에 겨
울철임에도 벌레가 돌아다닌다.

그리고 火가 극성을 부리면 인체에도 많은 영향이 있는지라 심장
·소장이 피부족으로 이상을 나타내거나 肺(폐)·腎臟(신장)이 허약
해져서 질병이 발생하는 것이니 이는 모두가 陽氣(양기)는 왕성하
고 陰血(음혈)이 부족해서 오는 가뭄의 증상인 것이다. 그리고 부모
의 억울한 죽음을 반드시 자식이 이를 보복하고 궁한 쥐가 고양이의
목을 물 듯이 천지운기도 마찬가지인데 이를 운기의 勝復(승복)이
라고 한다.

즉 火의 극성때문에 水의 곤욕인 가뭄이 심하고 金이 타격을 받아
서 가을의 결실이 부실하는 만신창이가 되면 金의 아들인 水가 분개
해서 칼을 빼고 火를 무찔러 부모(金)의 원수를 갚는 보복을 하는
것이다. 水의 보복이 나타나면 겨울이 일찍오고 무서운 酷寒(혹한)
이 천지를 뒤덮는다. 그래서 기후는 늘 절대적이 아니고 상대적이고
승복적인 것이다.

(2) 癸年의 丁火運氣

癸水가 나타나는 癸年(癸酉·癸未·癸巳·癸卯·癸丑·癸亥)에는 천지
운기인 癸가 丁火로 둔갑을 하여서 천지를 다스린다. 그러나 丁은
陰이기 때문에 연약한 丁火가 천지를 다스리는 격이다. 丁火여왕은
달처럼 아름답기는 하지만 달은 熱氣가 없기 때문에 권위와 통치력
이 없게 됨이다.

그래서 戊年의 丙火에게 곤욕을 당했던 金水가 그 보복으로 일대
반란을 일으킨다. 그 결과 乾燥(건조－金)·寒冷(한냉－水)이 극성

을 부리기에 여름성장은 부실하고 가을결실은 빨라지며 겨울추위는 기승을 부리는 것이다. 이렇게 丁火여왕은 권위와 통치력이 없기 때문에 군왕에 대한 반역이 공공연하게 자행되지만 왕권이 무능하니 속수무책인 것이다.

　이러한 반란의 여파가 인체에도 영향을 주기 때문에 심장이 놀라거나 허약한 증상이 많이 나타나고 허파와 콩팥이 극성지패로 질병을 자초함이 다반사의 일이 되는 것이다.

第3章 十二地支의 性情과 變化

第1節 十二地支의 構成體系

地支는 땅(地)의 원리를 표시하는 것으로 땅(地)의 동태를 살피는 12개의 부호로 표시된다. 이러한 地支는 子·丑·寅·卯·辰·巳·午·未·申·酉·戌·亥(자·축·인·묘·진·사·오·미·신·유·술·해)로 구성된다. 그리고 地支를 陽支(양지)와 陰支(음지)로 구분한다.

陽支에는 子·寅·辰·午·申·戌(자·인·진·오·신·술)이 속하고 陰支에는 丑·卯·巳·未·酉·亥(축·묘·사·미·유·해)가 속한다. 이러한 12개의 地支는 움직임이 고요하여 陰天(음천)이라고 하지만 刑沖破害(형충파해) 등으로 다양한 변화가 있기 때문에 그 성질이 복잡하다고 할 것이다. 이를 요약하여 보면 다음과 같이 정리될 수 있다.

〈表 3-16〉 十二地支의 構成體系

地支	陽支	子	寅	辰	午	申	戌
	陰支	丑	卯	巳	未	酉	亥
	方位	東方 - 寅卯辰		寅卯 - 木		辰 - 土	
		南方 - 巳午未		巳未 - 土		未 - 土	
		西方 - 申酉戌		申酉 - 金		戌 - 土	
		北方 - 亥子丑		亥子 - 水		丑 - 土	

生物은 모두가 먹거리를 생산해서 섭취해야만 한다. 그런데 하늘 (天)의 먹거리는 태양인데 태양에서 생산되는 빛(光)·熱氣(열 기)·酸素(산소)는 陽氣(양기)이므로 生物들의 싹(芽)·잎(葉)·꽃 (花)을 피우는 發生과 成長을 主管(주관)한다고 할 것이다.

한편 땅(地)의 먹거리는 바로 땅(地)에서 생산되는 흙(土)의 眞氣 (진기)이고 生氣(생기)인 것이다. 예컨대 나무(木)의 생산수단은 흙 (土)속의 뿌리(根)인데 이 뿌리가 바로 먹거리를 공급하는 생산공장 이고 보급창고인 셈이다. 이렇게 땅(地)의 먹거리인 땅(土)속의 水 分(수분)·物質(물질)들은 陰質(음질)이므로 生物들의 피(血)가 되 고 살(肉)이되어 열매(實)의 創造(창조)와 成熟(성숙)을 主管하고 있는 것이다.

하늘(天)의 먹거리를 생산하는 枝葉(지엽)과 땅(地)의 먹거리를 생산하는 뿌리(根)는 생명의 수족으로써 그 목적과 작용이 동일하 듯이 그 모양도 또한 비슷한 것이다. 즉 陽氣의 먹거리를 생산하는 地上의 枝葉(지엽)인 줄기와 잎이 天干(천간)인 것이다. 한편 陰質 의 먹거리를 생산하는 地下의 줄기뿌리와 작은 뿌리들이 바로 地支 인 것이다.

앞장에서 보았듯이 天干이 10개로 구성되어 있기에 天干의 뿌리 인 地支도 당연히 10개로 구성되어야 하는데 어찌하여 地支가 12개 로 구성된 것일까? 그 이유는 木火金水는 각각 한곳의 방위를 가지 고 있으나 土는 일정한 방위가 없으면서도 실제는 東西南北의 모든 방위에서 각각 존재하기 때문에 土의 뿌리가 다른 五行보다 2개가 더 존재하는 것이다. 그래서 天干은 10개이지만 地支는 12개로 구 성되는 것이다.

만물은 모두가 土의 자식들로서 土의 품에서 자라기 때문에 12地

支는 각각 土를 바탕으로 하여서 자리를 잡게 되는 것이다. 그러므로 土는 동서남북에 각각 자리하고 있는 金木水火의 삶터이고 모체로서 동서남북 4方位에서 모두 한 자리씩을 차지하고 있는 것이다.

그러나 12地支를 人事(인사)에 적용하여 천명을 분석할 경우에 있어서 주의할 점이 있다. 예컨대 天命四柱內(천명사주내)에서 子午는 陽支이지만 陰支로 사용하는 것이고, 巳亥는 陰支이지만 陽支로 바꾸어서 적용하여야 한다는 점이다.

즉 천명을 분석할 경우에 地支속에 暗藏(암장)되어 있는 地臟干(지장간)을 살피는 것이므로 子와 午는 陽地支이지만 陰地支로 사용하고, 巳와 亥는 陰地支이지만 陽地支로 사용해야만 하는 것이다. 그 이유는 冬至(동지)에서 夏至(하지)까지는 陽이고, 夏至에서 冬至까지는 陰이기 때문에 그렇게 보아야 하는 것이다.

第2節 十二地支의 性情

1. 寅卯木의 性情

寅은 옮길 移(이) 또는 이끌 引(인)으로 물건의 싹이 점차 몸 밖으로 토해져서 이끌리고 퍼져서 땅으로 옮겨 나오는 것을 의미한다. 淮南子(회남자−前漢代淮南王劉安著)에 寅은 지렁이 螾(인)으로 지렁이가 살아나서 움직이는 것이라 했고, 三禮義宗(삼례의종−梁代崔靈恩著)에 寅은 이끌 引(인)이므로 사열하고 세우는 의미라고 하고 있다.

한편 卯는 우거질 모양 茆(묘)이니 덮는 것이다. 즉 卯는 물건이

나고 커져서 땅을 덮는 것이다. 淮南子에 卯는 무성할 茂(무)이니 무성해지는 것이라 했고, 三禮義宗에 卯는 무성한 것이니 양기가 여기에 이르면 물건이 나고 커서 무성해지는 것이라 하고 있다.

발생과 시작을 상징하는 木은 生氣를 창조하여 내뿜는 陽甲과 그 生氣로써 형체를 창조하여 독립된 개체로서 地上의 땅에 모습을 드러내고 天上의 하늘을 향해서 힘차게 뻗어서 나가는 陰乙의 음양으로 구성되어 있다.

이러한 天干의 줄기와 잎을 먹이고 살찌우는 地支의 뿌리도 陽寅(양인)과 陰卯(음묘)의 두가지로 구성되어 있다. 즉 甲의 뿌리가 寅이고 乙의 뿌리가 卯인 것이다.

甲은 태양이 뜨는 동방의 생기로서 하늘(天)이 열리는 陽의 시작과 발생이다. 그리고 寅은 새벽·새아침·새봄·동방의 생기(씨앗)를 분만하고 지탱하는 어머니와 뿌리로서 땅(地)을 여는 陰의 발생과 시작이다. 그러므로 寅에서 먼동이 트고 해가 뜨고 봄이 시작되어 寅에서 만물은 생기가 넘치는 것이다.

그래서 새봄을 알리는 立春(입춘)이 寅에서 비롯되는 것인데 이렇게 천지를 다스릴 만물의 군왕과 같은 존재인 사람을 분만하는 것이기에 寅이 삼라만상의 호랑이띠로 비유되는 것이다.

寅이 發生의 뿌리라면 卯는 成長의 뿌리이다. 卯는 東方寅에서 뜬 해가 하늘을 향해서 힘차게 떠오르는 伸長(신장)을 상징한다. 그러므로 생기가 왕성하게 성장하여 무르익은 壯丁의 나무뿌리가 卯인 것이다. 그래서 寅卯月는 木의 전성기로 木기운이 최고로 왕성한 때이다. 甲乙木이 천하를 다스리고 지배하는 것이 寅卯月인데, 이때에는 木을 치는 金도 고양이 앞의 쥐처럼 무릎을 끓고 木의 신하로서 木의 지배를 감수해야만 한다. 즉 甲乙木이 寅卯를 얻음은 곧 천하의 대권을 잡은 집권자이며 대왕으로서 천상천하유아독존격이 되는 것이다. 그래서 甲乙木이 寅卯에 뿌리를 박게되면 저마다 힘이 넘치게 되고 살이쪄 성숙하고 왕성하여 천하를 호령하고 다스릴 수 있는 것이다.

같은 논리로 寅卯도 甲乙木을 만남으로써 비로소 왕성한 생산능력을 발휘할 수가 있어 木의 왕성한 기운을 만천하에 과시할 수가 있는 것이다. 뿌리(根)없는 나무가 생명을 유지할 수 없듯이, 枝葉(지엽)이 없는 뿌리도 무용지물로 아무런 작용을 할 수가 없는 것이다. 그래서 지엽과 뿌리는 천지의 음양이고 부부로서 불가분의 관계인 것이다. 이렇듯 甲乙木과 寅卯木은 한쌍의 부부가 서로 상부상조를 하는 관계인 것이다.

즉 寅卯가 없는 甲乙은 뿌리라고 할 수 있는 四肢五體(사지오체)가 없는 얼굴(枝葉)뿐인 것이고, 甲乙이 없는 寅卯는 얼굴이 없는 사지오체뿐인 것이다.

〈表 3-17〉 甲乙寅卯木의 性情比較

木	甲/乙	寅/卯	陽/陰	天/地	氣/質	陽氣/物質	無形/有形	自由/固定	作用/主體	用/體	氣化/物化	造/化
土	+		陽		精子	씨앗	子宮/地球/土－陰陽基本數(五)					
土	－		陰		卵子	씨받이	生數+陰陽基本數＝成數(物化)					
水	壬		陽		地水		地上水/地中水					
水	癸		陰		天水		天上水/天中水					

1) 寅木(生木)의 性情

① 성정은 싹(芽)이나 胎兒(태아)가 막 출생하려고 하거나 태양이

수평선에서 떠오르는 형상이다.

② 유형으로는 목재·전주·가로수·고층건물·나룻터·서적·신문·책상·발전기·피아노·목기 등이 여기에 속한다.

③ 人體配屬(인체배속)은 심장·머리·눈·담낭·근육·무릎·팔 등이 해당된다.

2) 卯木(死木)의 性情

① 성정은 孶茂(자무)로 초목이 싹이 터오를 때 줄기가 양쪽으로 갈라진 모습을 본뜬 글자이다.

② 유형으로는 화초·묘목·가구·옷장·책상·목기·그릇·운동구·낚시대·종이·섬유질·비누 등이 여기에 속한다.

③ 人體配屬은 간·담·기관지 등이 해당된다.

2. 巳午火의 性情

巳는 그칠 已(이)이니 옛몸체를 씻어내어 여기에서 마치게 됨을 의미한다. 그래서 三禮義宗에 巳는 일어날 起(기)이니 물건이 이때에 이르러서 모두 자라기를 마치고 일어나는 것이라 하고 있다.

한편 午는 짝지워질 仵(오)이고 꽃받침이 붙을 萼(악)이므로 5월에 만물이 성대해져서 가지와 꽃받침이 짝으로 펴지는 것을 상징하는 것이다. 淮南子에 午는 거스르고 어지러울 忤(오)라고 했고, 三禮義宗에 午는 길어지고 커지는 뜻이니 물건들이 길어지고 커지는 것을 의미한다고 하고 있다.

火의 뿌리(根)는 南方과 여름(夏)을 상징하는 巳午이다. 火가 巳

에서 정신과 육신이 완전무결한 상태로 성숙한 후에 午에서 왕권을 잡고 천하를 호령하는 제왕이 된다. 즉 火의 왕성기가 巳이고 火의 전성기가 午인 것이다.

본래 水는 火를 이기고 다스리는 주인이지만 火가 집권하는 巳午에서는 水도 기진맥진하여 火와 싸울 능력이 없기 때문에 火의 앞에서 무릎을 꿇고 순순히 신하가 되어 火를 군왕으로 섬기고 공경한다. 즉 火에서는 丙丁이 얼굴이고 巳午가 사지오체에 해당된다.

그래서 天干의 丙丁火가 巳午를 얻게 되면 뿌리가 깊고 사지오체가 튼튼한 천하장사격이기에 火의 기능을 자유자재로 발휘하고 과시한다. 그러나 丙丁火가 巳午를 얻지 못하면 얼굴은 있어도 사지오체가 없고 枝葉(지엽)은 있어도 뿌리가 없는 형국이기에 어떠한 능력도 발휘할 수 없는 사고무친의 무능력자가 된다고 할 것이다.

한편 巳午는 丙丁火를 얻어야만 火의 기운을 생산·공급받을 수가 있다. 그래서 地支의 巳午가 丙丁을 얻지 못하면 얼굴없는 사지오체이고 枝葉이 없는 나무뿌리이기 때문에 무용지물로 어떠한 작용도 보람도 없는 것이다. 따라서 丙丁을 얻지 못한 巳午나, 巳午를 얻지 못한 丙丁은 남편없는 과부나 아내없는 홀아비와 같이 평생토록 빛과 열기를 발휘할 기회를 갖지 못하게 되는 것이다.

그래서 무엇을 한다고 하더라도 얼굴을 나타낼 수 없는 그늘진 인생이고 뿌리를 내릴 수 없는 砂上樓閣(사상누각)으로서 무엇 하나 뜻하는대로 이루어지는 것이 없이 만사가 有始無終(유시무종)이고 龍頭蛇尾(용두사미)로 도중에 하차를 하게 된다. 그러므로 丙丁이 늘 巳午를 찾듯이 巳午도 역시 丙丁을 만나고자 함이 평생의 꿈이고 일과인 것이다.

1) 巳火의 性情

① 성정은 盡起(진기)로 뱀이 몸을 꼬고 있는 모습을 본뜬 글자로 지열에 의해 양기가 충만함을 나타낸다.

② 유형으로는 화약·폭발물·담배·전화·전등·대형차량·휘발유·편지 ·사진·미용재료 등을 나타낸다.

③ 人體配屬은 齒痛(치통)·소장·얼굴·복부·혓바닥·편도·인후·삼초 ·심포 등에 해당한다.

2) 午火의 性情

① 성정은 長泰(장태)로 절구공이나 화살이 날아오는 모습을 본뜬 글자로서 양기가 극에 달해 음기로 시작하는 夏至에서 冬至까지 의 시발점이다.

② 유형으로는 안경·전등·유흥장소·간판·국기·박테리아·악세사리 ·화장품·못 등을 나타낸다.

③ 疾病關係(질병관계)로는 精神病(정신병)·熱病(열병)·心臟(심 장)·눈·시력·혀·신경통 등이 해당된다.

3. 申酉金의 性情

申은 펼 伸(신)으로 끌어당기는 것이며 크는 것이니 쇠퇴하고 늙는 것을 촉진시켜서 더욱 노쇠하게 하는 것이다. 淮南子에 申은 끙끙거리며 신음할 呻(신)이라 했고, 三禮義宗에 申은 몸 身(신)이니 모든 만물이 몸체를 이루는 것이라 하고 있다.

한편 酉는 늙음이고 익음이니 만물이 극도로 늙어서 성숙함을 상징하는 것이다. 淮南子에 酉는 배부른 것이라 했고, 三禮義宗에 酉는 猶倫(유윤)이니 앓아서 피로하듯 모든 만물이 축소되어서 작아진다고 했다.

西方에 위치하여 가을(秋)을 주관하는 庚辛金의 뿌리(根)가 바로 申酉이다. 金은 申에서 완전한 틀을 잡고 酉에서 왕관을 쓴 제왕으로 군림을 한다. 金을 이기고 다스리는 金의 지배자는 火이다. 그러나 金의 나라인 申酉의 땅에서는 火도 대권을 빼앗긴 패배자·정복된 신하로서 金앞에서 맹종하고 꼼짝하지 못한다.

庚辛은 金의 얼굴·왕관·제왕이고, 申酉는 金의 四肢五體·땅(地)·國家인 것이다. 그래서 庚辛은 申酉의 땅(地)을 얻어야 대권을 잡을 수가 있고 申酉는 庚辛의 군왕을 얻어야 왕성하고 궁전으로서 천하명당이 될 수 있는 것이다.

만약에 庚辛이 申酉의 땅(地)를 얻지 못하면 나라가 없는 망국의 군왕으로 무력하고 무능한 산송장으로서 유명무실한 허수아비와 같은 것이다. 즉 金의 체면을 지킬 수가 없고 무엇하나 성사시킬 수 없는 폐인과 같은 것이다.

한편 申酉가 庚辛의 군왕을 얻지 못하면 군왕이 없는 폐허의 땅이고 황무지로 임자가 없는 나라이기 때문에 나라의 행세를 할 수 없는 죽음의 사막과도 같은 황성옛터인 것이다. 즉 군왕은 나라를 얻음으로써 천하의 대권을 잡을 수가 있는 것이고, 大地는 군왕을 맞이해야만 비로소 군왕의 나라로써 독립하고 천하명당의 황금의 땅이 되는 것이다. 그래서 申酉가 庚辛을 애타게 부르듯이 庚辛도 申酉를 소리쳐 찾는 이치가 여기에 있는 것이다.

1) 申金의 性情

① 성정은 伸(신)·身(신)·白露(백로)·落葉(낙엽)으로 화살이 과녁에 관통하고 있는 모습을 본뜬 글자로 성장이 완성된 것을 뜻한다.
② 유형으로는 금·은·은행·지폐·극장·차량·비행기·칼날·절단기 ·전선줄·수도관·농기구 등을 나타낸다.
③ 人體配屬은 폐·대장·근골·골수·신경통·경락·피부·정맥등에 해당한다.

2) 酉金의 性情

① 성정은 繡(수), 즉 고운명주의 코가 촘촘한 그물로 술단지를 빼내는 것을 상징한다. 즉 술단지를 본뜬 글자로서 결실한 열매가 모체로부터 분리되고 이탈하는 것을 뜻한다.
② 유형으로는 현금·은행·금은귀금속·보석·침·된장·고추·양념·그릇·마취약·마이크·악기 등을 말한다.
③ 人體配屬은 肺結核(폐결핵)·肺臟(폐장)·月經(월경)·神經(신경)·鼻(코)·皮膚(피부)·打撲傷(타박상) 등이 해당된다.

4. 亥子水의 性情

亥는 씨앗 核(핵)이고 문잠글 또는 닫힐 閡(애)이므로 10월에 모든 만물이 닫히고 숨어서 씨앗을 맺고 감추는 것이다. 三禮義宗에 亥는 캐물을 또는 탄핵할 劾(핵)이니 음기가 만물을 탄핵하고 죽이는 것이라고 하고 있다.

한편 子는 낳을 孶(자)이니 양기가 이미 움직임에 만물이 새끼를 낳고 싹트는 것이다. 그리고 三禮義宗에 子는 양기가 이르름에 새끼를 낳고 길러서 커가는 것이라 하고 있다.

北方에 위치하여 겨울(冬)을 주관하는 壬癸水의 뿌리(根)가 亥子이다. 즉 亥子水는 물이 넘치는 물구덩이·호수·강하·바다인 水의 천하·물나라인 것이다. 이러한 水는 亥에서 나라를 세우고 子에서 왕으로 등극을 하는데 그 제왕의 자리에 군림한 水의 군왕이 壬癸水인 것이다. 여기서 壬은 대왕이고 癸는 여왕이다.

壬癸水가 亥子를 얻게되면 나라를 세운 군왕이기에 일찍 자주독립을 하고 대업을 이룩할 수가 있다. 그러나 壬癸水가 亥子를 얻지 못하면 나라를 세우지 못한 나그네의 신세이니 천하에 구걸을 하고 남에게 의지할 수 밖에 없는 것이다.

한편 亥子水가 壬癸를 얻지 못하면 나라를 세워서 다스려줄 군왕이 없기에 나라가 이뤄질 수 없는 허허창해로 아무 쓸모가 없는 죽음의 바다와도 같은 것이다. 즉 임자가 없는 亥子는 할 일이 없듯이 생기와 의욕이 없어서 어떠한 작용도 할 수 없는 것이다.

1) 亥水의 性情

① 성정은 劾殺(핵살)로 天干의 癸水를 계승한 문자로 極陰之象(극음지상)의 글자인데 남녀가 포옹하고 있는 모습으로 핵(核)을 뜻하며 종자가 收藏(수장)됨을 의미한다.

② 유형으로는 소금물·바다·생선·배·군함·음료수·주류·가방·포목·비누·세탁기·필묵 등을 나타낸다.

③ 人體配屬과 질병관계는 방광염·고환·생식기·월경·혈맥·대소변

·자궁·장단지·검은점 등을 뜻한다.

2) 子水(死水)의 性情

① 성정은 새끼칠자의 孶(자)로 天干中에 壬水의 진리를 계승한 것
이다. 즉 아기가 양팔을 움직이는 것에서 유래한 글자로 一陽之
精(일양지정)에 해당한다. 즉 씨앗의 정기를 뜻하며 종자·원자
·분자 등과 같이 근본이 되는 생물을 뜻하는 것이다.
② 유형으로는 모든 種子(종자)·菜蔬(채소)·어류·생선·간장·소금물
·땀·액체·잉크·필묵·음료수 등이 여기에 속한다.
③ 人體配屬과 질병관계는 비뇨기계통으로 신장·요도·자궁·고환·음
부·생식기·월경(血穢-死血)·정자·갑상선 등이 해당된다.

5. 辰戌丑未土의 性情

辰은 진동할 震(진)이니 빠르게 진동해서 옛 몸체를 벗어나는 것
이다. 그래서 三禮義宗에 3월의 辰月(진월)이 되면 모든 만물이 움
직이고 자라난다고 하고 있다. 戌은 멸하여 죽이는 滅(멸)이므로 음
력 9월에 모두를 죽이니 만물이 모두가 멸하게 되는 것이다. 그래서
三禮義宗에 9월의 戌月에는 만물이 쇠퇴하여 멸망하는 것이라 하고
있는 것이다.

丑은 끈 紐(뉴)로 연결하는 것이니 계속 싹이터서 연달아 자라는
것이다. 즉 子에서 싹이터서 丑에서 어금니 같이 맺히는 것이다. 그
래서 三禮義宗에 만물에는 始終(시종)이 있기 때문에 丑을 매듭짓
는 것으로 명명하였다고 하고 있는 것이다. 未는 어두울 昧(매)이니

음의 기운이 이미 자라남에 만물이 점차 쇠퇴해져서 몸체가 어둡게 덮히는 것이다. 그래서 未에서 어둡게 덮힌다고 한 것이다. 淮南子에 未는 맛 味(미)라 했고, 三禮義宗에 未는 물건이 때를 만나 성숙해짐에 모두가 각자의 맛과 기운이 있다고 하였다.

木火金水는 각각 일정한 방위와 계절이 있다. 그러나 土는 東西南北과 春夏秋冬의 사계절에 모두 존재한다. 오행과 만물이 만물의 자궁이자 조물주인 土에서 발생되고 土에 의지하기 때문이다.

五行에 있어서 土는 창조의 모체역할과 보금자리의 삶터역할을 가지고 있다. 그래서 寅卯木의 모체는 丑土이고·巳午火의 모체는 辰土이며·申酉金의 모체는 未土이고·亥子水의 모체는 戌土인 것이다. 그리고 木의 삶터는 辰이고·火의 삶터는 未이며·金의 삶터는 戌이고·水의 삶터는 丑이다. 이처럼 모든 만물들이 母體(모체)없이 발생할 수 없듯이 또한 삶터없이는 存在(존재)할 수도 없는 것이다.

〈表 3-18〉 土의 四肢五體인 辰戌丑未土의 發生과 存在

	發生-母體	存在-삶터	土의 四肢五體	土의 顏面
寅卯木	丑土	辰土		
巳午火	辰土	未土	辰戌丑未	戊己
申酉金	未土	戌土		
亥子水	戌土	丑土		

戊己가 土의 얼굴인 顏面(안면)이라면 辰戌丑未는 土의 四肢五體(사지오체)인 셈이다. 이중에서도 辰戌은 戊왕에 속하고 丑未는 己왕에 속하지만 실제로 辰戌丑未는 戊己의 어느 왕이든 기꺼이 섬긴다. 예컨대 땅이 넓을수록 나라가 부강하듯 辰戌丑未를 모두 가진자

는 천하통일의 천하대왕이 될 수 있지만 일부의 土만을 가진자는 작은 나라의 작은 왕이 될 수밖에 없는 것이다.

土의 陰陽分析法(음양분석법)은 戊己爲主分析法(무기위주분석법)과 水火爲主分析法(수화위주분석법)의 두가지가 있다. 첫째로 戊己위주분석법은 얼굴인 戊己를 위주로 해서 소속별로 가리는데 戊에 소속된 辰戌은 陽土에 속하고 己에 소속된 丑未는 陰土에 속한다. 둘째로 水火위주분석법은 水火의 음양을 위주로 해서 水氣를 가지고 있는 辰丑은 陰土에 속하고 火氣를 가지고 있는 戌未는 陽土에 속하는 것이다.

〈表 3-19〉 土의 陰陽分析法

	陰陽	土의 顔面	四肢五體
戊己爲主分析法	陽土	戊	辰戌
	陰土	己	丑未
水火爲主分析法	陽土	戊	戌未-火氣
	陰土	己	辰丑-水氣

土의 음양분석에서는 水火위주분석법이 더 합리적이라 할 수가 있는데 이는 水火가 음양의 근본이기 때문일 것이다. 예컨대 陽氣인 火를 아쉬워하는 秋冬(추동)과 西北方(서북방)에서는 火氣가 많은 陽土인 戌未土를 기뻐하고 陰土인 辰丑土을 꺼리는 것이다.

그러나 陰氣인 水를 즐기는 春夏(춘하)와 東南方(동남방)에서는 水氣가 많은 陰土인 辰丑土를 기뻐하고 뜨거운 熱氣를 내뿜는 戌未土를 반기지 않는 이치와 같기 때문인 것이다.

그리고 水火위주분석법이 합리적인 또다른 이유로 水는 만물을 창조하고 기르는 씨앗과 젖이듯이 辰丑土는 만물을 낳고 먹이고 기

르고 살찌워서 발생과 성장을 주관하는 산모와 유모의 작용을 하는
것이다.

이렇게 火는 만물을 성숙시키고 열매를 매듭짓는 성숙과 결실을
촉진하는 발전과 변화의 원동력이기에 戌未土는 만물의 열매를 기
르고 성숙시켜 익히는 중년의 여성과 농부역할을 하는 것이다.

〈表 3-20〉辰戌丑未土의 一般的인 性情

辰	癸水庫	물의 창고	水含土	田畓地
戌	丁火庫	불의 창고	火含土	溫泉地
丑	辛金庫	금의 창고	金含土	鑛山地
未	乙木庫	목의 창고	木含土	森林地

1) 辰土의 性情

① 성정은 震(진)으로 조개의 껍질 바깥으로 살을 내고 있는 글자에
서 유래한 것으로 생물이 기지개를 펴고 발전하고 있는 것을 표
현한 것이다.
② 유형으로는 토석·비밀장소·특허품·외래품·도자기·병풍·포장물
·비행기 등이 여기에 속한다.
③ 人體配屬은 망각증·위장·맹장·등·허리·피부·가슴·겨드랑이·코
등을 나타낸다.

2) 戌土의 性情

① 성정은 絨(융), 즉 삶은실이나 細布(세포)의 가는 베를 상징한
다. 그리고 衰滅(쇠멸)로 天干의 戌에서 유래하는데 戌에 한점을

가해서 양기의 불씨가 붙어 있는 모습으로 生成의 一代가 다했음을 뜻하는 것이다.

② 유형으로는 보안등·화로·창고·공장·시계·전자계산기·컴퓨터·골동품·도자기·골키퍼 등을 나타낸다.

③ 人體配屬은 공포증·위·위장·명문·항문위·항문·대변·가슴·갈비·두뇌·대퇴부·신경 등을 나타낸다.

3) 丑土의 性情

① 성정은 結紐(결뉴), 즉 띠를 매거나 얽어 맺음을 상징한다. 그리고 結丑(결축)의 옛 글자로서 사람이 손을 내밀어 만지는 것 또는 악수하는 것으로 손으로 종자를 잡는데서 연유하였으며 씨앗이 양기를 받아서 발아하기 직전의 상태를 뜻한다.

② 유형으로는 農土(농토)·음식·안주·증권·금고·인쇄기·전기제품·무기·얼음판 등이 여기에 속한다.

③ 人體配屬은 위장·비장·취장·맹장·복부·손발·접촉물 등이 해당된다.

4) 未土의 性情

① 성정은 種成味(종성미)로 씨앗의 맛과 나무가 무성한 모습을 본뜬 글자로 성장을 대신하는 氣가 쇠약하기 시작하는 것을 말한다.

② 유형으로는 어음·수표·물감·조미료·골재·시멘트·혼수품·포목 등을 나타낸다.

③ 人體配屬과 질병관계는 虛勞病(허로병)·입술·잇몸·위장·배·복부·척추·수족·족태음비경 등을 말한다.

第3節 12地支의 節氣・三陽三陰論

1. 12地支의 方位와 節氣

1) 12地支의 方位와 時刻

12地支는 지하에 내린 五行의 뿌리(根)로서 흙(土)을 근본으로 삼는데 그 흙(土)의 뿌리가 바로 辰戌丑未土인 것이다. 그래서 大地는 辰戌丑未를 기둥으로 삼아서 형성된 辰戌丑未의 거대한 建物(건물)인데 이 기둥이 東西南北의 사방에 세워진 것이다. 이러한 기둥인 辰戌丑未가 바로 大地의 동서남북을 가리키고 상징하는 바른 方位인 것이다.

丑은 正北의 기둥・辰은 正東의 기둥・未는 正南의 기둥・戌은 正西의 기둥인 것이다. 이렇게 12地支는 동서남북을 八方으로 나누고 있는데 周易의 八卦를 그대로 방위로 만들어서 사용한 것이다.

寅卯辰은 동방・巳午未는 남방・申酉戌은 서방・亥子丑은 북방을 각각 형성한다. 이는 같은 방위에 소속된 같은 혈육의 삼형제가 하나로 뭉쳐서 나라를 세운 거대한 지역적 집단인 方位國(방위국)으로서 줄여서 方局이라고도 하는데 이에 대해서는 地支方合(지지방합)을 다루는 地支合의 五行變化에서 구체적으로 다루기로 하고 여기서는 생략한다.

12地支는 方位(방위)・節氣(절기)・歲月(세월)을 분별하듯이 時間의 時刻(시각)도 세밀하게 분간하여 사용하고 있다. 오늘날 시간은 1일이 24시간이고 1시간이 60분이며 1분이 60초이다. 그러나 동방

의 음양오행학에서는 12地支로 24시간을 나누어서 한 개의 地支에 2시간씩을 배정하여서 사용하니 이를 전후로 나누어서 쓰는 것이다.

2시간을 初正(초정)으로 나누어서 쓰는데 初는 시작인 첫 번째의 한시간이고 正은 다음의 한시간이다. 이렇게 밤11시를 子時로 하여 丑寅卯…戌亥의 순서로 사용을 한다. 예를 들면 3시부터 5시 까지 가 寅時인데 3시부터 4시까지는 寅時初이고, 4시부터 5시까지는 寅 時正이라고 하는 것이다.

여기에서 주의할 점으로 子時는 夜子時(23:00~24:00)와 明子 時(24:00~01:00)가 있다는 점이다. 예컨대 夜子時의 경우에는 日 辰(일진)은 當日(당일)의 그 날짜의 日辰을 사용하고, 時刻(시각)은 翌日(익일)의 다음 날짜의 時刻으로 분석을 하여야 한다는 점이다. 즉 오늘 夜子時인 23시~24시 사이의 時刻에서는 日辰의 날짜를 今 日의 날짜로 하고 時刻는 來日의 子時로 분석해야 한다는 것이다.

그러나 반면에 明子時의 경우에는 그 날짜 그 시간으로 하는 것이 다. 즉 24시~01시 사이의 時刻에서는 明日(명일)의 날짜와 明日의 時刻으로 분석의 틀을 세워야만 한다는 점이다.

그리고 12地支에서는 15분을 1刻(각)으로 셈하여 1시간을 4각으 로 나누어서 쓰고 있다는 점도 알아야 할 것이다. 이를 정리하여 요 약하여 보면 다음과 같다.

〈表 3-21〉 12地支와 時刻

地支	子	丑	寅	卯	辰	巳
時刻	23-01	01-03	03-05	05-07	07-09	09-11
地支	午	未	申	酉	戌	亥
時刻	11-13	13-15	15-17	17-19	19-21	21-23

2) 12地支와 節氣

一節氣(일절기)인 한마디가 一月(일월)인 한달을 표시하므로 달
(月)을 節氣(절기)라고 부른다. 일년의 시작은 봄이고 해가 뜨는 東
方의 寅에서 시작되니 1月은 寅에서 비롯되는 것이다. 그리고 節氣
는 각기 그 철을 상징하는 雅號(아호)들을 하나씩 가지고 있다. 이
러한 節氣는 계절을 세분화한 四時의 12등분으로서 계절이 들고 나
는 것을 구체적으로 밝혀준다.

계절이 바뀌는 四時의 시작은 四時를 세우는 立(입)에서 비롯되
므로 立春(입춘)·立夏(입하)·立秋(입추)·立冬(입동)이 그것이다.
立은 이제부터 세우기 시작한다는 뜻으로 한계절을 세우는데는 꼭
한달이 소요된다. 즉 立은 舊屋(구옥)인 묵은집을 허물어 내고 新屋
(신옥)인 새집을 짓는 去舊迎新(거구영신)과 新陳代謝(신진대사)의
작업인 것이다.

예컨대 1月의 立春(입춘)은 겨울이 나가고 봄이 드는 한달간으로
이 기간은 봄도 겨울도 아닌 것이다. 그러나 이 기간동안에 겨울은
날로 여위고 저물어가지만 봄은 나날이 살찌고 무르익으며 밝아져
서 절기의 빛깔이 완연히 봄을 상징하기 때문에 立春이라고 하는 것
이다. 이는 立夏·立秋·立冬의 경우도 마찬가지인 것이다.

이제 새봄이 완전히 들어섰으면 봄이 왔다는 소식을 만천하에 알
려야 하기에 그 봄을 눈으로 똑똑히 알리고 생생히 느끼게하는 대지
의 봄모습이 바로 2月의 驚蟄(경칩)인 것이다. 2月이 지나서 3月이
오면 겨울내내 찌푸렸던 하늘이 흐리고 음산한 얼굴을 버리고 말끔
하고 환하게 웃는 밝은 모습으로 바꾸니 그 밝고 맑은 봄하늘을 3月
의 清明(청명)이라 하는 것이다. 이렇게 봄이 천지를 정복하여 봄천

하를 만들어 공을 세우고 이뤘으니 더 할 일도 더 바랄일도 없기에 지체하지않고 미련없이 봄은 물러가는 것이 자연의 도리이다.

그래서 4月이 오면 봄은 봇짐을 싸서 하루에 한걸음씩 과거역사속으로 후퇴를 하고 여름은 한걸음씩 앞으로 전진을 하는 환송과 환영의 쌍주곡에 발맞추어 봄은 나가고 여름이 들어 서는 4月의 立夏(입하)인데 이렇게 봄과 여름의 교체는 4月의 한달기간 내내 진행되는 것이다.

5月은 완전한 여름으로 하늘은 형체가 없으나 땅은 저마다 형체를 갖추고 있다. 이때는 보리와 밀이 서둘러 무르익어가는데 보리와 밀의 꺼끌꺼끌한 가시랭이와 꺼럭한 芒(망)이 상징적이고 한편에는 콩과 팥 등의 여름농사 씨인 種子(종자)를 뿌리기가 한창이니 그래서 5月은 芒種(망종)이라고 부르는 것이다.

그리고 천지가 여름으로 가득찬 6月은 熱氣(열기)가 가장 높고 찌는 듯한 무더위이기 때문에 小暑(소서)라고 한다. 소서가 지나면 大暑(대서)가 오는데 이는 더위가 커졌다는 의미가 아니고 더위를 생산하는 운동속도가 크게 완화되어서 회전하는 바퀴의 길이가 늘어났다는 의미이다.

去舊迎新의 7月은 立秋(입추)이고 8月이 오면 완전한 가을이 옴인데 가을의 상징은 하얀서리이다. 가을의 金은 白色의 빛깔이고 그 하얀 가을의 빛깔이 대지에 가득히 나타 난 모습이 8月의 白露(백로)인 것이다. 대지를 정복한 가을이 곧이어서 하늘을 정복하니 9月이 오면 하늘이 신선하고 찬기운을 생산하므로 무더위 대신에 쌀쌀한 寒氣가 서릿발을 세운다. 그래서 9月을 寒露(한로)라 하는 것이다.

10月은 혁명의 시기로 立冬(입동)이다. 이때에는 가을의 천하를 완성시킨 老大王(노대왕)은 기력이 탕진되어서 천하를 다스릴 능력

이 없는지라 왕자인 겨울에게 왕관을 물려주고 退位(퇴위)하니 등극한 세자가 겨울의 천하로 일대 혁신을 하게된다. 이렇게 立冬으로 10月의 혁명이 끝이 난다. 이어서 11月이면 겨울빛으로 가득찬 대지에는 하얀 白雪(백설)로 뒤덮히니 그래서 11月은 大雪(대설)이라고 한다. 그리고 12月이면 하늘도 겨울에게 정복되어 殺氣(살기)가 등등한 강추위로 변하니 寒氣(한기)를 생산하는 회전운동이 극도로 빨라지고 寒氣가 극대화한 것이니 12月을 小寒(소한)이라 하는 것이다.

〈表 3-22〉 24節氣의 早見表

八卦	坎	艮	震	巽	離	坤	兌	乾
節氣	冬至	立春	春分	立夏	夏至	立秋	秋分	立冬

	月	先天方位		先天節侯		黑半月 節氣의 本意	後天節侯	
		干	支	朝 月 黑半月	望 月 白半月		朝 月 黑半月	望 月 白半月
春木旺	1	艮	寅	立春	雨水	봄이 시작되는 시기 입춘시각부터 1月로 계산함	元和	中化
	2	甲	卯	驚蟄	春分	땅속벌레가 놀라 나오는 시기	大和	布化
	3	乙	辰	淸明	穀雨	날씨가 맑고 화창한 시기	雷和	風化
夏火旺	4	巽	巳	立夏	小滿	여름이 시작되는 시기	立和	行化
	5	丙	午	芒種	夏至	보리 베고 씨를 뿌리는 시기	建和	普化
	6	丁	未	小暑	大暑	더위가 시작되는 시기	淸和	平化
秋金旺	7	坤	申	立秋	處暑	가을이 시작되는 시기	成和	入化
	8	庚	酉	白露	秋分	하얀 이슬이 내리는 시기	咸和	亨化
	9	辛	戌	寒露	霜降	찬 이슬이 내리는 시기	正和	明化
冬水旺	10	乾	亥	立冬	小雪	겨울이 시작되는 시기	至和	貞化
	11	壬	子	大雪	冬至	큰 눈이 오는 시기	太和	體化
	12	癸	丑	小寒	大寒	추위가 가장 강한 시기	仁和	性化

한편 1月의 立春에서부터 12月의 小寒까지를 地月藏(지장월)이라고도 부르는데 이러한 12節氣의 내용을 요약하여 보면 〈表 3-22〉와 같이 정리될 수 있다.

天地는 일년에 네가지의 정권·천하·얼굴·빛깔·시대를 만들어 낸다. 천하통일이 되면 먼저 한달에는 대지에 자기 천하의 형체를 뚜렷이 밝히고 그 다음 한달에 천하의 왕성한 기세를 하늘에 까지 뻗친다.

形體(형체)는 陰이고 氣勢(기세)는 陽인데 四時는 이렇게 각기 陰과 陽으로 나뉘어서 자기의 천하를 알리는 것이다. 먼저 나타나는 것이 陰의 형체이고 다음에 나타나는 것이 陽의 기세로서 氣候(기후)인 것이다.

모든 것이 陰陽의 조화로서 陰陽의 秩序(질서)가 정연하듯이 四時의 계절도 陰陽의 조화로서 陰陽의 질서가 정연하고 뚜렷한 것이다.

節氣는 동서남북을 중심으로 무르익는데 봄은 동방에서 여름은 남방에서 가을은 서방에서 겨울은 북방에서 성숙한다. 그리고 동서남북은 辰戌丑未를 기둥으로 삼으니 春夏秋冬은 바로 辰戌丑未를 중심으로 꾸며지는 것이다.

즉 正北方의 丑이 한겨울인 正冬이고, 正東方의 辰이 한봄의 正春이며, 未가 한여름의 正夏이고, 戌이 한가위의 正秋가 되는 것이다. 이렇게 땅으로 꾸며진 동서남북방위와 땅의 춘하추동절기가 땅의 뿌리이고 기둥인 辰戌丑未를 기둥과 뿌리로 삼아야 하는 것은 당연한 귀결인 것이다.

그러나 地球(지구)의 方位와 節氣는 옛부터 子午卯酉를 기둥으로 삼아왔다. 즉 辰戌丑未를 중심으로 세워진 지구의 동서남북과 춘하추동이 이처럼 子午卯酉로 바뀌어진 이유는 지구의 자세가 바르지 못하고 서북방으로 237´가량 비스듬히 기울어졌기 때문인 것이다.
즉 우주는 360´로 구성되어 있으니 12地支는 30´간격으로 세워
져 있고 237´가 기운것은 한 地支의 거의(80%)가 기운것이니 이
는 12地支가 한발짝씩 앞으로 前進(전진)한 셈이 되는 것이다.

즉 子는 丑의 자리로 午는 未의 자리로 卯는 辰의 자리로 酉는 戌
의 자리로 각각 전진하게 되었던 것이다. 이렇게 하여서 동서남북의
地軸(지축)이 辰戌丑未를 대신하여 子午卯酉가 들어서게 된 것이다.
그래서 子午線(자오선)은 지구의 본래의 正南北이 아니라 237´가
기울어진 상태에서 정남북이듯이, 卯酉도 본래의 正東西가 아닌 경
사상태에서의 정동서인 것이다.

그러므로 춘하추동의 중추를 이루는 2·5·8·11月의 月令이 辰未戌
丑를 축으로 구성되어야 하는 것이다. 그러나 12地支가 한발짝씩 앞
으로 이동을 하였으므로 節氣도 그대로 적용되어야 하는 것이다. 그
래서 춘하추동의 중추를 이루는 月令이 卯午酉子를 축으로 구성되게
된것이다. 이렇게되어 辰月은 卯가·未月은 午가·戌月은 酉가·丑月은
子가 각각 군림해서 四時의 주권을 행사하게 되었던 것이다.

2. 12地支의 三陽三陰論

1) 三陽三陰의 意義

陰陽은 불꽃과 기름의 양면과 같은데 불꽃은 환히 나타나고 밝히
므로써 陽이라 하고 기름은 어둡고 그릇속에 가리워져 있으므로써
무형이니 陰이라고 한다.

陰陽의 榮枯盛衰(영고성쇠)는 태양위주로 본다면 태양의 光量(광

량)에 따르지만 지구의 만물은 태양의 광량(火)과 더불어 땅(地)의 진액인 물(水)을 먹고 살기 때문에 火水의 질량이 어떻게 변하는가 하는 水火質量增減(수화질량증감)에 의한다고 할 수가 있다. 그런데 太陽熱氣의 增感은 태양자체의 조화가 아니고 태양열기를 받는 地球自體(지구자체)의 姿勢(자세)와 位置(위치) 때문인 것이다.

그리고 水는 태양의 火와 상극이기 때문에 火가 전진하면 水가 후퇴를 하고 火가 후퇴를 하면 水가 전진을 하는 관계이기에 가을부터 불기 시작해서 겨울내내 부푸는 속성을 지니는 것이다.

이렇게 陰陽과 五行은 방위와 계절에 따라서 왕쇠강약을 달리한다. 그런데 세월과 음양오행은 12地支를 궤도로 하여서 진행하고 변화를 하기 때문에 12地支의 속에 간직된 음양의 수치를 알면 방위와 계절의 성분·작용·변화를 구체적으로 측량할 수 있게 되는 것이다.

우주공간의 천지만물이 음양의 조화이듯이 항상 天三陽三陰(천삼양삼음)과 地三陽三陰(지삼양삼음)을 호흡하면서 旺衰(왕쇠)와 進退(진퇴)를 한다. 그래서 陽의 運氣가 왕성하면 生氣가 왕성하고 전진하며, 陰의 운기가 왕성하면 生氣가 시들고 후퇴하는 것이다. 즉 음양은 水火로써 늘 대립적·상반적이기 때문에 陽이 득세하여 전진하면 陰이 기진맥진하여 후퇴를 한다. 달이 차면 기울듯이 음양도 차면 기울어 陽이 極에 이르면 陰이 발생하고 陰이 極에 이르면 陽이 발생하는 것이다.

極은 極度(극도)의 極盛(극성)으로서 모든 것을 독차지함을 의미한다. 極이란 능력이 극도에 이른 것이니 겉으로는 만발한 꽃이지만 실제는 원기를 모두 탕진한 무기력한 상태로 적이 나타나도 속수무책인 外華內困(외화내곤)의 상태이다. 그러나 음양이 반드시 싸우는 적의 관계만은 아니고 어느 경우에는 천생연분의 부부로서 서로가 의지가되는 불가분의 관계일 때도 있는 것이다.

그래서 陽이 極하다는 것은 음양의 성분이 陽一邊倒(양일변도)로서 陽으로만 구성된 純陽(순양)·獨陽(독양)의 상태를 말한다. 그리고 陰이 極함은 음양의 성분중에서 純陰(순음)·獨陰(독음)의 상태를 말하는 것이다. 즉 陽은 巳에서 極에 이르고 陰은 亥에서 極에 이른다. 이제부터 巳의 純陽論(순양론)과 亥의 純陰論(순음론)에 대해서 구체적으로 살펴보고자 한다.

2) 巳의 純陽論

巳는 陽의 極으로 100%가 陽으로만 구성된 純陽으로 陰이 0%도 존재하지 않는 상태를 말한다. 즉 巳(6陽-0陰)는 모든 것이 陽으로 가득찬 陽의 천하이고 陰의 무덤(墓)인 것이다. 그 결과 巳는 極盛之敗(극성지패)로 극성을 피워서 짝을 잃은 홀아비신세인 獨陽(독양)이 되었으니 아무런 造化도 부릴 수가 없게 된 것이다.

음양은 수레바퀴처럼 서로가 의지하면서 살지 혼자서는 살 수가 없다. 더욱이 6陽은 이미 늙고 병든 老陽(노양)의 신세가 되어서야 비로소 짝에대한 그리움과 공허함을 깨닫고 구박과 학대로 쫓아낸 아내가 돌아오기를 간청을 한다. 짝이 들어오려면 빈자리가 있어야 하니 巳는 陽의 한자리를 비워주고 짝을 열렬히 환영을 한다.

陰은 괘씸한 남편이지만 옛정을 생각해서 午(5陽-1陰)에서 一陰(일음)으로 나타난다. 새로이 나타난 1陰의 여인은 옛날의 늙은 할머니가 아니고 이제 막 피어오르는 꽃망울같은 아름다운 새댁이다. 이렇게 午는 5명(5陽)의 늙은 홀아비천하에 나타난 1명(1陰)의 새 각시를 지성껏 안방으로 맞아들이는 한떨기의 꽃이기에 신부의 인

기가 문자 그대로 群雄(군웅)을 거느린 여왕벌로 천상천하유아독존
격이다.

午는 뜨거운 사막인데 이 사막에 샘(泉)이 생기고 한줄기의 물이
흘러나온 격이다. 午에 一陰의 한줄기 물(水−陰)이 공급되니 再生
(재생)과 復活(부활)의 은총이 베풀어짐인데, 이렇게 끊어진 生氣가
다시 이어지니 숨을 거두려는 중생이 다시 回生(회생)을 하는데 이
를 絶處逢生(절처봉생)이라 하는 것이다. 그 샘은 오아시스로 굶주
린 만물에 생기를 부활시키는 젖꼭지이니 만물은 그를 따를 수밖에
없는 것이다. 이렇게 다시 나타난 1陰이 천하대권을 쉽게 잡음으로
써 陽천하를 陰천하로의 대변혁을 일으키기 시작한다.

一陰의 그는 30′만큼의 한발짝씩을 움직일때마다 陰의 영역을
그만큼 넓혀가는 것이다. 그래서 午(5陽−1陰)→未(4陽−2陰)→申
(3陽−3陰)→酉(2陽−4陰)→戌(1陽−5陰)→亥(0陽−6陰)까지 진
행되어 결국은 亥에서 極陰(6陰)으로 陰으로만 가득찬 純陰과 獨陰
인 陰의 여왕이 완전히 정복한 여인천하가 되는 것이다.

3) 亥의 純陰論

亥는 陰의 極으로 모두가 陰一色(0陽−6陰)으로 陽이 0%이다.
즉 亥(0陽−6陰)는 모든 것이 陰으로 가득찬 陰의 천하이고 陽의 무
덤(墓)이다. 그 결과 亥는 極盛之敗(극성지패)로 극성을 피워서 짝
을 잃은 과부신세인 獨陰(독음)이 되었으니 아무런 造化도 부릴 수
가 없게 된 과부천하인 것이다.

음양은 수레바퀴처럼 서로가 의지하면서 살지 혼자서는 살수가
없다. 더욱이 6陰은 이미 늙고 병든 老陰(노음)의 신세가 되어서야

비로소 극성을 부리면서 구박과 학대로 남편을 쫓아냈음을 뼈저리게 후회하면서 짝에대한 그리움과 공허함을 깨닫고 남편이 돌아오기를 손발이 닳도록 빌고 간청을 한다. 짝이 들어 오려면 빈자리가 있어야하니 亥는 陰의 한자리를 비워주고 짝을 열렬히 환영한다.

陽은 괘씸한 아내이지만 옛정을 생각해서 子(1陽-5陰)에서 一陽이 나타난다. 새로이 나타난 1陽의 남자는 옛날의 늙은 할아버지가 아닌 젊고 씩씩한 신랑으로서 늠름하게 등장한 것이다. 子는 5명(5陰)의 늙은 과부들이 새롭게 나타난 1명(1陽)의 새신랑을 지성껏 안방으로 앞다투어 맞아들임에 그를 대왕으로 받들고 대권을 그에게 기꺼이 넘겨준다.

子는 얼어붙은 캄캄한 北方의 겨울땅의 凍土(동토)인데 이 겨울땅에 불꽃이 타오르고 밝은 빛이 솟아오르니 추위에 떨던 老陰(노음)들은 이제야 비로소 生氣를 얻고 부활의 영광을 누릴 수가 있게 된 것이다. 다시 대권을 돌려받은 1陽의 大丈夫(대장부)는 잃었던 천하를 다시 되찾는 광복운동을 강력하게 전개하기 시작하는 것이다.

그는 30′만큼의 한발짝씩을 움직일때마다 陽의 영역을 그만큼 넓혀가는 것이다. 그래서 子(1陽-5陰)→丑(2陽-4陰)→寅(3陽-3陰)→卯(4陽-2陰)→辰(5陽-1陰)→巳(6陽-0陰)까지 진행되어 결국은 巳에서 極陽(6陽)으로 陽으로만 가득찬 純陽과 獨陽인 陽의 大王의 천하를 이루는 것이다. 이같이 음양은 12地支의 판도를 놓고서 패권을 잡기위해서 서로가 아귀다툼을 하지만 陰도 陽도 영구집권을 할 수 없는 것이다. 단지 세월을 따라서 흥망성쇠가 무상할 뿐인 것이다.

12地支의 음양이 화합해서 이루어지는 사랑의 교류가 冲이듯이 이러한 충에서 이루어지는 가정·국가를 음양의 질량에 의해서 분별

한 것이 三陽三陰이다.

이러한 三陽三陰은 體(체)와 用(용)으로 구분되는데 體는 겉으로 나타난 외부의 형체로서 季節(계절)·方位(방위)·宮(궁─집)을 의미하고 用은 活動(활동)·作用(작용)하는 내부의 기운으로서 造化(조화)·主人公(주인공)인 것이다. 겉은 體이나 속은 用이니 겉과속이 다른 것이 三陽三陰이다. 그래서 집의 문패만보고서 음양을 속단하는 것은 금물이다.

그리고 體는 몸(身)을 뜻하므로 주인이고 用은 四肢(사지)를 뜻하므로 몸에 딸린 手足(수족)·일꾼·고용인·노복이다. 이렇게 고용된 일꾼을 군왕이고 주인이라고 할 수 없는 것이므로 어디까지나 고용인은 고용인인 것이다.

그러함에도 고용된 일꾼을 주인이라고 하는 이유는 무엇인지 궁금하지 않을 수가 없다. 亥와巳·子와午·丑과未는 단순한 南과北이 아닌 한쌍의 부부로서 화합할 冲한 사이이다. 그들이 초청하고 초청 받고 오고가는 것은 결코 돈을 주고받는 이해관계를 떠나서 순정으로서 서로 사랑하고 도와주는 관계인 것이다. 그 하늘같이 위대하고 소중한 왕자(一陽)와 공주(一陰)를 일꾼처럼 취급할 수는 없는 것이고, 귀하고 귀한 귀빈으로서 극진히 맞이해야 하기 때문에 주인·군왕으로 대우하면서 환영을 하는 것이다.

4) 三陰三陽 亥子丑의 北方水

三陰인 亥子丑(해자축) 北方水(북방수)는 陰에 속하는 陰宮(음궁),즉 陰의 집으로서 각각 陰의 문패와 명사가 붙는다. 즉 6陰의 亥는 厥陰(궐음─장남)이고 5陰인 子는 少陰(소음─차남)이며 4陰인

丑은 太陰(태음—삼남)이라 불리우는데 이들 北方陰水(북방음수)는 하나같이 모두가 南方陽火(남방양화)에 의지하고 火의 작용에 의해서 조화를 부릴 수가 있는 것이다.

즉 亥子丑은 모두가 北方과 겨울(冬)에 속하기 때문에 그들의 문패마다 陰의 이름(名)이 쓰여지고 붙여져 있지만 실제로 그 집안을 지배하고 다스리는 주인공인 用은 전혀 딴판인 南方의 陽들인 것이다. 이렇게 亥子丑의 宮은 北方水이지만 작용을 나타내는 用이 모두가 陽에 속하기 때문에 亥子丑의 주인공은 南方火가 되는 것이다.

그러나 亥子丑은 北方水의 천하이기 때문에 집권한 군왕도 水이다. 이렇게 陰이 왕성한 나라에서 허약한 남방의 火가 군림하고 통치를 할 수는 없는 것이다. 북방수가 남방화를 초청하여 받아들인 것은 추위와 얼음을 물리치기 위해서 일꾼으로서 雇用(고용)한것에 불과한 것이다. 즉 겨울의 추위를 물리치고 凍死(동사)의 지경에 있는 陰의 나라를 구할 수 있는 것은 오직 南方火이기에 초청하고 고용한 것이다.

그래서 亥의 주인은 巳이고 子의 주인은 午이며 丑의 주인은 未인 것이다. 巳는 巽方·風·木에 속하므로 風木이라 하고, 午는 南方·太陽으로서 君王이기에 君火(군화)라 하며, 未는 坤方·眞土이고 土는 土中土로써 濕土(습토)라고 하는 것이다.

이들을 體와 用으로 함께 묶어서 亥는 厥陰風木(궐음풍목)이 되고 子는 少陰君火(소음군화)가 되며 丑은 太陰濕土(태음습토)로 불리울 수가 있는 것이다. 북방수 陰宮에서 가장 강렬하고 순수한 陰은 6陰으로 구성된 궐음의 亥이고 그 다음은 소음의 子이며 가장 약한 陰은 태음의 丑이다. 이들의 내용을 구분하여서 구체적으로 살펴보면 다음과 같다.

〈表 3-23〉三陰三陽-亥子丑北方水의 體用

體(看板名)			冲-짝			用(內室名)			體用	
季節/方位/宮 外的 形體			三 陰	六 氣	三 陽	活動/作用의 內的氣運의 造化			하나로 묶음	
北 方 水	陰 宮	厥陰	亥	↔	巳	風木	陽 宮	南 方 火	亥	厥陰風木
		少陰	子	↔	午	君火			子	少陰君火
		太陰	丑	↔	未	濕土			丑	太陰濕土

(1) 亥의 厥陰

亥인 厥陰(궐음)은 순수한 水이고 寒이기 때문에 冷이 가장 심하여 골수에 까지 冷이 침투하므로 厥症(궐증)은 가장 다스리기가 힘들고 어렵다.

그렇다고 궐증이 항상 冷한 것은 아닌데 이는 그집은 6陰이지만 그를 다스리는 주인이 6陽인 巳木이기 때문에 주인이 동했다고 하면 불덩어리처럼 熱氣를 내뿜기 때문인 것이다. 즉 巳의 熱氣와 亥의 冷氣가 서로 엉키고 얽혀서 교대로 발작하는 것이 궐증인 것이다.

(2) 子의 少陰

子는 한냉한 북방수로서 5陰이지만 그를 다스리는 주인은 1陽인 午로서 君火인데, 군화는 물속깊이 숨어있는 지하의 火로서 겉으로는 나타나지않는 伏火(복화)인 것이다. 즉 얼어붙은 북방의 寒水(한수)를 따스하게 녹이고 더운물로서 생기를 생산하게 하는 것이 바로 지하에 깊이 잠복해있는 1陽인 군화의 조화인 것이다.

이러한 君火는 만물을 창조하는 조물주의 精子(정자)이기 때문에 群陰(군음)인 5陰이 각각 씨를 받아서 잉태할 수가 있게되는 것이다. 이는 깊은 밤에 이뤄지는 음양의 은밀한 교류이고 생명의 창조이기에

子時는 밤11시에서 子正(자정)을 지나 새벽1시 이전의 사이인 것이
다. 그래서 남녀교제는 대부분 이 사이에서 이뤄지고 잉태를 하게되
니 子時에 창조되는 아들딸들을 바로 子息(자식)이라고 하는 것이다.

　인체로 비유하면 五臟六腑(오장육부)에서 子는 배꼽을 바라보고
있는 腎臟(신장), 즉 콩팥에 속하는데 콩의 두조각 나팔처럼 생긴
두 개의 器具(기구)로 형성되어 있다. 이러한 두 개의 콩팥중에서
左腎(좌신), 즉 좌측콩팥은 北方水를 간직하고 있고 右腎(우신) 즉,
우측콩팥은 南方火를 간직하고 있다. 그래서 콩팥의 左水를 腎水라
하고 콩팥의 右火(우화-地下火)를 命門(명문) 즉, 숨통·생명의 관
문이라고 하는 것이다.

〈表 3-24〉 少陰君火 子水의 性情

子-子息-腎臟(콩팥)-23:00~01:00	
左腎	右腎
左水	右火
北方水	南方火(地下火·水中火)
腎水	命門
五陰	一陽(伏火·相火)
冷氣·寒氣	熱氣·生氣

　心臟(심장)의 火는 하늘(天)에 속하는 천상의 太陽의 火이다. 그
러나 腎臟(신장)의 火는 땅(地)에 속하는 地下의 火이기 때문에 지
상의 추위와 얼음을 소리없이 천천히 녹이고 따스하게 함으로써 땅
의 숨통을 열어주고 생기를 발생시키고 있는 것이다. 만약에 겨울에
地下의 火가 없다면 대지의 內外가 모두 얼어 氷山(빙산)이 되고 모
든 중생이 凍死(동사)를 할 수밖에 없을 것이다.

　그러나 천만다행으로 지하의 火를 얻어서 가지고 있기에 대지는

지상의 外部가 얼어도 지하의 內部는 얼지를 않아 수명을 유지할 수
가 있는 것이다. 즉 추위와 냉기을 몰아내고 不凍港(부동항)을 만드
는 뜨거운 입김이 땅속깊이 지하에 잠복한 명문의 火인 것이다. 그
래서 겨울에는 명문의 火를 기르고 살찌우는 것이 급선무이고 정력
과 양기를 보강하는 기본조건이 되는 것이다.

콩팥은 피(血)를 맑고 깨끗하게 여과해서 심장으로 공급하는데
심장의 君火에게 항상 깨끗한 피를 공급해서 불꽃을 활활타게하는
충실한 신하가 명문의 火인 것이다. 명문은 비록 콩팥과 같이 있는
水中火이고 地下火이지만 늘 君火를 위해서 정성과 충성어린 보필
을 다하는 一等功臣(일등공신)·最高宰相(최고재상)인 것이다. 그래
서 명문의 火를 相火(상화)라고 부르는 것이다.

본래 君王(君火)은 일과 정치를 하지 않는다. 군왕의 뜻에 따라서
宰相(相火)이 文武百官(문무백관)을 거느리고 천하를 다스린다. 이
같이 상화는 군화를 대신해서 오장육부(백성)를 다스리고 보살피며
각각 부여된 생산과 공급기능을 다하도록 정력과 양기를 생산공급하
고 있는 것이다. 즉 명문의 火는 子중의 1陽(왕자)으로서 陰이 極에
이른 차디찬 얼음천하에서 한줄기의 불꽃과 생기를 발생시켜서 빈사
상태에 빠진 생명을 부활·회생시키는 구세주이고 부처님인 것이다.

이러한 子는 午월이면 천하를 삼킬 듯이 극성을 부리는 불덩이속
에 한줄기의 地下水를 베풀어서 무더위에 지쳐쓰러진 火의 군왕을
구제·부활시켜주는 것이다. 그래서 子와 午가 만나면 뜨겁게 화합하
는 冲을 이루는 것이다.

子는 陰天下이고 午는 陽天下이며 子午가 만나는 곳은 子의 집
(宮)이지만 子를 움직이고 활동시키는 것은 午의 火인 것이다. 따라
서 子水는 體이고 午火는 用인 것이다.

그 體는 북방에 속하기 때문에 少陰이라고 하고 그 用은 남방에 속하기 때문에 君火라 하는 것이다. 少陰은 그들이 살고있는 宮(집) 과 方位를 상징하는 것이고 君火는 천하를 다스리고 주관하는 作用 과 造化를 상징하는 것이다.

(3) 丑의 太陰

丑월에 丑이 2陽을 얻어서 생기를 부활시키고 추위를 이겨내는데 그 2陽은 남방에 살고있는 郎君(낭군)인 未가 보내온 지극한 사랑 의 선물이다. 그 답례로 丑도 未월이면 2陰을 未에게 선물을 하니 불덩이속에 있던 未가 생기를 되찾고 무더위를 이겨낸다. 이렇게 丑 은 북방에 속하고 未는 남방에 속하면서 한쌍의 부부를 이루는 남북 의 交流(교류)이자 和合(화합)이 바로 丑과 未의 冲인 것이다. 丑은 體로서 太陰(태음)이고 未는 用으로서 濕土(습토), 즉 사막에 김이 서린 土인 것이다.

5) 三陽三陰－寅卯辰의 東方木

3陰(亥子丑)과 3陽(巳午未)간의 뜨거운 속삭임과 사랑속에서 잉 태되어 태어난 만물이 바로 寅卯辰의 東方木이다. 寅卯辰은 亥子丑 이라는 子宮(자궁)에서 태어난 만물(중생)이 發生(발생)·成長(성 장)·成熟(성숙)하며 생동하고 약동하는 청춘의 세계이자 결실의 곡 창인 생물의 천하로서 그 조화가 다양하다. 이불속에서 사랑을 속삭 이며 주고받는 3陰(亥子丑)과는 달리 3陽인 寅卯辰은 태양이 떠있 는 밝은천지에서 청춘을 불태운다.

〈表 3-25〉 三陽三陰-寅卯辰 東方木의 體用

體(看板名)			冲一짝			用(內室名)			體用	
季節/方位/宮 外的 形體		三 陽	六 氣	三 陰	活動/作用의 內的氣運의 造化			하나로 묶음	
東 方 木	陽 宮	少陽	寅	↔	申	相火	陰 宮	西 方 金	寅	少陽相火
		陽明	卯	↔	酉	燥金			卯	陽明燥金
		太陽	辰	↔	戌	寒水			辰	太陽寒水

(1) 寅申의 少陽相火

寅은 해뜨는 동방왕자이고 申은 해지는 서방공주이다. 寅申 그들
은 피어오르는 꽃봉오리와 같은 소년과 소녀이기 때문에 寅申을 少
陽(소양)이라고 한다. 少陽은 나이는 어리지만 3陽3陰으로서 양기
가 가장 왕성하고 만발하는 젊은 청춘으로 陰과 陽이 모두다 연소되
고 빛과 열기를 내뿜을 수가 있기에 寅申이 만나면 스스로 불꽃과 정
열이 발생한다.

이는 날씨가 더워서 뜨거운 것이 아니고 정열이 치솟아 몸이 뜨거
운 것이다. 이러한 정열은 태양과는 달리 체내에서 저절로 폭발하듯
이 용솟음치는 것이다.

즉 하늘(天)의 불덩어리가 아닌 지하에서 터져나오는 火山(화산)
의 불덩어리인 것이다. 그래서 寅申相火(인신상화)는 뿌리가 없는
자생의 불꽃인 것이다. 이러한 지하의 불(火)은 태양이 늙고병든 겨
울에 태양을 대신해서 지상의 만물을 따스하게 보살피는 태양의 宰
相格(재상격)이기에 相火(상화)라 한다.

이를 인체에 비유하여 보면 寅은 東方木의 뿌리이기 때문에 膽
(담-쓸개)에 속한다. 그래서 寅은 쓸개처럼 膽大(담대)하고 싱싱하
며 두려움이 없이 사랑을 불태운다.

(2) 卯酉의 陽明燥金

卯는 해가 높이 우뚝 솟아난 旭日昇天(욱일승천)의 상태이고 4陽2陰으로 陽이 무르익어서 血氣(혈기)가 넘치는 전성시절이다. 이렇게 넘치는 4陽의 남자를 감당할 수 있는 것은 무르익은 4陰의 여인뿐인데 4陰2陽으로서 陰이 치우치고 피가 넘치는 것이 바로 酉이다.

卯가 하늘(天)을 향해서 불끈치솟은 남자의 性器(성기)인 屌(초-자지)나 㞗(구-자지)를 상징하듯이 酉는 꿀단지처럼 이슬을 받은 항아리로서 남성의 불알이자 여성의 성기인 屪(추-보지)나 膭(구-보지)를 상징하고 있다. 그래서 卯와 酉가 부딪히면 천지가 진동하듯이 사랑이 불타고 광분하는 것이다. 卯는 寅卯辰3陽의 중심이고 중추이며 이미 무르익은 성숙한 家長(가장)이다.

성숙한 것을 金이라 하고 金은 乾燥(건조)한 物象(물상)을 의미하니 卯는 중년의 인생으로서 결실을 상징하는 가을의 서방을 창조하는 것이다. 卯는 寅卯辰3陽의 중앙이기에 五行의 土를 의미하니 절구를 찧는 절구역할도 하는 것이고, 卯木은 방아(土)를 찧고 다스리는 절구이자 주인이기도 하다.

그래서 卯는 치솟는 태양으로서 陽明(양명)이고 酉는 한가을의 결실로서 燥金(조금)이며 五穀百果(오곡백과)를 방아를 찧고 소화를 시키는 기능은 胃臟(위장)이니 그 작용은 위장에 속하는 것이다.

(3) 辰戌의 太陽寒水

辰은 태양의 발생과정이 마무리되는 종말이고 5陽1陰의 상태로서 陽을 발생시키는 陰水가 거의다 蕩盡(탕진)된 상태이다. 이렇게 탕진된 水가 모두 陽으로 형상화되어서 5陽을 이룬것이다. 즉 辰은 꽃이 만발했지만 기름에 해당하는 陰水가 기진맥진상태이기에 外華內

困(외화내곤)인 것이다. 이렇게 늙고병든 5陽을 보살필 수 있는 것
은 같이 늙어가는 5陰뿐이므로 5陽1陰의 辰은 5陰1陽의 戌과 짝을
짓는 것이다.

太陽은 木을 통해서 지상으로 水를 발산시키고 빛과 열기를 생산
하는 熱氣의 산모이지만, 太陰은 金을 통해서 발산된 水를 모두 회
수하여 환원시키는 寒水의 산모역할을 한다. 이렇게 辰戌이 太陽과
寒水의 합작이기 때문에 이를 太陽寒水(태양한수)라고 하는 것으
로, 즉 겉은 태양이지만 속은 차디찬 한수라는 의미인 것이다.

① 辰戌의 性情

늙고병든 陰의 할머니를 太陰이라 하듯이 늙고병든 陽의 할아버
지를 太陽이라고 한다. 늙어지면 음식과 재물을 탐하고 움켜쥐듯이
太陽은 물질인 水를 극진히 탐하고 갈무리하기에 바쁜 것이다. 죽으
나 사나 돈타령이고 벌줄은 알아도 쓸줄을 모르는 천하의 구두쇠인
것이다.

그래서 여자사주에 辰戌이 있으면 無情(무정)하고 돈만 밝히며
吝嗇(인색)하기 때문에 부부생활이 원만치 못하여 결국에는 獨守空
房身世(독수공방신세)가 되니 신부감으로서는 부적당한 것이다.

② 辰戌의 利害關係

5陽(辰)은 온천하가 陽火로 가득찬 무더위이기에 태산같이 陰水
로 가득찬 5陰(戌)의 寒冷(한냉)이 아니고서는 감당할 수가 없다.
한편 온천하가 陰水로 가득찬 5陰의 酷寒(혹한)도 온천하가 불덩이
같은 5陽이 아니고서는 감당할 수가 없기 때문에 辰戌은 서로가 상
부상조하고 의지하는 것이다.

辰은 戌의 시원한 안방에서 피서를 하면서 寒水(한수)가 얼지않
도록 熱氣를 쉴새없이 내뿜어주고, 戌은 辰의 따뜻한 안방에서 얼어
붙은 몸을 녹이면서 타는듯한 무더위를 냉각시키기 위해서 寒氣를
쉴새없이 내뿜고 부채질을 하는 것이다. 이렇게 그들은 다정한 부부
이면서도 서로가 욕심장이로서 물질만 알고 모으는 것이 능사로 속
은 딴판이기에 너는너고 나는나인 것이다.

그래서 5陽(辰)에는 바깥주인으로서 바깥문패가 걸리고 5陰(戌)
에는 안방주인으로서 안방문패가 걸려서 늘 문패가 둘인 것이다. 이
렇게 辰戌은 겉은 뜨겁지만 속이 춥기 때문에 傷寒(상한)의 太陽症
(태양증)은 겉이 뜨겁게 열이나지만 속은 한랭해서 떨리고 추운 것
이다. 水火가 싸우면 水가 이기고 火가 지기 때문에 태양증은 火를
도와주고 水를 억제하는 發汗劑(발한제)를 으뜸으로 하는 것이다.

6) 三陽三陰과 人體

인체의 96%는 수소(H), 산소(O), 탄소(C), 질소(N)라는 4가지
원소로 구성되어 있다. 남자는 九竅(구규)를 가지고 있는데 인체에
9개의 구멍을 뜻한다. 하체에 2개가 있고 안면에 7개가 있으니 이
를 2·7火라고도 한다. 그러나 여자는 一竅(일규)가 더있어 十竅(십
규)를 가지고 있는 것이다. 十은 시간과 공간이 합쳐지는 동양 자연
수의 완성을 뜻하는 숫자이다. 이러한 十을 無極이라고도 한다.

무극은 남방에서 태어나 북방에서 활동을 한다. 자궁은 출입구라
는 의미를 갖고 있다. 은하계의 자궁이 블랙홀과 화이트홀이라면 태
양계의 자궁이 지구이며 인간계의 자궁은 여성의 생식기인 셈이다.

인체의 五臟은 河圖(陰)·洛書(陽)·肝心脾肺腎(간심비폐신)·形態

上閉曲線(형태상폐곡선)·꽉찬 돌 같음이다. 반면에 六腑는 河圖
(陽)·洛書(陰)·胃·小腸·大腸·膀胱·擔·三焦(위 소장 대장 방광 담 삼
초)·形態上通路(형태상통로)·꽉차지 않은 홀과 같음이다.

<표 3-26> 人體自律神經의 陰陽五行

顔 面			7竅	五行	方位	鑑 別			形	四象	靜動
耳	귀	聽覺	2竅	金	西方	收	聲	소리	세로	太陽	靜中動
目	눈	視覺	2竅	火	南方	長	色	색깔	가로	少陽	動中靜
口	입	味覺	1竅	水	北方	藏	味	맛	가로	少陰	動中靜
鼻	코	嗅覺	2竅	木	東方	生	香	냄새	세로	太陰	靜中動
身體			2竅	土	中央	媒介	觸	감촉	세로	-	-

<표 3-27> 四象과 寒熱燥濕

		少陽人	太陽人	少陰人	太陰人
主	內部	熱	燥	寒	濕
客	外部	寒	濕	熱	燥
性情		爆發的	燥急前進	完璧志操	心隱收集
身體		보통	마른편	보통	뚱뚱한편

인체에는 인체의 좌우가 만나는 중심지점에 전임맥과 후독맥이 있
다. 腹部의 정중선을 따라서 흘러 내려가는 任脈은 불이 내려가는 길
이고, 등줄기를 따라서 흘러 올라가는 督脈은 물이 올라가는 길이다.
임맥에는 상단전·중단전·하단전이 있는데 주로 머리에서 항문입구
까지의 구멍이 뚫려있는 통로로 陽中陰의 음에너지의 원천이다.

반면에 독맥은 뼈에 싸여있는 곳으로 陰中陽을 의미하는 것이다.
물은 위로 올라가야 되고 불은 아래로 내려와야만 하는 것이다. 물
이 증발되어 위로 올라가는 것은 물속의 에너지가 물을 끌고서 올라

가는 것이고 불이 타는 것은 물질속에 있는 에너지가 위로 올라가며
물질을 탈출시키는 현상인 것이다.

선천적으로 가지고 태어난 氣를 原氣라 하고 후천적으로 섭취한
氣를 宗氣라고 한다. 이러한 原氣와 宗氣가 합쳐져서 眞氣를 이루고
이러한 眞氣가 인체의 12經絡을 주도하면서 오장육부 등 전신의 생
명활동을 가능하게 하는 것이다.

〈表 3−28〉 木火金水와 人體關係

木	肝	1개	生命을 發生하기 위함	生木
火	心	1개	生命을 消耗하기 위함	長火
金	肺	2개	生氣를 統一하기 위함	斂金
水	腎	2개	生命力을 貯藏하기 위함	藏水

7) 三陽三陰의 造化

3陽3陰은 그 구성자체가 陰陽의 결합이 아닌 陰과 陰·陽과 陽의
결합으로서 단지 계절상의 음양을 서로 주고받기 보다는 서로가 利
用(이용)하고 依支(의지)하는 관계인 것이다. 그들은 季節을 위주로
결합하면서 서로가 相剋의 상대를 자신의 안방으로 초대해서 陰陽
의 交流(교류)가 아닌 造化(조화)를 이룬다.

亥子丑의 北方水는 陰의 계절이기 때문에 巳午未 南方의 火를 안
방으로 초대를 한다.

한편 寅卯辰의 東方木은 陽의 계절이기 때문에 申酉戌 西方의 金
을 안방손님으로 초대해서 서로가 아쉬워 하는 점을 풀어주고 도와
준다. 그래서 걸린 문패를 보면 주객을 알 수 있는데 겉은 주인명패

이고 속은 손님명패가 걸린다. 그래서 亥子丑은 陰이 주인이고 陽이
손님이지만, 寅卯辰은 陽이 주인이고 陰이 손님이 되는 것이다. 그
들은 단순한 이해관계만으로 결합하고 거래를 하며 이용하기 때문
에 정도없고 사랑도 없으므로 걸핏하면 이해관계를 따지고 엎치락
뒤치락 싸움을 벌인다.

3. 12地支는 陰陽의 里程標 · 時間表

12地支는 음양의 눈저울로서 음양의 里程標(이정표)이고 時間表
(시간표)인 셈이다. 음양의 영고성쇠를 나타내주는 天三陽三陰과
地三陽三陰을 12地支에 대입하여 보면 12地支가 갖고 있는 각각의
음양의 질량수치가 나오는데 이를 요약하여 보면 다음의 표와 같이
정리될 수가 있을 것이다.

음양은 수레의 두바퀴로서 두바퀴의 합은 항상 똑같게 된다. 그래
서 한쪽이 커지면 다른 한쪽이 작아질뿐 합의 크기는 항상 일정한
것이다.

12地支중에서 음양의 질량이 똑같은 경우는 寅과 申뿐이다. 寅이
三陽三陰이고 申도 三陰三陽이다. 만물의 형체는 음양의 化身으로
서 음양의 질량을 그대로 나타내는데 음양이 같으면 형체도 같기 마
련이다.

그래서 寅(호랑이―人)과 申(원숭이)이 가장 비슷한 모양을 하고
있는지는 모르겠으나 寅은 三陽三陰으로 陽이 위주이지만, 申은 三
陰三陽으로 陰이 위주이기에 이들은 근본적으로 다르다고 해야 할
것이다. 이는 음양의 치수는 같다고 하드라도 陰陽의 構成이 다르기
때문인 것이다.

〈表 3-29〉 12地支의 陰陽質量表

陽遁局				天地三陽三陰	陰遁局			
12地支	質量				12地支	質量		
	陽	陰	合			陰	陽	合
子	1	5	6		午	1	5	6
丑	2	4	6		未	2	4	6
寅	3	3	6		申	3	3	6
卯	4	2	6		酉	4	2	6
辰	5	1	6		戌	5	1	6
巳	6	0	6		亥	6	0	6

　이세상에서 人間(寅)과 같은 음양의 치수를 타고난 것은 원숭이 (申)뿐이다. 그러나 申은 東方寅과 동일한 음양의 치수인 中和를 이루면서 태어났지만 저무는 석양길의 달동네로써 밝은 빛은 사라지고 어둠의 밤이 깃드는 陰의 천하이다.

　즉 모든 것은 陰이 지배하는 물질만능의 세계로 원숭이(申)는 정신의 횃불로써 창조와 개발을 하는 인간과는 달리 처음부터 먹는 것만 즐길뿐이다. 이와 같이 寅申이 음양의 수치는 같다고 하더라도 그 성분이 전혀 다른 것이다. 이렇게 음양의 영고성쇠를 나타내주는 天三陽三陰과 地三陽三陰을 12地支중에서 天干의 壬水를 대입하여 12運星의 생애를 보면 〈表 3-30〉과 같이 정확함을 알 수가 있다.

　陽의 천하가 끝나면 陰의 천하가 시작되니 이를 陽極陰生(양극음생)이라 한다. 그리고 陰의 천하가 끝나면 陽의 천하가 시작되니 이를 陰極陽生(음극양생)이라 한다.

　陽은 정오인 午에서 極에 이르니 午에서 一陰이 生하는 것이고, 陰은 자정인 子에서 極에 이르니 子에서 一陽이 生하는 것이다. 生이 있으면 死가 있고 死가 있으면 반드시 生이 있게 된다. 그래서 陽

〈表 3-30〉 12地支中 壬水生涯와 12運星

陽遁局					天地三陽三陰	陰遁局				
12支	質量					12支	質量			
	陽	陰	12運星	合			陰	陽	12運星	合
子	1	5	旺	6		午	1	5	胎	6
丑	2	4	衰	6		未	2	4	養	6
寅	3	3	病	6		申	3	3	生	6
卯	4	2	死	6		酉	4	2	浴	6
辰	5	1	墓	6		戌	5	1	帶	6
巳	6	0	絶	6		亥	6	0	官	6

生卽陰死(양생즉음사)이고 陰生卽陽死(음생즉양사)인 것이다.

生하는 자에게 一은 삶의 始作(시작)이고 二는 삶의 成長(성장)이며 三은 삶의 完成(완성)이지만 四는 삶의 全盛期(전성기)이다. 그러나 死하는 자에게 있어서는 一은 죽음의 시작이고 二는 죽음의 성장이며 三은 죽음의 완성이며 四는 죽음의 끝(終)인 것이다.

第4節 12地支와 12運星論

1. 十二運星의 意味

12運星은 음양과 오행이 發生·成長·成熟·老衰하는 왕쇠강약을 세부적인 수치로 나타내서 밝혀주고 있다. 앞에서 살펴본 三陽三陰論은 음양의 왕쇠강약을 6단계로 나누었다.

그러나 12運星은 오행의 왕쇠강약을 12단계로 세분화하고 있다. 그래서 12運星은 發生以前(발생이전)의 孕胎·發生·成長·成熟·老衰

·死滅에 이르기까지 만물의 일생과정을 12단계로 나누어서 자세히 보여주기 때문에 인간과 중생의 一生過程(일생과정)을 한눈에 내다 볼 수 있는 것이다. 이러한 12運星은 크게 孕胎期(잉태기)·成長期 (성장기)·成熟期(성숙기)·老衰期(노쇠기)로 구분된다.

〈表 3-31〉 十二運星의 測定早見表

地支 日干	子	丑	寅	卯	辰	巳	午	未	申	酉	戌	亥
甲	沐浴	冠帶	建祿	帝旺	衰	病	死	墓	絶	胎	養	長生
乙	病	衰	帝旺	建祿	冠帶	沐浴	長生	養	胎	絶	墓	死
丙戊	胎	養	長生	沐浴	冠帶	建祿	帝旺	衰	病	死	墓	絶
丁己	絶	墓	死	病	衰	帝旺	建祿	冠帶	沐浴	長生	養	胎
庚	死	墓	絶	胎	養	長生	沐浴	冠帶	建祿	帝旺	衰	病
辛	長生	養	胎	絶	墓	死	病	衰	帝旺	建祿	冠帶	沐浴
壬	帝旺	衰	病	死	墓	絶	胎	養	長生	沐浴	冠帶	建祿
癸	建祿	冠帶	沐浴	長生	養	胎	絶	墓	死	病	衰	帝旺

12運星이란 天命盤에서 日天干을 가지고 사람이 만나서 성장해서 죽을 때까지를 말하는 것이다. 12運星의 명칭은 絶(절)·胎(태) 養 (양)·長生(장생)·沐浴(목욕)·冠帶(관대)·建祿(건록)·帝旺(제왕)·衰 (쇠)·病(병)·死(사)·墓(묘)가 된다.

인간은 어머니의 자궁에서 태어나고 그 자궁은 月支이므로 이러한 月支에서 육신을 타고나듯이 성품도 月支에서 타고나는 것이다. 月支 에서 타고난 성품은 선천적으로 타고나기에 天性(천성)이라고 하고, 주인공의 몸(體)인 日干에 붙어있는 日支가 個性(개성)을 가지고 있다.

그래서 月支와 日支에 12運星중 어떠한 별이 있느냐에 따라서 그 사람의 성품으로서 어떠한 천성과 개성이 있는지를 판단해 볼 수 있는 것이다.

　人事에 대한 적용의 경우를 예를 들어서 본다면 12運星은 天命盤
의 日干을 기준으로 하여 四柱·大運·歲運에 붙여서 살피는 수법이
라고 할 수 있다.

　日天干의 甲에서 己까지는 地支가 天干을 剋해오고, 庚에서 癸까
지는 日干이 地支를 剋해 온다. 그리고 陽干은 順行하고 陰干은 逆
行을 한다.

　運命鑑定(운명감정)을 할 경우에 日天干을 중심으로 그 사람의
인생을 논하는 것으로 사람의 生涯의 週期를 文字化하여 나타낸 것

〈表 3-32〉十二運星과 性情

十二運星	星名	萬物·衆生·人間의 生涯	星名	異名
創孕胎 造胎兒 期期期	絶 (胞)	無因緣處에서 만남-胎氣와 胎衣가 나타나는 胞 前生이 없는 순수한 태동	개방의 별	閻 羅 宮
	胎	아이를 뱀-임신이 성립된 胎(태) *태아의 별	부활의 별	
	養	뱃속에서 기름-胎兒가 만삭이된 養(양) *분리상속별	양자의 별	
發成幼 生長年 期期期	生	出産함-出生한 長生(장생)	아기의 별	父 母 宮
	浴	沐浴시켜서 기름-어린시절의 沐浴(목욕)	목욕의 별	
	帶	結婚시킴-결혼해서 쓴 紗帽冠帶(사모관대)	성장의 별	
成獨長 熟立年 期期期	官 (建祿)	工夫시켜 祿을 먹게함(육신·정신의 완전무결함) 벼슬을 하고 독립할 수 있는 建祿(건록)	벼슬의 별 독립의 별	獨 立 宮
	旺	氣運이 旺盛해짐-최고정상에 오른 전성기의 帝旺	전성기 별	
	衰	老衰해 늙게짐-늙어 한걸음 물러서는 衰(쇠)	노인의 별	
結老老 實衰年 期期期	病	疾病을 맞이함-노쇠가 심해 활동이 불완전한 病	환자의 별	子 息 宮
	死	死亡으로 죽어감-病이 심해서 수명을 다하는 死	청산의 별	
	墓(葬)	地藏(지장)에 들어감-무덤에 묻히는 墓	경제의 별	
絶處逢生 (절처봉생)		前生이 있는 재생과 부활로 죽은후 저승에서 다시 태어나 인도환생함-끊어진 것이 다시 나타나는 것		胎 宮

이 12運星論이라고 할 수가 있다. 이러한 12運星의 측정법을 요약하여 정리하여 보면 〈表 3-32〉와 같다.

2. 十二運星吉凶解說

1) 絶運星(개방의 별)

(1) 絶運星의 意義

인간의 정신과 육신이 분리되고 갈라져서 肉身은 흙(土)이되어 허무로 돌아가고 精神은 大氣로 흡수되어 허무로 돌아가서 斷絶(단절)된 상태를 絶이라고 한다.

無는 空間이고 공간은 氣로 가득차 있으며 그 氣가 바로 靈魂(영혼)과 精神의 뿌리이다. 氣는 허공을 맴돌면서 제2의 생명으로 부활하려고 새로운 모체를 찾는다.

絶은 끊어진 것인데 그 끊어진 곳에서 새로운 싹이 트는 것을 絶處逢生(절처봉생)이라고 한다. 그러나 絶은 남비처럼 쉽게 끓고 쉽게 식는다. 絶은 무형의 氣로 형체가 없기 때문에 사랑을 할 수는 있어도 잡거나 묶을 수는 없다. 12운성중에서 음양을 갖추지 못한 것은 오직 絶뿐이다.

絶은 陽氣는 있어도 陰質의 형체는 없어 완전히 개방된 자유의 종달새이므로 개방의 별이라 하는 것이다. 絶은 變化의 動機(동기)이자 始點(시점)으로 변화가 무상하며 변화라면 덮어놓고 기뻐하고 즐기는 것이 絶의 천성이고 본능이다. 氣는 가벼운지라 귀(耳)와 생각이 가볍고 행동도 가벼우며 지구력과 참을성이 약함이 그 특징이다.

(2) 絶運星의 性品

天命盤(천명반)의 뿌리인 月支나 日支에 개방의 별인 絶을 타고 난 사람은 갓난아이처럼 순진·담백하나 귀가 가볍고 변화를 즐긴다. 그리고 지구력이 약해 倦怠(권태)를 쉽게 느끼고 자기만을 아끼고 사랑하며 귀여워 하면 덮어놓고 따르고 즐기며 홀딱 빠지는 경향이 있다.

그래서 變德(변덕)이 많은 인생으로 한가지를 일관하는 것은 질색이며 사랑을 하는데도 권태가 심하기에 오래끄는 것은 어렵고 짝을 자주 바꾸려한다. 독서에서도 음식의 반찬도 방안의 실내장식도 자주 바꿔야만 직성이 풀린다.

(3) 絶運星의 運質

天命盤(천명반)이나 行運(행운)에서 絶이 왔을 때에는 분주하게 된다. 絶의 性情과 運質면에서 살펴보자.

첫째 絶이 日支에 있으면 妻(처)에 질환이 있고 妾(첩)을 얻게 된다. 처음에는 좋으나 나중에는 고생과 風波(풍파)가 있다.

둘째 絶이 時宮(시궁)에 있으면 자식을 剋하여 자녀에게 풍랑이 있고 주색으로 인하여 가산을 탕진하기 쉽다.

셋째 絶운성은 음성적이면서도 주의력이 부족하고 성질이 욱하고 급하지만 오래가지는 못한다.

넷째 受氣爲絶一個子(수기위절일개자)라 子女는 一子밖에 둘 수가 없음이다.

다섯째 12운성의 絶年을 當하여 만나면 父母님을 反하여 어기게 되고, 형제불화와 부부이별을 주관하며, 先祖의 유산전부를 破財(파재)해서 고향을 떠나가도 간 곳에서 신상이 不如意가 되어 自暴自棄短氣

(자포자기단기)로서 동시에 放任主義(방임주의)가 되어 세상사에 개의치 않아 사람들이 질리게 되며 결국에는 몸을 숨기기에 이른다.

그러나 藝能(예능)이 있는 사람이라면 浮沈(부침)은 있어도 住所가 정해지는 운기라고 할 것이다.

2) 胎運星(태아·부활의 별)

(1) 胎運星의 意義

허공에 맴돌던 영혼이 육신의 짝을 찾아 자궁에 잉태함으로써 새로운 생명으로 부활하는 시점이 胎(태)인데 이는 암수구별이 안되는 핏덩이인 것이다. 그래서 이때에는 性(성)을 가르는 三神에게 가장 신경을 곤두세우는 시기이다.

태아는 뱃속이 세상의 전부인양 세상물정과 현실에 너무 어둡다. 그래서 가장 두려운 것으로 낙태의 위험이 있는 폭력을 가장 싫어하고 평화를 가장 염원한다. 그는 세상물정에 아주 어둡기 때문에 누가 무엇을 부탁하면 그대로 받아들이고 쉽게 약속을 한다. 이렇게 덮어놓고 해놓은 약속 때문에 애를 먹고 본의아닌 거짓말쟁이가 되기가 쉬운 것이 胎인 것이다.

(2) 胎運星의 性品

天命盤의 뿌리인 月支나 日支에 태아의 별을 타고난 인생은 胎의 천성을 그대로 타고난다. 그는 같은 동성끼리는 누구와도 쉽게 친하고 명랑하게 잘 논다. 그러나 이성과 부딪히면 얼굴이 금새 굳어버리고 입이 딱 붙어버리는 등 異性交際(이성교제)나 戀愛(연애)는 아주 서툴고 경원하는 대상이다.

매사에 자신이 없기에 불안하고 초초하여 조바심을 버릴 수가 없으며, 인정에 끌리어 남의 부탁을 본의 아니게 쉽게 받아들여 놓고는 약속에 대한 책임감이 부족하기 때문에 신용상에 문제가 생긴다.

胎의 인생은 평생을 통해서 변화가 무상한 동시에 항상 변화를 추구하고 즐긴다.

천명반의 뿌리에 부활의 별인 胎를 타고난 사람은 죽음의 위기에 처해도 묘하고 용케도 죽을 고비를 넘기고 살아난다. 즉 교통사고·화재·물난리 등을 겪어 꼼짝없이 죽을 지경에서도 유독 胎의 인생만은 구제를 당해 살아난다. 이는 절처봉생의 부활이 구체화되고 실현되는 별이기에 유독 胎의 주인공만은 죽음에서 언제나 부활되는 특전을 받은 것이다.

(3) 胎運星의 運質

胎가 왔을 때에는 平穩無事(평온무사)하고 운기가 吉祥(길상)이지만 간혹 풍파가 있을 수 있다. 性情과 運質은 어릴때에는 허약하지만, 중년후에는 온화하고 건강하며 자비심·의협심·반박심·변덕성 등이 있다.

중년후에 財運(재운)은 길하지만 日柱地支에 胎운성이 있을 경우에는 再婚(재혼)할 수도 있다. 그리고 時柱地支에 胎운성이 있을 경우에는 胎中頭産養姑娘(태중두산양고낭)이라 자손은 여자밖에 없게 된다.

한편 12운성의 胎年을 當하여 만나게 되면 胎는 萬物의 始作이기 때문에 다년간 계속한 업무가 바뀌든지 혹은 새로운 일이나 사업을 시작하게 된다. 그리고 胎年을 當하여 만나게 되면 집·집터·土地·別宅 등의 모두를 새롭게 하거나 그렇지 않으면 妾(첩)에게 뭔가를 개업시키든가 하여 他所에서 일(事)을 하는 운기라고 할 것이다.

3) 養運星(분리·상속·양자의 별)

(1) 養運星의 意義

태아가 길러져 滿朔(만삭)이 된 상태가 養(양)이다. 養은 태아가
사지오체와 오장육부가 완성된 성숙한 상태로 자신이 만만하고 생기
가 넘쳐서 여유가 있는 상태이다. 이러한 養은 부모로부터 타고나는
상속의 물체로서 分離(분리)의 별이자 相續(상속)의 별이라고 한다.

養은 선천적으로 樂天的(낙천적)이고 圓滿(원만)하며 매사에 여
유가 있는 八方美人格(팔방미인격)으로 누구에게나 호감을 주는 호
인인 동시에 얌전하고 다급한 일에도 서둘지 않고 차분하게 처신하
는 침착한 老紳士(노신사)이다.

(2) 養運星의 性品

천명반의 뿌리인 月支나 日支에 상속의 별을 타고난 사람은 천성
이 원만하고 차분하며 팔방미인이고 노신사형이다. 그리고 상속과
인연이 있기 때문에 長男(장남)으로 태어나는 경우가 많고, 만일 상
속권이 없는 차남이하로 태어나도 養子(양자)의 인연을 통해서 상
속을 받는 경우가 생긴다.

물질적으로는 인연이 풍부하지만 혈육과의 인연이 박하기 때문에
태어나면서부터 혈육과의 분리가 불가피하고 심지어는 중년에 부부
간의 생사이별의 분리도 발생한다.

한편 生時에 養이 있으면 남의 자식을 양육함을 암시하기에 入養
(입양)을 하여서 기르든가 아니면 養鷄(양계)·養豚(양돈)·花園(화

원) 등을 하게되면 천생연분처럼 뜻이 맞고 즐거워 하게 될 것이다.

(3) 養運星의 運質

養은 反吉反凶(반길반흉)한 운기이다. 性情과 運質은 윗사람을 존경하지만 아랫사람에게는 아주 인색하다. 養母(양모)를 가질 수가 있고 타인이 길러주지 않으면 혹 양자를 갈 수도 있다.

그리고 養운성은 好色(호색)으로 인하여 再婚(재혼)하는 사람이 많기 때문에 심신의 수양을 많이 해야 한다. 養운성을 時柱에서 만나면 자손이 효덕하지만, 庚辰日生은 부모덕이 약하고 저항심이 강하며 부부이별을 하는데 庚辰日은 魁罡殺(괴강살)이기 때문이다. 그리고 時柱에 養운성이 있을 경우에는 養中三子只留一(양중삼자지유일)이라 자손은 三子를 둘 수 있다.

한편 12운성의 養年을 當하여 만나면 사람을 양육하고 사람을 도와서 사람들의 敬愛(경애)를 받든지 또는 養子로 가든지 아니면 희망이 있어서 名을 바꾸든가 또는 別宅에 居住하든가 아니면 타국에 가서 이름을 높이든가, 학예를 열심히 힘써서 勵行(여행)한 사람은 예술에 뛰어나고 이름을 해외까지 빛내든지 하게 된다.

그런데 養年을 當하여 만나면 변하고 불행해서 일찍 부모님으로부터 떠나는 사람도 있고 노년의 노인은 色情(색정)으로 인해서 큰 손해를 받는 운기라고 할 것이다.

4) 長生運星(아기별)

(1) 長生運星의 意義

태어나서 어머니의 젖꼭지를 물고 있는 동안이 長生(장생)이다.

그래서 장생은 오행의 출생지·고향·싹이트는 못자리인 苗板(묘판)
이라고 할 수 있다.

오행의 장생지를 살펴 보면 다음과 같다.즉 水는 西方金에서 발생
하기에 申이 장생지고, 木은 北方水에서 태어나므로 亥가 장생지이
며, 火는 東方木의 寅이 장생지이고, 오곡백과의 열매인 金은 여름
에 성장하기에 巳에서 장생을 한다.

그러나 土는 생사가 없기에 본래 장생이 없지만 土의 생명인 氣는
하늘(天)에서 태어나고 피(血)는 땅(地)에서 발생하기 때문에 해가
뜨는 寅과 水가 발생하는 申을 동시에 장생으로 잡는 것이다.

(2) 長生運星의 性品

천명반의 月支나 日支에 장생의 별이 있으면 착하고 순하며 원만
하고 명랑하며 어른을 섬기고 공경하기 때문에 어디를 가도 귀여움
과 信任(신임)을 받고 後見人(후견인)을 만나는 등 善神의 加護(가
호)가 있게 된다. 그래서 직장인으로서는 안성맞춤이다.

月支에 장생의 별을 가지고 태어난 사람은 생명력이 왕성하고 풍
부함을 암시하는 것이며 長壽(장수)의 뿌리를 타고났으므로 장수하
기에 무난한 사람이다. 그렇다고 月支의 장생인이 무조건 장수한다
는 것은 아니다.

生命은 陰陽五行의 造化이기 때문에 음양오행이 고르고 풍부하게
조화되어야만 하는 것이다. 만일 타고난 음양의 질량이 부조화를 이
루면 아무리 장생의 별을 타고났어도 장수할 수가 없는 것이다.

(3) 長生運星의 運質

장생은 安樂亨通(안락형통)하는 운기이다. 그리고 性情과 運質은

명랑하고 진취성이 있으며 형제의 덕을 얻을 수 있고 부자집에서 태어나며 어머니가 현모이다. 또한 언행이 온화하고 처덕이 있으며 부부화목하고 장수하며 자손이 대성할 수 있다.

한편 長生四子中旬半(장생사자중순반)이라 자손으로는 二子내지는 四子을 둔다. 그리고 12운성의 長生年을 當하여 만나면 祖上의 뒤를 이어서 그 일을 계속하든지 父母님의 업무를 受繼(수계)하던지 혹은 師匠(사장)으로 스승의 후계자가 되어서 가업번창하는 운기라고 할 것이다.

5) 沐浴運星(목욕의 별)

(1) 沐浴運星의 意義

젖꼭지를 떠나서 자기손으로 밥을 먹고 자라나는 시기가 沐浴(목욕)이다. 그러나 세상에 처음으로 한걸음 내딛는 시기이므로 세상에 대해서는 전혀 白紙(백지)의 상태이다. 보고 듣는 것이 모두 새롭지만 어느 것이 옳고 그르며 眞僞(진위)의 여부를 전혀 분간할 수 없어서 덮어놓고 사실 그대로를 받아들이고 모방하려 드는 시기이다. 그래서 이 시기에는 어느 한가지도 시작만 있을뿐 완성이라고는 없기에 有始無終(유시무종)이 그 성정이라 할 것이다.

(2) 沐浴運星의 性品

천명반의 月支나 日支에 목욕의 별을 타고난 사람은 닥치는대로 덤비고 뛰어드는 天方地軸(천방지축)의 버릇이 있다. 그래서 눈에 띄고 귀에 들리는 것은 무엇이든 부딪히고 잡으려하며 남이 하는 것을 덮어놓고 모두 모방하려 한다.

처음의 始作은 巨創(거창)하고 情熱的(정열적)이지만 새로운 것
이 나타나면 금방 집어던지고 새것을 붙든다. 사랑도 한사람과 일관
할 수가 없는 것이 보다 좋은 사람이 나타나면 미련없이 훌쩍 떠나
버리기 때문이다.

공부·직장·취미도 마찬가지로 어느 한가지를 꾸준히 지켜나갈 수
가 없는데 이는 이것도 해보고 저것도 해보고 싶기 때문에 기회만
있으면 미련없이 떠나고 바꾼다. 그래서 남이 하는 것이 좋아보이거
나 부러우면 서슴없이 기꺼이 뛰어든다. 그는 무엇이고 못하는 것이
없으나 어느것 하나 완성된 것이 없다. 욕심이나 목적이 있어서 하
는 것이 아니라 단지 멋과 폼으로 하는 것이다.

즉 멋있는 인생과 流行(유행)을 따라서 천리길 만리길을 멋있게
떠돌고 싶은 것이 목욕인 것이다. 그리고 갓난아이가 철이 없듯이
부끄러움을 모르며 알몸을 그대로 내놓고서 싸돌아다니는 젖냄새가
물씬 풍기는 철부지시절의 인생을 상징하는 것이 목욕이다. 즉 목욕
은 羞恥(수치)도 廉恥(염치)도 모르고 단지 멋만 먹고사는 낭만의
젖비린내 나는 풋내기인생을 상징하는 것이다.

(3) 沐浴運星의 運質

목욕은 가장 危險千萬(위험천만)하고 波瀾萬丈(파란만장)한 施行
錯誤(시행착오)와 상처투성이의 운질이지만 多情多感(다정다감)한
인생이다. 그래서 목욕을 일명 멋쟁이의 挑花殺(도화살)이라고 해
서 色難(색난)을 암시하는 동시에 風流(풍류)와 享樂(향락)에 빠지
고 天方地軸(천방지축)과 輕擧妄動(경거망동)하다가 계속 실패만하
는 상처투성이의 敗殺(패살)이라고 해서 운명의 기복과 파란이 무
상함을 암시하는 별이다.

목욕운성은 龍頭蛇尾格(용두사미격)이고 다분히 好色的인 경향이 있으며 경거망동하여 多成多敗한다. 性情과 運質은 주거부정하고 형제력이 약하며 처첩이 간통하여 근심되는 일이 생긴다. 그리고 淫亂(음란)·風波(풍파)·夫婦不和(부부불화)·不幸(불행)이 있고 부모 유업을 계승하지 못하며 부모인연이 약하다. 그러나 他鄕(타향)살이를 하면 自手成家(자수성가)를 할 수 있고 沐浴—雙保吉祥(목욕일쌍보길상)이라 자손은 二子가 아니면 多女를 두게 된다.

한편 12운성의 沐浴年을 當하여 만나면 父母의 遺産을 파하여 어기게 되며, 직업에도 실패하든가 하고, 我執(아집)과 고집이 강하여 의리를 잃게 되며, 타인과 일족의 사랑을 잃어서 어떤 일을 하여도 실패하며 슬픔이 생긴다. 그리고 부모형제가 모두 離散(이산)하고 孤獨貧窮(고독빈궁)이 되어 短命(단명) 하든가 아니면 형제와 싸우든가 혹은 아내와 인연이 변해서 재혼하든가 또는 無祿(무록)하여 수입이 전혀 없는 사람이 될 수 있는 운기라고 할 것이다.

6) 冠帶運星(성장기의 별)

(1) 冠帶運星의 意義

나이가 들어서 성년이 되면 결혼이라는 冠婚(관혼)의 예식을 하는데 그 성혼하는 시기를 冠帶(관대)라고 한다. 그러나 결혼은 나이와 육신만 성인이지 정신과 머리속은 아직 텅빈 쭉정이로 세상의 물정과 사리에 아주 어두운 시기이다. 이는 설익은 반숙으로 반토막의 어른인 셈이다. 즉 겉인 肉身(육신)은 성숙하고 속인 精神(정신)은 아직도 미숙한 것이 半熟(반숙)의 관대인 것이다.

관대는 태산같은 施行錯誤와 失敗를 통해서 텅빈 머릿속을 채워

나가는 시기로 벼로 말하면 처음 생긴 빈 쭉정이로 겉만 생겼지 속은 아무것도 없는 빈쭉지인 것이다. 하늘을 보고 바짝 고개를 쳐들고 있을뿐 숙일줄을 모르는게 관대이다. 그래서 관대는 하늘만 쳐다보고 걸어가기에 내디딜때마다 곤두박질을 하는 것이 그 특징인 것이다.

(2) 冠帶運星의 性品

아는 것도 없이 어른인척 폼잡고 우겨대고 우쭐하고 시건방을 떨지만은 속은 텅빈채 천하를 가진양 기고만장·안하무인·유아독존격으로 버릇없이 날뛰기 때문에 처세와 세상살이가 원만하고 평온할 수가 없다.

모든 것을 自己本位로 獨善的(독선적)·獨斷的(독단적)·獨占的(독점적)으로 처리하고 처신하기에 모가나고 적이 많으며 左衝右突(좌충우돌)하고 우격다짐으로 밀고 나가서 어느것도 순탄하게 이뤄지는 것이 없고, 긁어서 부스럼을 만들 듯 平地風波(평지풍파)를 일으키기에 조용할 날이 없다.

육체적 기능은 성숙하여 용기와 박력이 넘치는 패기덩어리로 두려운 것이 없으나 아는 것이 없는 빈쭉정이로 요령·수완·방법이 전혀없기 때문에 매사가 시행착오와 실패의 연속이다. 百戰百敗(백전백패)해도 끝까지 싸우는 오기는 있으나 이는 무모한 固執(고집)과 蠻勇(만용)인 것이다. 만용과 고집으로 일의 성사는 없고 만신창이가 될 뿐이다. 이렇게 도량과 아량이 적고 관용과 타협을 모르니 주변은 四顧無親(사고무친)이고 四面楚歌(사면초가)인 고독한 獨不將軍(독불장군)인 것이다.

그래서 천명반의 月支나 日支에 관대의 별을 타고난 사람은 猜忌

嫉妬(시기질투)가 많고 유아독존의 욕심투성이며, 용기는 비범하지만 작전이 무능하고 모사가 부족하며, 만사를 직선적·저돌적으로 강행하기에 막힘이 많고 성사가 어려워 언제나 실패를 한다. 남의 허물과 비판을 즐기지만 자신의 허물에 대한 비판에는 철퇴를 내리고, 자기보다 잘나거나 앞서는 상대는 누구든 가로막고 방해를 하며 용납하지 않는다. 이렇게 성격은 모가나고 고집이 지나치게 강하며 융통성이 부족하고 이기적이기 때문에 가정과 사회생활에 어려움이 많다.

(3) 冠帶運星의 運質

관대는 知見(지견)과 활동력이 우수하며 外柔內剛(외유내강)한 指導者格(지도자격)의 운기이다. 性情과 運質은 명문가 출생이며 현모양처를 얻고 자손이 총명하여 성공하며 관가에 진출해서 자비심을 후하게 베풀어 존경을 받고 상류생활을 영위할 수 있다.

단 日柱에서 관대를 만나면 부부궁이 길하나 누르는 힘이 있어서 제멋대로 인데, 남자가 日柱에서 관대를 만나면 현모양처를 득하고, 여자가 日柱에서 관대를 만나면 남편을 먹여 살려야 한다. 그리고 時柱에서 관대를 만나면 性病에 걸릴 수 있으며 자손이 약할 수가 있다. 그리고 冠帶臨官三子位(관대임관삼자위)이므로 자손은 三子를 두게 된다.

한편 12운성의 冠帶年을 當하여 만나면 자기의 위치가 정해지는 해이기 때문에 여러 가지의 苦勞(고로)·苦生(고생)·困難(곤란) 등이 있다고 하여도 자연스럽게 사람의 위(上)에 서게 되니 高名을 발하게 된다. 그래서 공직자나 직장인은 昇級(승급)을 하고 일반인은 財寶(재보)가 모이게 된다. 그러나 다만 賭博(도박) 등에는 凶하여

우연히 한번의 승리를 얻었다고 하여도 그 후에는 반드시 실패를 초
래하는 두려움이 있는 운기라고 할 것이다.

7) 建祿運星(벼슬과 독립의 별)

(1) 建祿運星의 意義

建祿(건록)은 안팎으로 완성되어 육신과 정신이 모두 完全無缺
(완전무결)한 상태로 무르익은 成人으로서 벼슬하고 독립하는 별을
상징한다. 그래서 건록을 臨官(임관)이라고 하고 自手成家를 상징
한다. 인생은 여기서부터 부모궁을 떠나서 자기 스스로 운명을 개척
하고 자기세계를 건설하는 시기인 것이다.

사람이 속이차서 철이들면 기분감정(沐浴)에 치우치지 않고 경거
망동(冠帶)하지않아 만사를 차분하고 冷靜(냉정)하며 주도면밀하게
심사숙고하고 빈틈없이 행동을 하여 신경이 과민할 정도이니 이것
이 바로 건록의 性情(성정)인 것이다.

이는 벼슬하고 자주독립할 수 있는 자격과 실력을 갖추어서 정신
적 육체적으로 완전무결하지만 아직은 한번도 실력발휘를 해본 경
험이 없기 때문에 빈틈없이 심사숙고하여서 행동을 하는 것이다. 그
는 이제 막 大學門(대학문)을 나선 선비일 따름이고 세상물정과 처
신에 미숙함이 많기에 샅샅이 분석·해부·판단하여 헤아려보기 때문
에 속임수에 빠져들지는 않으나 우유부단하는 사이에 기회를 놓치
는 경우가 많다.

건록은 자격만 있으면 모든 것이 저절로 될것으로 믿는다. 세상은
장사꾼처럼 처세·요령·수완이 능해야 하지만 건록은 그렇지 못하
다. 그래서 건록은 천금의 금덩이와 같은 기막힌 가치는 있어도 솜

씨가 없어서 많은 기회를 남에게 빼앗기고 뒤쳐지게 된다.

(2) 建祿運星의 性品

천명반의 月支나 日支에 건록의 별을 타고난 사람은 체력과 지력이 풍부하고 왕성하며 만사에 周到綿密(주도면밀)하고 유능하다. 자주독립할 수 있는 천명과 실력을 타고났기에 태어나면서부터 부모나 모든 후견인들이 자신의 곁을 떠나 人德(인덕)이라고는 한치도 없으므로 의지가지도 없이 자수성가를 해야 된다.

남자에게는 당연히 믿음직한 별이지만 여자에게는 힘겨운 별이다. 즉 여자의 경우에 남편덕에 사는 것이 아니고 자신의 노력으로 자수성가하고 자립을 해야하니 사람은 유능하지만 여자운명으로는 좋다고 할 수 없을 것이다.

(3) 建祿運星의 運質

건록은 타인의 존경을 받으며 立身揚名(입신양명)하는 운기이다. 性情과 運質은 溫厚寬待(온후관대)하고 人情(인정)과 明朗性(명랑성)이 있으며 사해에 귀의하여 이름을 떨치며 가문이 창성하여 자기 몸이 발전하고 부귀하며 재산이 많고 多才多藝(다재다예)하고 本身이 발전하여 장자의 위치에 있게 된다.

그러나 건록이 日柱와 時柱에 같이 있으면 부친의 인연은 박약하다. 그리고 천명상 月柱나 日柱에 건록을 가진 아이를 낳게 될 경우에는 그 아이가 건록의 일생을 살도록 하기 위해서 그 집의 家勢(가세)가 기울고 가난해진다. 이렇게 하여 부모가 아무리 돕고 싶어도 가진 것이 없기 때문에 그 아이를 도울 수가 없는지라 그 아이는 자수성가할 수밖에 없게되는 것이다. 이렇게 자식의 천명으로도 부모의 운세를 살필 수가 있는 것이다.

한편 건록이 日柱에 있으면 아내가 현명하고 건록이 時柱에 있으면 자손이 대성하는데 祿中在時三子成(녹중재시삼자성)이므로 자손으로는 三子를 두게 된다.

한편 12운성의 建祿年을 當하여 만나면 방책을 세워서 자신이 特權을 얻게 되는 일을 하게 되고, 소득이 되는 일을 생각하든지 또는 예능으로써 俸祿(봉록)을 받는 일을 초래하게 되는데, 일반인도 芳命(방명)하여서 꽃답고 향기로운 좋은 運을 얻어서 자손에게까지 발전을 전하는 운기라 할 수 있는 것이다.

8) 帝旺運星(무르익은 인생의 별)

(1) 帝旺運星의 意義

帝旺(제왕)은 산전수전을 모두 경험하여 세상물정과 만사에 통달할만큼 能小能大(능소능대)해진 무르익은 인생이다. 자신이 만만하지만 과신하지 않으며 사람을 부리나 돈보다는 능률을 따지는, 즉 물건도 좋고 홍정도 만능이다.

제왕은 眼目(안목)이 크고 넓으며 통이 크고 배짱이 두둑하면서도 미련을 떨지않고 번개처럼 敏捷(민첩)하며 돈과 벼슬보다도 나라를 세우는 大業(대업)의 꿈을 꾸는 천하의 제왕이다. 이러한 대업을 이루기 위해서는 만인을 받아들일 수 있는 하늘과 같은 度量(도량)과 태산같은 배포가 있어야 하고 쓰고단 것을 함께 삼킬 수 있는 雅量(아량)과 만인을 울리고 웃길수 있는 비범한 才幹(재간)이 있어야한다.

그래서 그는 한치를 얻기위해서 두치를 수그리며 비록 겉으로는 친절하고 겸손하지만 속마음은 확고부동하고 중심이 꽉잡혀있는지라 뼈대없는 행동은 하지 않는다. 아니꼽고 치사한 것은 질색으로 가장 괴로운 것이 남에게 의지하고 구걸하는 것과 남의 신세를 지는 것이며 술을 사도 내가 사고 잠을 자도 떳떳하게 값을 치러야 속이 편한 것이 제왕의 성정이다.

(2) 帝旺運星의 性品

천명의 月支나 日支에 제왕의 별을 타고난 사람은 매사에 능소능대하고 자수성가하며 매사를 자기중심으로 멋지게 주도하고 처리한다. 그러나 제왕의 별을 가진자는 박학다식하고 수양이 풍부하며 지도적인 능력과 아량·관용·신의를 태산처럼 구비해야지 그렇지 못하면 평생동안 고생문이 훤하다.

덕이 없는 제왕은 백성을 다스릴 능력이 없고 천하도 가질 수가 없으며 백성도 그를 적대시하기에 사고무친이고 사면초가이니 푸대접받는 인생이다. 그래서 혈육·친지간에도 무정하고 외로워 인덕이 눈꼽만큼도 없는 것이 제왕이다.

(3) 帝旺運星의 運質

제왕의 별이 남자에게는 그래도 능히 자립을 하니 큰직한 별이라고 할 수가 있다. 그러나 여자가 제왕을 타고나면 남편을 도리어 부양하고 다스려야 하니 인물은 여걸이라고 하나 다복하지 못한 것이다. 즉 가정보다는 사회적인 여성이기 때문에 사회적으로야 비범한 여성이지만 가정적으로는 불만과 부족함이 많으며 부부간의 조화에도 어려움이 많다. 帝旺은 自信力(자신력)과 實踐力(실천력)이 왕성한 운기이다. 性情과 運質은 자존심이 강하고 두목이 될 수 있는 큰

그릇을 가졌으며 연상의 여인을 사랑할 수 있다.

여자의 경우에 帝旺이 日柱에 있으면 남편이 일찍 죽기에 남편의 재산으로 부귀왕생하게 되나 고독하다. 그리고 帝旺이 日柱에 있으면서 他柱에 衰·病·死·墓가 같이 있을 경우에는 양자 혹은 타향살이를 하고 부모운이 박약하다. 그러나 旺中五子自成行(왕중오자자성행)하므로 자손은 五子에서 七子사이를 둘 수 있다.

한편 12운성의 帝旺年을 當하여 만나면 先祖의 집에서 位階(위계)와 賜(사:은덕)를 받든가 혹은 財寶(재보)가 많이 모여서 번창하든가, 아니면 예능이 있는 사람은 百民撫育(백민무육)하여 많은사람을 어루만지고 사랑하며 기르는 덕을 나타내게 된다. 그래서 학자·의사·성직자·공직자 등 모두가 祖先의 이름을 나타내든가 혹은 財祿(재록)을 받아서 주거안전하고 명예가 해외까지 알려지게 되는데 일반인도 사람의 위에 서게되어 이름을 알리게 된다.

다만 女子의 경우에 帝旺年에는 대개 남편에게 빌미로 災害(재해)를 불러오기도 하므로 神佛(신불)께 盟誓(맹서)하고 信仰生活(신앙생활)을 할 경우에는 운기가 변하여 立身出世(입신출세)할 수도 있는 운기라 할 것이다.

9) 衰運星(노인의 별)

(1) 衰運星의 意義

衰(쇠)는 왕성한 전성기를 지나서 서서히 기울고 쇠퇴하기 시작하는 初老(초로)를 상징한다. 비록 몸은 늙어 용기·패기·박력이 부족하고 소극적이지만, 기운은 정정하고 老鍊(노련)한 일꾼으로 참아내는 忍耐性(인내성)과 妥協心(타협심)이 풍부하며 생각하는게 깊고 온순하고 원만하다. 그래서 사진을 찍어도 앞줄에는 서지 않으려 하고 화가나도 겉으로 드러내지 않고 속으로 혼자서 삭힌다.

(2) 衰運星의 性品
천명반의 月支나 日支에 노인의 별을 타고난 사람은 선천적으로 親切(친절)·穩和(온화)·好人(호인)으로서 친구가 많고 人心(인심)이 후하다. 그러나 인정 때문에 평생동안 손재를 많이 당하고 심하면 큰 散財(산재)를 겪게 된다. 그래서 남의 신원과 財産保證(재산보증)을 서는 것은 금물이기에 다시는 서지 않는다고 다짐을 하지만 울면서 사정을 하면 인정에 약한지라 보증을 서주게 되고 급기야 변을 당하고 마는 것이다. 이렇게 인정이 많고 약하여 눈물을 많이 흘리게되니 인간미는 최고라하지만 세상살이의 처세에는 문제가 있는 것이다.

남자의 경우에는 자립정신이 부족하기 때문에 아내에게 피동적·순종적이며 직장에서도 말단에 머무는 것을 조금도 부끄러워하지 않는다.

노인의 별은 통솔력이 부족하기에 창업이나 책임자로서는 적합하지 않지만 상사에게 순종하고 동료에게는 온화하니 職場人(직장인)으로서는 適格(적격)이다. 그리고 여성의 경우에는 가장 바람직한 별로 남편이 외박을 하거나 집안에 쌀이 떨어져도 내색하거나 화를 내지않고 속으로만 꾹 참기에 주부로서는 모범적인 일등감이다.

(3) 衰運星의 運質
衰는 노고가 많은 운이다. 性情과 運質은 溫厚自重(온후자중)하지만 疑心(의심)이 조금있고 출생은 부유한 집에서 태어날지라도

中末年後(중말년후)에는 敗家運(패가운)을 당하여 재혼을 하는 등
생의 노고가 많다. 그리고 성패가 다단하며 쇠퇴·빈곤·병약·담백·고
지식하고 부모덕은 없으며 자손운도 불길하다. 그리고 자손은 衰中
二子發育難(쇠중이자발육난)하므로 딸이 많지 않으면 二子를 둘 수
있는데 기르기가 매우 어렵다.

한편 12운성의 衰年을 當하여 만나면 祖先의 유산과 財寶를 모두
파산하고, 가내에 難病者(난병자)가 나오며, 諸所가 奔走(분주)해서
百般(백반)의 辛酸(신산)이 있어 맵고 쓰디쓴 고생을 겪게 되며, 出
稼勞 (출가노동)을 해도 공이 없고, 自暴自棄(자포자기)를 일으켜
서 終身運命(종신운명)을 얻지 못하게 되며 처자까지 욕되게 하는
운기라 할 것이다.

10) 病運星(환자의 별)

(1) 病運星의 意義

病(병)은 늙음이 깊어진 中老(중로)의 현상으로 患者(환자)의 별
을 상징한다. 病은 오장육부의 기능이 정상을 유지하지 못하는 비정
상의 상태로서 이는 精氣(정기)가 쇠퇴해서 허약하고 무기력한데서
오는 虛症(허증)과 精氣를 파괴하는 邪氣(사기)가 왕성해서 오는 實
症(실증) 때문이다.

12운성중의 病은 노쇠가 심해서 나타나는 것이니 虛症에 속하는
것이다. 병실에 누운채 꼼짝할 수 없으니 찾아주는 이도 없이 외롭
고 답답함이 미칠 것만 같아 눈을 지긋이 감고 돈있고 벼슬하며 몸
튼튼하며 잘살았던 과거시절을 조용히 회고해 보면서 고독이 뼈속
까지 스미는 시기이다. 이처럼 병은 육신을 괴롭히지만 철부지의 인

생에게 참인생과 철을 가르쳐주는 위대한 철학자이고 스승이기도
한 셈이다.

(2) 病運星의 性品

천명반의 뿌리인 月支나 日支에 환자의 별을 타고난 사람은 무척
多情多感하고 人情이 있으며 세상살이의 事情에 밝다. 고독을 가장
싫어하고 누구와 이야기 하기를 즐기며 음식을 먹어도 여럿이 會食
(회식)하기를 좋아한다.

남의 괴로운 사정을 보고있지 못하고 어떻게든 도와주고 보살피
는데 앞장선다. 그리고 病의 별은 몸이 비정상적이듯 기분과 감정도
비정상적이어서 變德이 있고 인생관도 건전하지 못하다. 그래서 感
傷的(감상적)인 음악과 이야기를 좋아한다. 病의 별은 현실보다는
未來에 置重(치중)하며 幻想(환상)·老婆心(노파심)·杞憂(기우)·엉
뚱한 생각 등을 곧잘하고 변덕은 있을지언정 마음이 착하고 순하기
때문에 친구가 많다.

(3) 病運星의 運質

病은 傷心衰殘(상심쇠잔)한 운기이다. 性情과 運質은 재력이 없
어 가난하며 자손이 있으면 불효하고 병약하여 부모와 인연이 없다.
그리고 화평정숙한 면은 있으나 자기본분과 도리를 지키지 못하며,
동경심과 질투심이 서로 불화하여 만사가 제대로 되지 않고 자신이
短命(단명)하다.

病運星이 時柱에 있을 경우에는 자손은 病中一子臨終時(병중일자
임종시)하므로 一子를 둘 수 있다.

한편 12운성의 病年을 當하여 만나면 가내에 難病人(난병인)이

나오고, 일자리와 업무에 여러가지의 迷惑(미혹)이 생기며, 夫婦不
和(부부불화)하든가 아니면 死亡하든가 혹은 離別을 초래하든가 또
는 住所를 바꾸게 된다. 그리고 父母子息間에 意志가 不合하여 가내
가 산란하게 되고, 兄弟間에 불화가 되어서 서로가 힘을 얻지 못하
며 血族이 사망하게 되는 운기이다. 이렇게 病운성이 환자의 별이듯
이 환자와 인연이 많아서 看護員(간호원)·醫師(의사)·藥師(약사)들
의 사주에서 가장 많이 볼 수 있다.

11) 死運星(청산의 별)

(1) 死運星의 意義
病이 지나치면 육신이 죽음에 이르는데 그 죽음을 앞둔 마지막 인
생이 死(사)로 淸算(청산)의 별이다. 걷지못하는 육신으로 살아가자
니 정상적·육체적인 생산작용은 불가능하기에 知能的(지능적)·技術
的(기술적)인 생산작용을 해야만한다. 그러기에 머리를 남달리 써
야만 하고 정신분야의 기술을 개발해야만 한다.
그래서 死는 학술·예술·의술·미술 등 정신적·지능적인 직업을 즐
긴다. 또한 종교·신앙·철학에 귀를 기울이며 깊은 관심을 갖게됨이
그의 인생관이다.

(2) 死運星의 性品
천명반의 뿌리인 月支나 日支에 청산의 별인 死를 가지고 태어난
사람은 學術·藝術·醫術·美術·宗敎·信仰·哲學分野에 많이 진출을 하
고 심지어는 占術分野에서도 많이 볼 수 있다. 성품은 담백하고 취
미를 다양하게 즐기며 신앙심도 적지않으나 死의 별은 모든 것이 낡

고 병들어서 허약한·무기력한 별이기에 창의력이나 지구력이 뛰어
나지 못하며 왕성한 대업을 꿈꾸거나 이룩할 수가 없다. 그래서 대
외적인 화려한 활동보다는 대내적·사색적·신앙적·철학적인 정신개
발이 가장 바람직한 성정인 것이다.

(3) 死運星의 運質

死는 매사의 발전이 적은 운이다. 性情과 運質은 지혜는 총명하고
多情柔順(다정유순)하며 학문과 예술을 즐기고 결단력은 있으나 조
급하며 매사에 발전이 적고 천신만고 끝에 損財數(손재수)가 있다.
그리고 부모와의 인연이 적고 처와 이별수가 있으며 신경계통의 질
환이 있고, 早死(조사)·橫死(횡사)·客死(객사) 등을 할 수가 있다.

만일 死運星이 日柱에 있으면 자손이 없거나 흥하며 자손은 死中
之老沒兒郎(사중지노몰아랑)하기 때문에 無子息八字(무자식팔자)
인 것이다.

한편 12운성의 死年을 當하여 만나면 祖先의 家를 무리하게 세우
려고 하여도 이루어지지 않는다. 항상 心痛(심통)으로 마음의 아픔
이 심하며, 百事에 열심히 일하려고 하여도 이루어지기 어렵고, 분
별이 있어도 용기가 없고, 일을 좋아하여 부자가 된 사람도 손해가
많고, 일을 싫어하고, 父母님에게 불행이 되고, 타인에 까지 질려서
동시에 數回를 실패하고, 남자는 여자를 좋아하고, 여자는 남자를
좋아하여, 夫婦의 인연이 변하든가, 부모와 死別하여 遠行(원행)을
하든지, 兄弟가 死亡하든지 하게 된다. 그래서 薄命(박명)을 깨닫고
스스로 神佛께 맹서하며 신앙생활을 하여야만 이러한 厄難(액난)을
피할 수 있는 운기인 것이다.

12) 墓運星(경제의 별)

(1) 墓運星의 意義

墓(묘)는 가장 늙고 늙은 고령의 인생을 상징한다. 묘는 무덤으로 인생의 終着驛(종착역)이다. 나이가 많이들어 죽음을 앞두고 무덤(고려장)에 들어간 노인은 마지막 밥상을 앞에두고서 죽음의 길을 기다린다. 음식이 있는 동안은 살 수가 있으나 음식이 떨어지면 모든 것이 끝나는 것이다.

그래서 최후까지 밥그릇을 먹기보다는 움켜쥐고 있으므로 벌줄은 알아도 쓸줄은 모르는 구두쇠가 바로 묘인 것이다. 사치나 낭비는 생각조차도 할 수 없고 돈을 생명보다도 소중하게 모시고 섬기는 것이 묘의 인생관이다. 무덤은 수북히 쌓아놓은 흙더미로 물질이고 형체이다. 이렇게 수북히 쌓아놓은 금고·보따리가 바로 物質의 무덤이다.

(2) 墓運星의 性品

천명의 뿌리인 月支나 日支에 經濟(경제)의 별인 墓를 가지고 타고난 사람은 어려서부터 구두쇠 노릇을 한다. 돈을 모으나 쓸줄을 모르며 사치와 낭비는 질색이고 기분·감정·사랑 따위는 사치품으로 생각해 멀리한다. 여자의 경우에는 살림꾼으로 으뜸이지만 부부간에 아기자기한 사랑과 정열이 부족하기 때문에 자칫하면 남편이 외도하기 쉽고 이로인해서 홀로 자는 獨守空房(독수공방)의 외로움을 자청하게된다.

이렇게 묘는 단순한 흙무덤이 아닌 경제의 별로서 묘를 타고난 인생은 남녀간에 經濟觀念(경제관념)이 뚜렷하고 구두쇠같이 儉素(검소)와 節約(절약)을 즐긴다.

그래서 여자는 무엇을 하든지간에 돈을 벌고 모아야 직성이 풀리는 살림꾼이자 장사꾼이며, 남자는 돈을 취급하는 經理系統(경리계통)을 좋아하는 銀行員(은행원)이 평생의 적성이 되는 것이다.

(3) 墓運星의 運質

墓는 자수성가격의 운기이다. 性情과 運質은 검소하고 實利主義者(실리주의자)인 동시에 원만하여 일을 잘 처리하고 꾀를 잘 쓴다. 부유함은 있으나 아버지의 덕이 없어 노력과 고생으로 자수성가 하는 격이다. 단 자녀와 떨어져 있고, 여자는 남편이 일찍 죽으며 만사가 쇠퇴되나 재력은 있다. 부부인연은 박약하고 도화살이 같이 있으면 반드시 창녀나 기생과 같이 산다.

그리고 자손은 入墓之時命夭亡(입묘지시명요망)하므로 無子가 아니면 外房子息(외방자식)을 둘 수도 있다.

한편 12운성의 墓年을 당하여 만나면 양친과 이별하든가 아니면 兩親이 사망하든가 혹은 대불행이 있게 된다. 그리고 큰 손해로 破財하든가 아니면 夫婦의 인연이 변하든지, 형제불화가 되든지, 養子가 되든지 하게 되는 것이다. 그런데 여자의 경우는 장남의 아내가 되어도 夫婦의 인연이 변하여 바뀌는 운기인 것이다.

3. 12運星의 表裏

12運星은 인간의 生涯(생애)를 12등분으로 구체화한 일생과정과 里程標(이정표)이고, 일년의 세월을 12등분한 節氣(절기)로서 生命의 明細書(명서서)라고 할 것이다. 1년은 12개월이기에 춘하추동의 4계절과 같이 12운성은 크게 네가지로 요약될 수가 있으니 창조기

(태아기)·발생기(유년기)·성숙기(장년기)·결실기(노년기)이다.

〈表 3-33〉 方位節氣와 十二運星

四季節	四方位	生長收藏	生涯	意義	12運星
春	東	創造期	胎兒期	발생이전잉태기	絶·胎·養
夏	西	發生期	幼年期	어린시절	生·浴·帶
秋	南	成熟期	長年期	독립시절	祿·旺·衰
冬	北	結實期	老年期	노쇠기	病·死·墓

12운성의 별이름은 저마다 그럴싸하게 표현되고 있다. 이는 일생의 과정을 시기별로 구분해서 표현한 대명사이지 결코 현실적인 표현은 아닌 것이다. 예컨대 病死墓(병사묘)는 실제로 병들어 죽고 무덤에 묻히는 것이 아니고 일생과정상 그 시기가 병들기가 쉽고 죽음이 다가올 나이며 무덤길에 접어들 시기와 상태가 될것이라는 仮定(가정)과 仮想(가상)을 적절하게 표현한 것이 12운성인 것이다. 그래서 타고난 12운성을 보면 그 인생의 정신적·심리적인 나이와 천성을 쉽게 헤아릴 수 있는 것이다.

그러므로 천명의 뿌리에 衰病死를 타고난 사람은 육신의 나이와는 무관하게 마음이 이미 늙고 병든 노인과 같은 氣質(기질)과 天性(천성)을 타고났기 때문에 어려서부터 老態(노태)가 있어서 생각과 행동이 꼭 늙은이를 닮았다.

그러나 반대로 천명의 뿌리에 長生과 沐浴의 아기별을 타고난 사람은 어려서부터 죽을때까지 아이같이 앳된기분과 감정을 그대로 간직해 몸은 늙어도 마음은 늙지 않는다. 그리고 천명의 뿌리에 建祿과 帝旺의 별을 타고난 사람은 선천적으로 성숙한 어른의 기질과 성품을 간직하기 때문에 어려서부터 생각하고 행동하는 것이 주도면밀하고 침착하며 어른다워 그만큼 일찍 조숙하는 인생이다. 이렇게 사람이 타고난 性品이 天性인 것이다.

이러한 천성이 겉으로는 천양만태이지만 실제로는 12운성의 범주를 벗어나지 못하고 있다. 12운성은 타고난 人生의 뿌리(根)이고 心性인 것이다. 그래서 사람이 선천적으로 타고난 것이 바로 天性·心性·氣質·體質·運命 등인 것이다.

그러하기에 天命四柱八字(천명사주팔자)를 관찰하면 그 사람 인생의 모든 것을 한눈으로 관찰할 수가 있는 것이다. 즉 인간이 타고난 사주팔자는 한치도 이탈하거나 초월할 수가 없는 것이다. 즉 하늘(天)에서 타고난 운명(命)이 天命이고 그 천명을 명세한 하늘의 문서가 바로 四柱八字인 것이다.

그래서 천명사주는 그 인생이 타고난 品性·天性·心性·個性·適性·人生觀·長點·短點·能力·器形·氣質·素質·體質·疾病·意志·富貴·貧賤·分福·職業·慾心·趣味·六親·運命·起復 등을 연대별로 顯微鏡(현미경)처럼 세밀히 밝혀서 人生을 解剖(해부)·分析(분석)·說明(설명)하는데 아주 정확·정밀한 학문이다. 어디에도 이처럼 人間·人生·生涯·社會·自然을 포괄적이고 통합적으로 연구·탐구하는데 있어서 이보다 더 중요하고 정확한 학문은 없다고 할 것이다.

第5節 地支合의 五行變化

地支인 뿌리(根)는 영양분인 水분을 생산하기 위해서 서로가 뻗어가는 것이 본성이기에 그러다가 보면 우연히 부딪히고 엉키는 수가 있게된다. 뿌리인 地支는 天干처럼 사납지 못하기 때문에 다투거나 싸우지는 못한다.

연약한 뿌리일지라도 음양이 만나서 아기자기한 사랑을 속삭이며 다정다감한 이야기에 할 일을 잊는 수가 가끔있게 된다. 이렇게 마냥 속삭이고 즐기다보면 休業狀態(휴업상태)일 수밖에 없는 것이다.

이러한 뿌리가 좌우에서 平行線(평행선)으로 부딪히는 것을 地支合(지지합)이라고 한다. 이러한 地支合은 동서의 方位的인 結合을 뜻하는 것이다.

이렇게 地支가 서로 합해서 오행의 속성이 변화하는 경우가 地支合(지지합)이다. 地支合의 유형에는 三合(삼합)·六合(육합)·方合(방합)·暗合(암합) 등이 있다. 이렇게 地支合으로 변화하는 오행은 五氣의 이치에 따라서 吉하게 작용할 경우도 있고 반대로 凶하게 작용할 경우도 있다.

예컨대 어떠한 사안을 분석함에 있어서 첫째 火가 필요한 경우인데 申子辰(三合)·巳申(六合)·亥子丑(方合)과 같은 水局을 만나게 될 때에는 凶으로 변한다.

둘째 火가 필요한 경우인데 亥卯未(三合)·寅亥(六合)의 木局이나 寅午戌(三合)·卯戌(六合)의 火局을 만나게 되면 吉해지는 것이다.

셋째 水가 필요한 경우인데 申子辰(三合)·巳申(六合)·亥子丑(方合)의 水局을 만나면 吉해진다.

넷째 水가 필요한 경우인데 寅午戌(三合)·卯戌(六合)의 火局이나 亥卯未(三合)·寅亥(六合)의 木局을 만나면 오히려 凶해진다. 따라서 이러한 地支合의 五行變化를 심도있게 탐구하여 이해하는 것이 음양오행사유체계에서 매우 중요한 과제라고 할 것이다.

1. 地支의 方合 · 三合 · 半合

1) 地支方合의 意義와 五行變化

血統(혈통)은 地域的(지역적)으로 번창한다. 이렇게 조상을 같이 하는 특정한 지역의 氏族(씨족)과 同族(동족)들은 어떠한 목적이나 이해를 떠나서 한지역에 自然的인 集團을 형성한다. 이러한 자연적 인 지역들은 方位를 中心으로 해서 형성되는데 그 氏族的(씨족 적)·地域的(지역적)·方位的(방위적)인 集團을 方局(방국)이라고 부르는 것이다.

方局은 동서남북의 사방으로 구성되는데 寅卯辰의 東方木局·巳午未의 南方火局·申酉戌의 西方金局·亥子丑의 北方水局이다. 方局은 씨족과 지역을 지키기 위해서 자의적·자율적으로 뭉쳐 통일된 집단으로 일치단결된 최대의 집단이기 때문에 같은 方局이 아니고서는 대항이나 대결이 전혀 불가능하다. 이러한 方局을 뜻하는 것으로 東西南北(동서남북)에서 동일한 방위별로 형성되는 方位五行(방위오행)의 합을 方合(방합)이라고 말하는데 이를 정리하면 다음과 같다.

〈表 3-34〉 自然地理的인 方合의 構成

方合-方局-方位五行			生(長生)	旺(帝旺)	墓(墓庫)
寅卯辰	合	東方木局	寅	卯	辰
巳午未	合	南方火局	巳	午	未
申酉戌	合	西方金局	申	酉	戌
亥子丑	合	北方水局	亥	子	丑

方合은 순수한 동족·동포의 집단으로서 당초부터 이해타산을 떠

나 의리와 신의를 위주로 뭉치고 한마음 한뜻으로 행동한다. 그래서
方合은 한핏줄인 동족애·동포애를 간직하고 있기 때문에 뭉쳤다고
하면 전체가 뭉치고 영원히 무너지지 않는 것이 특징이다. 그래서
方局은 전체적인 결합은 있어도 반토막짜리의 부분적결합의 半方合
(반방합)은 형성하지 않는다는 특징을 가지고 있다.

2) 地支3合의 意義와 五行變化

(1) 地支三合의 意義

12運星을 오행별로 나누면 세가지로 분류가 된다. 첫째는 가장
온순하고 선량하며 착한 長生(장생)으로 寅申巳亥(인신사해)이다.
둘째는 가장 왕성하고 능소능대한 帝旺(제왕)으로 子午卯酉(자오묘
유)이다. 셋째는 가장 늙고 허약하지만 실속을 차리는 墓庫(묘고)로
辰戌丑未(진술축미)이다.

여기서 長生은 百姓(백성)이고 帝旺은 君王(군왕)이며 墓는 領土
(영토)에 해당한다. 국가가 백성·군왕(주권)·영토로써 형성되듯이

〈표 3-35〉 地支三合의 構成體系

生-長生	旺-帝旺	墓-墓庫	三合	五行變化
申	子	辰	→	水局
寅	午	戌	→	火局
巳	酉	丑	→	金局
亥	卯	未	→	木局
百姓	君王	領土	同一目的 利害集團	
溫純善良	旺盛主導 能小能大	實利派 老衰虛弱		

地支도 生·旺·墓로서 三合을 구성하는데 이를 地支三合이라고 부르
는 것이다.

三合은 혈육관계가 아닌 남남으로 공동의 생활과 목적을 위해서
형성된 조직체에 지나지 않는다. 나라를 세우는 일이나 이해타산으
로 뭉치는 모든 조직체는 하나같이 삼합으로 이뤄진다. 그래서 삼합
은 고향과 씨족이 모두 다른 남남끼리 이뤄진 雜湯(잡탕)의 組織體
(조직체)인 것이다.

예컨대 물(水)이 뭉치면 水力이라는 勢力(세력)을 발생하듯이 만
인의 힘도 하나로 뭉치면 거대한 세력을 형성한다. 政黨(정당)과 社
會團體(사회단체)는 정치적 사회적인 세력을 만드는 勢力의 生産手
段으로서 공동의 목적을 위해서 통일된 세력으로 이룩하는데 그 뜻
과 목적이 있는 것이다.

이러한 현상이 음양오행의 경우에는 더욱 뚜렷이 나타나는데 陰
陽五行의 作用과 造化는 거의가 三合을 중심으로 이뤄지고 있다고
해도 과언이 아니다. 즉 같은 오행이라도 三合을 이루는 경우에는
體와 用이 서로 달라지기 때문에 그러한 것이다.

三合의 變局(변국)은 제왕인 가운데 文字(子午卯酉)의 五行에 따
른다. 三合의 三地支 가운데에서 두 개만 있어도 半合이라고 하여
合이 되고 半局이라 하여 局을 이루지만 가운데의 中間地支가 있어
야만 힘이 강하다.

단 三合이라고 하더래도 대운·년운·월운·일운의 다른 地支가 와
서 三合中 가운데 글자의 地支를 沖하면 그 三合은 깨어지고 만다.
한편 三合과 六合이 함께 있을 경우에는 三合의 힘이 강하므로 六合
은 취하지 않고 三合만을 취한다.

三合은 거대한 세력이지만 이해관계로 뭉쳐진 장사꾼·정당·사회

단체·직능단체 등의 집단이기 때문에 언제 어떻게 분열될지 미지수이다. 즉 利得(이득)을 중심으로 이득이 있으면 뭉치고 이득이 없으면 헤어지는 離合集散(이합집산)이 무상하다.

그래서 천명에 三合을 가진 사람은 이해관계에 민감하며 조직사회를 즐기는 것이 특징이지만 신의와 의리보다는 자신의 이익을 위주로한 철저한 利己主義的(이기주의적)인 인물이며, 자기이익을 위해서는 분파적인 행동도 서슴치 않는 것이 특징이다.

이같이 三合은 장사를 하기 위한 장사꾼의 집단이기 때문에 한푼이라도 손해나는 참여는 하지를 않는다. 그리고 삼합자체가 음양의 조화를 깨는 편중적인 집단이라면 무엇을 하든 중용과 중화를 잃음으로써 이득보다는 손해를 자초하는 것이다.

(2) 三合은 利害打算集團

三合은 정치를 하기 위한 힘의 규합이자 정치세력의 창조이다. 정치는 나라의 대권을 잡는 것이 지상과제이고 목적이다. 천명사주팔자도 三合에 의해서 興亡盛衰(흥망성쇠)의 무상한 조화를 이룬다.

예컨대 겨울태생이 寅午戌의 火局을 이루고 있는 천명이라면 嚴冬雪寒(엄동설한)에 불을 피워주는 태양이 집권을 한 격이므로 온 천하가 뜨거운 태양빛과 열기가 공급되어 추위에 떨던 백성들이 생기가 넘치고 기쁨과 즐거움에 가득찬 생활을 할 수가 있다.

이러한 천명을 타고난 인생은 어려서부터 만인이 그를 도와주고 평생을 호의호식할 뿐만이 아니라 모두에게 착하고 어진 덕을 베푸는지라 어디에서나 환영을 받고 태평성대를 누린다. 그리고 여름태생이 申子辰의 水局을 이루고 있는 천명이라면 위의 경우와 마찬가지이다. 무더운 가뭄으로 목이 타들어가는데 申子辰水局의 물덩이가 중생을 먹이니 참으로 고마운일이고 구세주인 셈이다.

그러나 반대로 여름태생의 천명이 寅午戌의 火局을 이루고 있다면 가뜩이나 무더운 폭서인데 뜨거운 용광로로 천하를 휩쓰는 격이니 그 주인공은 만인을 괴롭히고 해치는 조폭의 악한으로서 온갖 행패를 자행하다가 비명횡사를 당할 것이다. 또 겨울태생의 사주가 申子辰의 水局을 이루고 있다면 가뜩이나 추운 엄동설한에 물난리가 나고 얼음덩이가 천하를 휩쓰는 격이니 이러한 주인공이 제왕이라면 그 나라와 백성은 하나같이 동태가 되거나 얼어죽지않으면 굶어죽게 될 것이다.

造物主(조물주)가 三合을 무척 잘쓰고 즐기는 편이므로 사람들도 三合을 좋아하고 즐거워하지만 십중팔구는 여름태생은 불나라인 寅午戌火局을 타고나고 겨울태생은 물나라인 申子辰水局을 타고나므로써 三合 때문에 얻는 것 보다는 잃는 것이 더 많은게 현실이다. 그래서 나라를 다스리는 정치도 음양이 조화되면 만인을 편하게 하는 선정이 펼쳐진다. 그러나 반대로 음양이 편중되어 불화되면 안하무인·유아독존격으로 독선·살상을 자행함으로써 만인에게 해독을 끼

〈표 3-36〉 方合과 三合의 特性比較

	三合(三合五行)	方合(方位五行)
形成同期	동일목적의 이해관계	지리적 방위중심
行動樣式	개인의 목적·이득	공동의 의리·신의
追　求	자신의 이익	공동의 뜻과 이익
凝集力	약함	강함
形　態	이해타산집단 장사꾼·뜨네기집단	정신적·순수집단 영구집단
實　例	정당·사회단체	씨족·동족·지역

치게 되는 것이다.

(3) 三合은 同一目的의 集團

三合은 동일한 뜻과 목적을 달성하기 위한 동서남북의 집단·조직체이기 때문에 천명반의 地支의 어디에 있든지 상관하지 않는다. 다만 三合의 주체인 帝旺이 月支에 있게되면 이는 세력이 때를 만나서 대권을 잡은 격이므로 그 보다 몇배의 세력을 갖게 된다.

예컨대 申子辰 三合의 子가 月支에 있게 되면 北方子水의 水나라와 申子辰水局의 水나라가 함께 세력을 합친 격이다. 이럴경우의 三合은 같은 三合이라 할지라도 엄청난 힘을 갖게 된다는 것이다.

月支는 집권한 정부로서 月支를 얻는자는 단순한 三合이 아닌 執權(집권)한 三合인 것이다. 즉 月支에 제왕이 있는 三合은 정당의 경우로 보면 집권한 여당으로서 막강한 대권을 가지고 있는 경우이다. 그러나 月支에 제왕이 없는 三合은 집권하지 못한 野黨(야당)으로서 항상 집권을 추구하는 세력이라고 해석하면 될 것이다.

<표 3-37> 三合 · 半合 · 得權三合의 比較表

四柱	三合				半合				得權三合			
	年	月	日	時	年	月	日	時	年	月	日	時
水局	甲子	戊辰	丙戌	丙申	戊辰	甲寅	丙子	庚寅	壬申	壬子	壬辰	丙午
火局	戊午	甲寅	壬辰	庚戌	庚戌	甲申	壬午	甲辰	丁巳	丙午	丙戌	庚寅
金局	乙酉	己卯	丁巳	辛丑	己巳	丙寅	丙辰	丁酉	庚申	乙酉	辛巳	己丑
木局	己未	乙亥	辛酉	辛卯	丁亥	乙巳	戊午	乙卯	乙亥	己卯	乙未	壬午

(4) 三合의 性情과 運質

천명에 三合이 있으면 容貌(용모)가 秀麗(수려)하고 정신이 안정되며 마음이 곧고 圓滿(원만)하며 聰明(총명)하다. 그리고 천명에 合이 많으면 社交性(사교성)과 愛嬌性(애교성)은 많지만 가끔 變態的(변태적)인 면도 있을 수가 있다.

三合중에 正官이나 天乙貴人이 合하면 의식은 풍부하지만 애정은 약간 고갈되는 특성을 갖는다. 그리고 三合은 親子和合(친자화합)의 뜻이 있다.

그러나 三合중 沖이 있으면 原局이 破局되어 元神인 중간지지의 오행에 大耗殺(대모살)이 되므로 큰 손해가 생기고 언행이 선하지 못하며 行德(행덕)이 비뚤어지게 된다. 예를 들어 申子辰과 午가 왔을 때에는 元神인 子가 午의 沖을 만났기 때문에 三合은 깨어지는 것이며 그리하여 큰 손해가 발생하게 되는 것이다.

3) 地支半合의 意義와 五行變化

三合의 三地支 가운데에서 두 개만 있어도 半合이라고 하여 合이 되고 半局이라 하여 局을 이룬다. 즉 生(객체-백성-기둥)·旺(주체-군왕-대들보)·墓(객체-영토-기둥)의 요소중에서 대들보와 두기둥의 합이 삼합이고, 대들보와 한기둥만의 합이 半合인 것이다. 그래서 亥卯未·寅午戌·申子辰·巳酉丑은 삼합이고, 亥卯·卯未·寅午·午戌·申子·子辰·巳酉·酉丑은 반합인 것이다. 그러나 같은 기둥끼리만의 모임인(亥未·寅戌·申辰·巳丑) 이들은 주체인 대들보(旺)가 빠져서 군왕과 주권없는 나라는 세울 수가 없듯이 合을 이룰 수가 없는 것이다.

2. 地支6合의 意義와 類型

1) 地支6合의 意義와 五行變化

地支는 地下의 뿌리(根)이고 生産工場(생산공장)으로 한곳에 머물러서 움직일 수가 없기 때문에 天干의 氣처럼 교류와 충돌이 어렵다. 그러므로 地支는 각각 자기의 위치에서 天地運氣(천지운기)의 運行現況(운행현황)과 變化狀態(변화상태)를 暗示(암시)해주고 있을 뿐인 것이다.

그래서 地支合은 天地構成(천지구성)·季節形成(계절형성)을 구체적으로 암시·설명하는 靑寫眞(청사진)이라 할 수 있는 것이다. 그러므로 地支合은 五行의 生死(생사)·發生收斂(발생수렴)·始終(시종)의 時刻(시각)과 位置(위치)를 뚜렷하게 밝혀서 나타내주는 나침반이라고 할 수 있는 것이다.

이러한 地支의 六合은 12地支중에서 6개의 합이라는 뜻으로 12地盤上(지반상) 서로가 가로선상에 있다. 그리고 看命(간명)할 경우에 人德(인덕)이나 福德(복덕)의 여부를 살필 경우에 유용하게 사용하기도 하는데 이를 표로 정리하여 보면 다음과 같다.

〈表 3-38〉 地支6合의 構成體系

2個地支	合	五行變化
午未	→	不變
巳申	→	水局
辰酉	→	金局
卯戌	→	火局
寅亥	→	木局
子丑	→	土局

그러나 하늘(天)과 땅(地)사이를 오고가는 五行과 季節을 象徵
(상징)하는 合五行(합오행)은 문자 그대로 象徵的(상징적)인 五行
일뿐이지 造化를 부리는 實質的(실질적)인 五行은 아니다. 그래서
子丑을 土로 사용할 수가 없듯이 寅亥를 木으로·卯戌을 火로·辰酉
를 金으로·巳申을 水로 각각 사용할 수는 없는 것이다.

이는 發生의 木과 生物의 甲乙木을 구분하지 못하고 혼돈하는 것
과 같은 것이다. 사실 天地運氣上(천지운기상)의 五行은 대부분이
상징적인 오행으로 현실적·실질적인 오행은 극히 드물기 때문인 것
이다.

節氣와 季節을 조성하는 천지운기는 태양과 지구의 거리에 따라
서 형성되고 변화하기 때문에, 천지운기는 태양과 지구사이에 형성
되는 運動場(운동장)을 중심으로 이루어진다. 그러나 천지운기를
형성하는 운동장이 節氣에 따라서 이동·변화한다.

그리고 1년은 12절기이기 때문에 1년에 운동장이 12번 자리를
옮기고 변화하는 것이다. 이러한 운동장을 중심으로 天地는 운기를
교류하고 있으니 이 運動場이 合을 이루어주는 陰陽의 禮式場(예식
장)인 셈이다. 그래서 地支의 合은 음양이 결합하는 禮式場의 方位
와 節氣를 의미하는 것이다. 이렇게 달(月)마다 이동하고 바뀌는 태
양과 지구사이의 運動場을 月將(월장)이라고 한다.

월장은 태양과 지구사이의 運動中心點(운동중심점)으로 달(月)의
將軍(장군)이 아니고 절기에 따라서 변하고 나타나는 운동장을 의
미하는 것이다. 그래서 月將은 節氣와 季節의 産室(산실)로서 천지
운기의 진행·변화를 관찰하는 기준·표준이 되는 것이다.

月將(월장)을 바탕으로 天地運氣는 交流하고 變化하는데 이를 豫
測術(예측술)로 활용하는 것이 六壬學(육임학)인 것이다. 월장이 태

양과 지구가 교류하는 방위와 시각을 위주로 하듯이 육임은 방위와 시각을 위주로하여서 특정한 事案에 대하여 분석하고 예측을 하는 것이다.

사람이 타고난 창조주·조물주의 명세서를 가지고서도 운기변동인 인생의 운명을 看命(간명)하여 헤아리기가 참으로 어렵고도 어려운 일인데 천기운기의 변동만을 가지고서 예측을 한다는 것은 낚시(釣)로 새(鳥)를 잡으려는 것과 무엇이 다르겠는가? 즉 月將은 天地運氣의 交流場(교류장)이지 결코 점술을 치는 안방이나 운동장이 아니라는 점을 알아야 할 것이다.

2) 地支6合의 類型別 特性

(1) 午未合不變

하늘(天)의 음양을 구성하는 것이 해(日)와 달(月)인데 해(日)는 午이고 달(月)은 未이다. 하늘(天)의 기운(氣)은 하늘의 부부인 해와 달로써 이들은 머무르는 법이 없기 때문에 한시도 멈추지 않고 동서를 왕래한다. 이렇게 午와 未는 日月의 뿌리(根)로서 한쌍의 부부를 이루는 하늘의 합으로 午未의 합이 하늘을 이루기에 하늘천(天)이라고 한다.

그러나 하늘(天)에는 五行에 없기 때문에 단지 합으로만 불리우는 것이다. 그래서 午未의 합은 오행에 변화가 없는 것이다. 즉 午와 未는 하늘의 해와 달로서 다만 하늘을 상징하고 있을뿐 五行과 季節의 변화는 나타나지 않는 것이다.

(2) 子丑合土

땅(地)의 음양을 구성하는 것이 바다(海)와 육지(陸地)이다. 바다
는 水를 대표하는 子이고 육지는 土를 대표하는 丑이다. 子와 丑은
땅의 음양이고 한쌍의 부부로서 항상 포옹하고 함께 있으니 합을 이
루는 것이다. 이러한 땅(地)은 土에 속하기에 子丑이 합하면 土를
이루는 것이다. 子는 북방수의 대왕이다.

子丑의 水와 土는 만물을 발생하는 子宮(자궁)·피(血)·살(肉)로
서 생물인 木은 모두가 土에서 발생한다. 그래서 子丑合土의 다음에
는 반드시 木이라는 생명과 함께 천지간의 새로운 發生이 새싹처럼
나타나는 것이다.

子水는 만물을 창조·발생·생산·성장시키는 양수·조물주이다. 그
러나 丑土는 늙고 병든 만물을 거둬들이고 갈무리하는 창고·무덤
·염라대왕인 것이다. 즉 子丑合은 발생·시작의 子와 갈무리·종말의
丑간에 합이고 땅(地)의 합인 것이다.

(3) 寅亥合木

발생의 木은 東方의 寅에서 시작하여 亥에서 매듭을 짓기 때문에
寅亥는 木의 시작과 종말의 始終合(시종합)을 이룬다. 그래서 寅亥
는 합을 이루고 木이 되는 것이다. 여기서의 木은 생물의 甲乙木이
아닌 상징적인 발생의 木을 의미한다.

(4) 卯戌合火

발생의 봄(木)이 무르익으면 성장과 변화의 여름(火)이 오는데 이
를 火라고 한다. 火는 木의 아들이기 때문에 寅 다음의 卯에서 시작
되고 亥 다음의 戌에서 종말을 맞는다. 卯와 戌은 火의 발생과 무덤

·생사·시종을 상징하는 合으로서 여름·청춘·성장의 무대인 것이다. 그래서 卯戌은 合을 이루고 火가 되는 것이다. 태양·양·발생·시작은 子에서 시작하여 左旋(좌선), 즉 좌회전을 하기 때문에 시작의 좌회전은 子에서 寅을 껑충뛰어 넘어서 卯·辰·巳의 순서로 順行(순행)을 한다.

반면에 달·음·갈무리·종말은 丑에서 시작하여 右旋(우선), 즉 우회전을 하기 때문에 종말의 우회전은 丑에서 寅亥를 껑충뛰어 넘어서 戌·酉·申의 순서로 逆行(역행)을 한다. 이렇게 태양은 卯에서 한창 기세를 올리어 만물을 성장시키고 꽃을 만발시킨 뒤에 火의 무덤인 戌에서 저무는 것이다.

(5) 辰酉合金

여름(夏)이 가면 가을(秋)이 오는데 가을은 西方金에 속한다. 여름의 시점인 卯다음은 辰이고 여름의 종점인 戌다음은 酉인데 이는 역행하여 右旋(우선)하기 때문이다. 즉 辰과 酉는 西方金의 合으로서 金의 시작과 종말을 상징하는 시점과 종점인 것이다.

(6) 巳申合水

가을(秋)이 가면 겨울(冬)이 오는데 겨울은 北方水에 속한다. 가을의 시작인 辰다음은 巳이고 겨울의 종말인 酉다음은 申인데 이는 역행하여 右旋(우선)하기 때문이다. 巳는 겨울의 시작이고 申은 겨울의 종점이다. 즉 巳와 申은 겨울인 水의 발생과 무덤을 상징하는 시작과 종말의 合으로서 겨울에 태양이 뜨고 지는 코스이기도 해서 겨울에는 낮이 짧고 밤이 긴지도 모른다.

第6節 地支冲의 性情과 體用論

1. 12地支冲의 性情

뿌리(根)는 영양분인 水分을 생산하기 위해서 서로가 뻗어가는 것이 본성이기에 그러다가 보면 우연히 부딪히고 엉키는 수가 있게 된다.

이러한 뿌리가 좌우에서 平行線(평행선)으로 부딪히는 것을 地支合(지지합)이라고 하고 上下左右直線(상하좌우직선)으로 그어서 부딪히는 것을 地支冲(지지충)이라고 한다.

地支合은 동서의 方位的인 結合이지만 地支冲은 음양의 부딪힘이다. 즉 一陰과 一陽, 二陰과 二陽, 三陰과 三陽, 四陰과 四陽, 五陰과 五陽, 六陰과 六陽은 각각 부딪친다. 이와같이 地支冲은 같은 나이의 남녀가 부딪히는 것으로 冲은 본래가 어릴(幼) 冲이고 和(화)할 冲이며 깊을(深) 冲이고 흔들릴 冲이며 빌(虛) 冲字인 것이다.

예컨대 같은 나이의 남녀가 만나서 부딪히(冲)면 금방 和合(화합)하고 多情(다정)해지며 사랑이 깊어져서 뿌리를 내리게 된다. 그러나 반면에 이렇게 사랑에 치우치다가 보면 일을 외면하게 되니 생산작업이 제로가 되어 아무런 결실이 없게 된다. 생명은 사랑만으로는 실수가 없고 먹어야 사는데 사랑에 빠진 두남녀는 시작은 멋지고 즐겁지만 결과는 빈털터리가 되어 사랑에 금이 가고 헤어지거나 물러서야하는 悲劇(비극)과 不幸(불행)을 가져오며 심하면 생명에까지도 금이 가게되는 것이다.

그래서 冲을 두려워하고 괴로워하는 것이다. 이는 밉고 싸워서 헤

어지는 것이 아니고 多情이 지나쳐서 病이 들고 헤어지는 것이니 끝
내 못이룬 사랑에 멍들고 잊을 수가 없어서 그리움에 지쳐서 쓰러지
기도 하는 것이다.

　그러므로 冲은 음양으로 이루어져 같은 나이끼리 사랑을 하는 天
生緣分(천생연분)이고 天生配匹(천생배필)인 것이다. 이와같이 太
陽은 太陰과 사랑하고 少陽은 少陰과 짝을 맺는데 이는 같은 나이끼
리의 東과西 그리고 南과北이 화합을 이루는 형태가 冲인 것이다.

　즉 亥子丑의 北方太陰은 巳午未의 南方太陽과 짝을 맺고, 寅卯辰
의 東方少陽은 申酉戌의 西方少陰과 결합을 하는 것이다. 그러나 같
은 太陰과 太陽사이에서도 六陰인 亥는 六陽인 巳와 짝을 맺듯이 一
陽인 子는 一陰인 午와 짝을 맺고 二陽인 丑은 二陰인 未와 단짝이
되는 것이다. 한편 이와같은 논리로 少陽과 少陰사이에서도 三陽인
寅은 三陰인 申과 단짝이 되고 四陽인 卯는 四陰인 酉와 짝을 맺고
五陽인 辰은 五陰인 戌과 함께 百年佳約(백년가약)을 맺는 것이다.

　이들은 서로가 陰陽和合(음양화합)의 노래와 춤을 추며 뜨거운
사랑속에서 음양을 아낌없이 교류한다. 즉 太陰과 太陽은 음양이 絶
處逢生(절처봉생)하고 發生하는 過程이기 때문에 서로가 주고받는
사랑의 교류로서 이루어진다.

　그리고 少陽과 少陰은 음양이 成熟(성숙)하는 過程이기 때문에
같은 나이끼리 짝을 맺고 정을 주고받는 것이다. 즉 三陽인 寅과 三
陰인 申은 똑같이 三陽三陰을 교환하고, 四陽인 卯와 四陰인 酉도
二陰二陽을 서로가 교환하며, 辰과 戌도 역시 一陰一陽을 서로가 교
류하면서 정을 표시하고 함께 부부생활을 하는 것이다.

〈表 3-39〉 12地支冲은 天生緣分

地支			冲/配	地支			
北方	太陰	6陰-0陽 亥	↔	巳 6陽-0陰	太陽	南方
		5陰-1陽 子	↔	午 5陽-1陰		
		4陰-2陽 丑	↔	未 4陽-2陰		
東方	少陽	3陽-3陰 寅	↔	申 3陰-3陽	少陰	西方
		4陽-2陰 卯	↔	酉 4陰-2陽		
		5陽-1陰 辰	↔	戌 5陰-1陽		

그러나 陰陽을 서로 교환하는 같은 음양이고 부부이면서도 정을 베풀지 않는 것은 巳와 亥뿐이다. 그들은 서로가 음양의 정상에 이르러서 군왕으로 군림하고 있는 大王이고 女王이기 때문에 사랑보다는 王權(왕권)에 더 집착하고 있는 것이다.

즉 巳와 亥는 純陽(순양)과 純陰(순음)으로서 음양의 순수성만을 앞세우고 한치의 양보도 하지 않는 것이다. 이는 사랑보다는 대왕의 자리를 지키겠다는 것이 巳의 집념이라면, 시집은 못가도 여왕의 자리를 물러날 수가 없다는 것이 亥의 고집인 것이다.

그러나 巳와 亥는 서로가 왕관을 벗고서 부부가 되기를 원하지만 사실은 이미 늙은 老陽(노양)이고 老陰(노음)이기에 사랑보다는 정상의 자리를 지키려고 하는 것이다. 하지만 인생을 혼자서는 살수가 없기에 체면 못지않게 마음만은 사랑과 配匹(배필)의 짝이 절실한 것이다. 그래서 巳와 亥는 붙기는 어려워도 한번 불이붙었다고 하면 꺼질줄을 모르는 것이다.

이렇게 極에서 極으로 치닫는 極盛(극성)의 별(星)이 巳와 亥이므로 그들은 냉정할때에는 亥(陰極)의 얼음처럼 차갑고 뜨거울때에는 巳(陽極)의 불덩어리처럼 뜨겁다. 그래서 巳와 亥는 孤獨(고독)하고

無情(무정)하며 極端的(극단적)이고 偏頗的(편파적)인 두얼굴을 가
지고 있는 것이다.

그렇지만 巳와 亥는 상황에 따라서 왕관을 쓰고 벗고를 하는데 南
方에서는 巳가 왕관을 쓰고 北方에서는 亥가 왕관을 쓴다. 그러나 음
양은 中和가 으뜸이기에 中和가 되려면 음양이 교류되고 오고가는
정이 있어야 하지만 巳와 亥는 사랑을 주고받기는 하면서도 자신의
높은 지체만를 생각하여 깊은 정을 주지않듯이 음양의 교류를 하지
않는 것이다. 즉 겉은 뜨거워도 항상 차거운 冷靜(냉정)을 잃지 않는
것이 巳와 亥이기에 그들은 사실 무척 고독하고 괴로운 것이다.

이렇게 地支六冲은 12地支가 서로 교류하는 것으로 反吟(반음)이
라고도 한다. 六冲은 12地盤(지반)의 對角線上(대각선상)에 있는데
四生地(寅申巳亥)·四敗地(子午卯酉)·四庫地(辰戌丑未)가 두자씩
서로가 교류하는 것을 말한다.

人事에 적용할 경우에 대부분의 역학자들이 冲의 작용을 官災(관
재)·疾病(질병)·離別(이별)·傷心(상심)·移動(이동)·自己不滿(자기
불만) 등으로 보지만 사실은 冲은 天生緣分의 配匹關係(배필관계)
인 것이다.

<表 3-40> 冲은 12地盤中 對角線位置

	地支	冲/配	地支
四生地(生)	寅	↔	申
	巳	↔	亥
四敗地(旺)	子	↔	午
	卯	↔	酉
四庫地(墓)	辰	↔	戌
	丑	↔	未

2. 體用論

1) 節氣體用의 原理

人事를 분석할 경우에 있어서 天命四柱(천명사주)를 구성하는 年月日時의 干支는 天地運氣의 天地五行(천지오행)이다. 運氣는 春夏秋冬의 節氣를 구성하고 節氣는 삼라만상을 창조·지배한다. 천지운기가 절기를 구성함에 春節氣(춘절기)는 만물을 발생하고 夏節氣(하절기)는 만물을 성장시키며 秋節氣(추절기)는 만물을 거두고 冬節氣(동절기)는 만물을 갈무리 한다.

발생하는 운기를 木이라 하고 성장하는 운기를 火라 하며 거두어 수렴하는 운기를 金이라 하며 갈무리하는 운기를 水라고 한다.

天下의 王者는 절기를 형성하고 군왕으로서 군림하는데 천명사주에서 節氣는 月令으로서 月支를 구성한다. 월지는 천명사주팔자중에서 가장 왕성한 운기를 간직한 君王·主體로서 이를 體라고 하는데 體는 節氣의 主體이자 천명사주의 主人公으로서 압도적인 운기와 권능을 가지고 있다.

모든 만물이 節氣에 의해서 創造(창조)·形成(형성)·運營(운영)·維持(유지)되듯이 천명사주도 역시 體를 중심으로 구성되는 것이고 작용하는 것이다. 왕권이 절대적이듯이 절기인 體의 운기도 절대적이고 압도적이다.

그래서 천명사주팔자의 운기가 100이라고 한다면 月支인 體의 운기가 60~70%의 비율을 차지하고 나머지 7干支가 30~40%에 지나지 않기 때문에 천명사주내에서 月支五行(월지오행)이 月支外(월지외)의 他七干支五行(타칠간지오행)을 압도하면서 자유자재로 지배하고 다스는 것이다.

절기상 寅卯辰은 春木(춘목)·巳午未는 夏火(하화)·申酉戌은 秋金 (추금)·亥子丑은 冬水(동수)이다. 즉 모든 것이 발생하는 봄철(春月 生)에는 木이 極旺盛(극왕성)하기 때문에 천명사주중에서 나머지 七干支가 모두 金이라고 하여도 春節(춘절)에는 金이 가장 허약하 고 무기력하므로 木을 감당할 수 없는 것이다.

그리고 모든 만물을 성장시키는 뜨거운 열기의 여름철(夏月生)에 는 火가 極旺盛(극왕성)하기 때문에 천명사주중에서 나머지 七干支 가 모두 水라 하여도 水가 하나같이 증발되고 승화해서 가장 허약하 고 무능하므로 폭발하는 火를 감당할 수가 없는 것이다.

한편 모든 것을 수렴하는 가을철(秋月生)에는 金이 極旺盛(극왕 성)하기 때문에 천명사주중에서 나머지 七干支가 모두 火이거나 木 이라고 하여도 金을 감당할 수 없는 것이다.

그리고 모든 만물을 꽁꽁 얼구고 갈무리하는 겨울철(冬月生)에는 水가 極旺盛(극왕성)하기 때문에 천명사주중에서 나머지 七干支가 모두 火투성이라 하여도 만물을 만발시키는 太陽火가 설땅이 없을 정도로 가장 허약하고 무기력하므로 얼음과 추위의 水를 이기지 못 하고 감당할 수가 없음이다.

天地五行은 음양이 짝을 맺고 가정을 형성하며 사랑하고 의지하 며 相扶相助(상부상조)를 한다. 즉 발생의 木은 거두는 金이 짝이고 성장하는 火는 갈무리하는 水가 짝이다. 그래서 木金(春秋一體用) 이 한짝이고 水火(冬夏一體用)가 한짝인 불가분의 천생연분으로서 한쌍의 부부를 형성하는 것이다.

體는 주체로서 왕성하지만 用은 허약하고 무기력한 배우자로서 주체를 위해서 충성을 다한다. 봄에는 木이 體이고 金이 用이지만

가을에는 金이 體이고 木이 用의 역할을 하는 것이다. 한편 여름에
는 火가 體이고 水가 用이지만 겨울에는 水가 體이고 火가 用의 역
할을 한다.

體는 12運星상 建祿帝旺(건록제왕)의 運氣를 가지지만 用은 12
運星상 絶胎(절태)의 運氣를 가지고 있다. 즉 가장 왕성한 자가 가
장 허약한 자와 결합하는 동시에 강자가 약자를 아끼고 사랑하며 보
살피는 것이 바로 天地五行의 相生法則인 것이다.

2) 木金體用의 原理

木과 金이 서로 體가 되고 用이 되는 원리를 인체에 비유하여 보면
보다더 구체적이고 실감이 있게 된다. 五臟六腑(오장육부)에서 木과
金은 肝木(간목)이고 肺金(폐금)이다. 肝은 血液(혈액)을 갈무리·관
장하고 肺는 氣(산소)를 갈무리·주관한다. 肝의 경우에서 氣(산소)
를 얻은 血은 動脈血(동맥혈)로서 新陳代謝(신진대사)를 하며 영양
분으로서 오장육부에 공급되지만, 氣(산소)를 잃은 血은 靜脈血(정
맥혈)로서 신진대사를 못하는 瘀血(어혈)이나 死血(사혈)이 된다.

한편 肺의 경우에서도 血을 얻은 氣(산소)는 元氣가 되어 신진대
사를 할 수 있고 오장육부에 生氣를 공급할 수 있지만, 血을 얻지 못
한 氣(산소)는 물을 잃은 물고기처럼 꼼짝을 못하고 멈추고 맺히며
傷해서 鬱氣(울기)나 死氣(사기)가 되는 것이다.

血이 氣를 먹고 살 듯이 氣도 血을 먹고 산다. 그러므로 肺金이 왕성
해야 肝木이 건전하고 肝血이 왕성해야만 肺氣도 건전한 것이다. 이와
같이 血과 氣는 서로가 떨어질 수 없는 천생연분의 부부로서 서로가
아끼고 사랑하며 의지하고 상부상조하는 불가분의 관계인 것이다.

그래서 木旺한 봄에는 木이 體가 되고 金이 用이 되지만 반대로 金旺한 가을에는 金이 體가 되고 木이 用이 되는 것이 天地理致(천지이치)인 것이다.

3) 水火體用의 原理

水와 火가 서로 體가 되고 用이 되는 원리도 마찬가지이다. 만물을 성장시키는 火는 물(水)이 생명이고 자원이다. 만물은 모두가 물(水)을 통해서 창조되고 물을 먹고 자라듯이 火도 역시 물을 대량섭취하고 증발시킴으로써 만물을 무성하게 성장시키며 뜨거운 熱氣를 유지할 수 있는 것이다. 만약에 水가 없다면 만물이 성장은 커녕 모두다 시들고 말라서 죽게 될 것이다.

그러므로 만물을 성장시키는 火의 作用과 造化는 전적으로 水에게 달려있는 것이다. 그래서 水가 풍부하면 火의 造化가 자유자재이지만 水가 부족하면 火의 성장과 造化는 좌절되고 마는 것이다.

火가 왕성한 여름이면 만물이 무성하여 水가 대량으로 공급·소비되기 때문에 水는 극도로 부족해지고 허약한 상태에 이르러서 아주 무기력해진다. 그래서 여름에는 火가 體이고 水가 用이 되는 것이다. 반대로 겨울에는 水가 왕하고 火가 허약하게 된다.

水는 火에 의해서 生氣를 얻고 물의 작용을 하는데, 火가 없으면 물이 꽁꽁 얼어 얼음이 되고 死水(사수)가 되어서 물의 작용을 할 수가 없게된다. 즉 火는 水의 생명이고 배우자인 것이다. 그래서 겨울에는 水가 體이고 火가 用의 역할을 하는 것이다. 火는 낮이고 밝은 빛이며 熱氣로서 오르고 번지지만, 水는 밤이고 어두운 암흑이며 차가운 寒氣로서 내리고 뭉치는 것이다.

인체의 오장육부로 비유해 보면 水와 火는 腎水(신수)이고 心火(심화)이다. 腎은 精(정-血生産)을 갈무리하고, 心은 神(신-相火인 命門을 통한 氣의 生産)을 갈무리한다. 즉 精은 陰水(음수)의 근본이고 神은 陽火(양화)의 근본인 것이다. 精은 命門을 통해서 氣化·生血하듯이 命門은 精을 통해서 神化·生氣하는 것이다.

즉 精水(정수)를 떠나서 腎火(신화)가 발생·작용할 수 없듯이, 腎火(신화)를 떠나서는 精水(정수)도 발생·작용할 수 없는 것이다. 水는 기름·연료이고 火는 불꽃·빛이기에, 기름(水)이 없으면 불꽃(火)이 꺼지고 사라지듯이 역시 불꽃(火)이 없는 기름(水)은 엉키고 썩어서 무용지물이 되는 이치인 것이다.

이와같이 水火는 天生緣分(천생연분)으로서 서로가 愛之重之(애지중지)하여 依支(의지)하고 相扶相助(상부상조)하는 불가분의 관계인 것이다. 그래서 콩팥인 腎水가 왕성하면 정신인 心火가 건전하고 활기에 넘치며, 정신인 心火가 왕성하면 콩팥인 腎水가 건전하고 무병한 것이다.

그러나 콩팥(腎水)이 허약하면 精神(心火)이 무기력하고, 精神(心火)이 허약하면 콩팥(腎水)이 병들고 무기력해지는 것이다. 즉 腎水를 떠나서는 精神이 설 땅이 없듯이 精神을 떠난 腎水도 썩은 기름덩어리에 불과한 것이다. 그러므로 肺金이 왕성해야 肝木이 건전하고 肝血이 왕성해야만 肺氣도 건전하듯이, 腎水가 왕성해야 心火가 건전하고 心火가 왕성해야만 腎水도 건전할 수 있다. 이것이 바로 天地五行의 相生法則인 것이다.

4) 天命四柱上 體用의 原理

(1) 天命四柱上의 體

體는 천하를 다스리는 君王·王蜂(왕봉), 즉 장수벌로 군림하기 때문에 오직 하나여야만 한다. 그러나 體가 둘이 될 경우에는 서로가 對立(대립)·掠奪(약탈)·殺生(살생)·戰爭(전쟁)이 발생되는 것이다.

만약에 天命四柱에 體의 별이 많으면 군왕이 여러명이 되어 저마다 영웅처럼 群雄割據(군웅할거)하는 弱肉强食(약육강식)이 전개될 것임이 분명하므로, 어려서부터 인덕이 없고 자수성가해야 하며 무엇을 해도 경쟁자와 대립자가 나타나서 뺏고 빼앗기는 싸움을 능사로 해야만 하는 것이다.

즉 체력은 왕성하지만 지능이 부족할 경우에 폭력을 택하는 이치로 주먹으로 천하에 이름을 떨치고 폭력세계를 주름잡는 주먹의 왕초나 무력으로 권력을 장악해서 천하에 군림하는 독재통치자는 바로 天命에 體의 별이 많아서 體와 體가 군웅할거하며 體가 극성을 부리는 體多者(체다자)의 경우인 것이다.

(2) 天命四柱上의 用

用은 군왕을 봉양하고 충성을 다하는 忠臣(충신)·臣下(신하)·部下(부하)·일꾼·일벌·依支處(의지처)이기 때문에 많을수록 좋은 것이다. 그래서 만인이 기뻐하고 사랑하며 존경하고 따르는 것이 바로 만인에게 쓸모가 있고 가치가 있는 用인 것이다.

만약에 天命四柱에 用의 별이 많으면 일벌이 많고 장수벌은 하나인 격이므로 체통과 질서가 정연하고 생산된 꿀이 꿀통에 가득참으로써 富貴榮華(부귀영화)를 누리고 즐길 수 있는 것이다. 그래서 用

의 별을 많이 타고난 天命은 천부적으로 만인과 더불어 같이 울고 웃으며 고락을 나눈다. 이렇게 만인이 의지하고 상부상조하는 用의 별을 年月日時(동서남북)에 고루 가지고 있는 사람은 어려서부터 남을 위해서 奉仕(봉사)·貢獻(공헌)하는 것을 일과처럼 즐기고 힘쓰면서 만인의 사랑·존경을 독차지하기 때문에 만인의 지지와 신임을 으뜸으로 하는 민주주의 선거에 안성맞춤이며 단연 두각을 나타내고 각광을 누리는 것이 用多者(용다자)의 경우인 것이다.

이렇게 用은 人情(인정)·人心(인심)·사랑(愛)·慈悲(자비)·知性(지성)·眞實(진실)·德望(덕망)의 대명사이고 상징인 것이다. 그래서 用多者의 천명은 처음부터 귀염둥이로서 만인의 사랑과 후견을 받으면서 공자처럼 군자의 덕을 기르고 부처님처럼 성인의 너그러움과 자비를 길러서 남을 위한 헌신과 희생을 기꺼이 즐기는 性情(성정)을 가지고 태어나는 것이다. 즉 만인을 위해서 나를 헌신하면 만인도 또한 나를 따르고 나를 위해서 힘을 아끼지 않는 이치인 것이다.

그러기에 用多者의 천명은 무엇을 하더라도 만인이 도와주기 때문에 因人成事(인인성사)를 능사로 하는 것이다. 또한 만인과 함께 생산하고 부귀를 나누어 가지려하기에 적이 없고 싸움이 없으며 시기와 질투를 하지 않기에 만인이 그를 따르고 의지하려 하는 것이다. 그리고 함께 일하고 생산하며 뜻하는 바와 富를 이루고 나누는 것이 同業(동업)이므로 동업은 용과 용의 화합이고 협동인 것이다.

그래서 用多者의 천명은 동업에 천재이고 천직이므로 동업만 하였다 하면 한마음 한뜻이 되고 서로 사랑하고 믿으며 의지하고 상부상조하기에 반드시 크게 이루고 빛이 나는 것이다. 이러한 이치를 적용함에 있어서 가정·기업·단체·정당·국가의 경우도 예외일 수는 없는 것이다.

폭력이 난무하는 시대에는 體多者가 득세를 하고 주름을 잡는데 같은 정치를 하여도 體多者의 통치자는 독재를 능사로 한다. 그러나 자유평화시대에는 用多者가 득세를 하고 주름을 잡는데 같은 정치를 하여도 用多者의 통치자는 자유와 평화를 지키는 위대한 봉사와 헌신을 다한다.

그리고 같은 기업을 경영하여도 體多者의 기업인은 유아독존식으로 착취와 독점을 능사로 하지만 用多者의 기업인은 생산과 분배의 공평·공명을 우선하고 인간적인 사랑·신뢰·협동을 위주로 하기 때문에 노사간의 불평등·차별·대립 등은 존재하지 않아서 기업분위기가 늘 훈훈한 봄바람으로 가득차고 종업원들이 사기충천하는 것이다. 이렇게 用의 별은 天下의 好人(호인)으로서 만인의 사랑·인기·호응을 독차지하는 최고의 별인 것이다.

〈表 3-41〉 體用의 性情比較

體	體星	主體	君王	王蜂	旺盛	君臨	대립/약탈/살생/전쟁
用	用星	作用	臣下	일벌	虛弱	忠誠	인정/인심/사랑/자비 지성/진실/덕망

만물을 창조하는 천지운기와 천지오행은 陰生陽(음생양)과 陽生陰(양생음)의 大道인 것이다. 金水는 陰이고 木火는 陽인데 金은 어린 少陰이나 水는 성숙한 太陰이고 木은 어린 少陽이나 火는 무르익은 太陽이다. 아동은 아동끼리 사랑하고 의지하듯이 성인은 성인끼리 사랑하고 의지하는 것이다.

그래서 소음(金)과 소양(木)이 서로 상생하고 태음(水)과 태양(火)이 서로 상생하는 것이다. 상생이란 서로 살피고 도와주며 의지

하고 사랑하며 상부상조하는 한쌍의 부부로서 천생연분이고 불가분
의 관계를 의미하는 것이다.

　지금까지 대부분의 四柱看命(사주간명)·易占術(역점술)·作名(작
명)·風水(풍수) 등 동양철학의 제분야에서 自然五行(자연오행)의
상생상극원리를 음양의 대도인 것처럼 相剋爲主(상극위주)로 吉凶
을 판단하고 千篇一律的(천편일률적)으로 적용하면서 점을 치고 고
수해온 것이 사실인데 이는 크나큰 잘못인 것이다.

〈表 3-42〉 金木水火 體用의 相生法則

			相 生 法 則	
少陰	西	金	木生金	金生木
少陽	東	木		
太陰	北	水	火生水	水生火
太陽	南	火		

第4章 地藏干의 綜合觀察法

第1節 地藏干의 意義

天干과 天干은 동일한 기운이기 때문에 서로를 對照(대조) 할 수가 있다. 그러나 天干과 地支는 서로가 다른 기운이기 때문에 서로를 대조할 수가 없다. 그래서 地支속에 暗藏(암장)되어 있는 地支藏天干(지지장천간)을 탐색하여 찾는 것이다. 地支藏天干을 줄여서 地藏干(지장간)이라고 부른다. 즉 地支속에서 하늘(天)의 기운(氣)을 찾는 것이다. 그래야만 地支속의 지장간과 천간을 서로 비교할 수 있는 것이다.

예컨대 사람과 사람을 대조하는 것이지 사람과 동물을 대조해 볼 수 없는 것과 같은 이치인 것이다. 즉 나 自身이 日天干(일천간)이므로 地支속에서 天干을 찾아야만 비로소 나(我)와의 時間(시간)·機會(기회)·目的(목적)·場所(장소)·空間(공간)·相對(상대) 등을 찾을 수 있게 되는 것이다.

12地支는 방위·계절을 가리키는 기본지침이다. 그리고 12地支가 생명의 생사와 왕쇠를 구분하는 12운성을 구성한다. 12地支는 그 자체의 구성과 능력이 다양하기 때문에 오행별로 三合과 方合을 형성하는 등 다양한 작용을 할 수 있는 것이다. 이러한 12地支를 구성

하고 있는 오행이 10天干의 어디에 어떻게 배속되는가를 밝혀주는
것이 바로 지장간인 것이다.

12地支는 땅(地)속에 있는 오행의 뿌리(根)로써 10天干으로 地
上에 나타난 오행의 줄기(幹)을 먹이고 살찌우며 부양하는 작용을
한다. 천명사주의 구성은 天干과 地支가 모두 4개씩으로 형성되어
있다. 인간의 天命盤을 企業(기업)에 비유하여 보면 쉽게 이해를 할
수 있을 것이다. 예컨대 天干은 店鋪(점포-shop)이고 地支는 生產
工場(생산공장)인데 각각의 五行들은 기업이 생산한 商品(상품)의
種類(종류)와 品質(품질)을 나타낸다고 할 것이다.

商品價値(상품가치)는 需要(수요)에 의해서 결정되고 需要는 季
節(계절)에 따라서 좌우된다고 할 것이다. 그러므로 木火商品(목화
상품)인 棉花類(면화류)의 솜제품이나 溫風器(온풍기)는 밝고 따뜻
하며 포근하고 화려한 상품이므로 추운 冬節氣(동절기)에 대량수요
가 발생한다. 그러나 金水商品(금수상품)인 얼음이나 扇風機(선풍
기)는 어둡고 차가우며 시원하고 치밀한 상품이므로 무더운 夏節氣
(하절기)에 대량수요가 발생한다.

그러므로 인간의 운명도 出生할 때에 타고난 季節과 商品과의 조
화에 달려있다고 할 것이다. 즉 겨울(冬)태생으로 天干에 木火가 만
발하고 여름(夏)태생으로 천간에 金水가 만발한 천명사주는 商品의
需要가 많아서 평생을 好衣好食(호의호식)하며 잘살게 된다. 그러
나 겨울(冬)태생으로 천간에 金水가 만발하고 여름(夏)태생으로 천
간에 木火가 만발한 천명사주는 商品의 需要가 없기에 평생 가난과
굶주림을 면할 수가 없게 되는 것이다.

그러나 天干의 商品이 운명의 전부일 수는 없는 것이다. 상품에는
반드시 생산공장이 있듯이 천간의 상품을 생산하는 공장이 地下인

地支에 있어야만 하는 것이다. 예컨대 겨울(冬)태생이 천간에 木火
가 만발했다면 地支에도 木火의 공장이 있어야 하는 것이다. 만약에
地支에 木火의 工場이 없다면 천간의 商品은 그것이 전부인지라 한
번 팔리면 더이상 만들어낼 수가 없기 때문에 店鋪(점포)의 문을 닫
아야만 하는 外華內貧格(외화내빈격)이 되는 것이다. 그러나 地支
에 木火의 공장이 있다면 얼마든지 상품을 생산하여 공급함으로써
그는 天下大富(천하대부)를 이룰수가 있는 것이다.

第2節 地藏干構成의 觀察法

三合은 勢力分布(세력분포)이고 方局은 氏族分布(씨족분포)이다.
火의 세력집단은 火를 생산하고 木의 삼합은 木을 동원할 수 있다.
그런데 火가 없이는 火의 집단에 參與(참여)할 수 없고 木이 없이는
木의 집단에 加入(가입)할 자격이 없는 것이 自然律(자연율)이다.
그리고 金의 方局인 씨족집단(申酉戌)은 모두가 金의 자손이므로
모두가 金의 뿌리를 가지고 있듯이, 木의 方局인 씨족집단(寅卯辰)
도 모두가 木의 자손이기 때문에 모두가 木의 뿌리를 가지고 있는
것이다. 따라서 三合과 方局의 五行을 터득하게 되면 누구나 12地
支 속에 숨어있는 天干五行인 地藏干(지장간)을 쉽게 관찰할 수가
있는 것이다.

　이렇게 地藏干을 관찰하는 방법에는 方局觀察法(방국관찰법)·三
合觀察法(삼합관찰법)·戊己土觀察法(무기토관찰법)이 있는데 이에
대해서 구체적으로 살펴보고자 한다.

1. 地藏干의 方局觀察法

12地支의 혈통과 족보를 나타내는 씨족집단을 方局이라고 한다. 방국의 경우를 보면 첫째 寅卯辰의 東方木局은 木氏의 집단이기에 각각 木을 혈통으로 지니고 있고, 둘째 巳午未의 南方火局은 火氏의 집단이기에 각각 火를 혈통으로 보유하고 있으며, 셋째 申酉戌의 西方金局은 金氏의 집단이기에 각각 金을 혈통으로 간직하고 있는 것이며, 넷째 亥子丑의 北方水局은 水氏의 집단이기에 각각 水를 혈통으로 지니고 있는 것이다. 그러나 동일한 씨족간에도 음양의 법칙은 동일하게 작용하는 것이기 때문에 이는 三合의 경우와 같다고 할 수 있는 것이다.

즉 寅申巳亥는 발생하는 長生이기 때문에 陽干이 탄생하는 것이고, 辰戌丑未는 묻히는 무덤의 墓庫이기에 陰干이 묻혀있으며, 子午卯酉는 왕성한 帝旺이기에 陰陽干을 모두 가지고 있는 것이다. 이렇게 하여 寅卯辰木局의 경우에서 장생지인 寅에서는 甲木이 발생하고 왕생지인 卯에는 甲乙木이 모두있으며 묘고인 辰에는 乙木이 묻혀있는 이치인 것이다.

2. 地藏干의 三合觀察法

음양의 조화중에서 가장 대표적인 조화가 바로 오행을 창조하는 三合이다. 三合의 경우를 보면 寅午戌은 火局이니 寅·午·戌에는 반드시 각각에 火가 있고, 申子辰은 水局이니 申·子·辰에도 반드시 각각이 水를 간직하고 있으며, 亥卯未는 木局이니 亥·卯·未에도 반드시 공통적으로 木을 모두 지니고 있고, 巳酉丑은 金局이니 巳·酉·丑

에는 일률적으로 金이 모두 들어있는 것이다.

　五行에는 반드시 음양이 있는데 오행의 음양을 가리는 방법은 12
운성을 바탕으로 한다. 12운성은 삼합에서처럼 寅申巳亥의 長生·子
午卯酉의 帝旺·辰戌丑未의 墓로 나누어진다. 寅午戌삼합의 경우 寅
은 火가 발생하는 장생이고 午는 火가 절정에 이른 제왕이며 戌은
火가 병들어 죽어서 묻히는 墓인 것이다. 그런데 처음 발생하는 長
生은 만물을 창조하는 生氣이고 生氣는 陽에 속하기 때문에 장생은
모두가 陽干을 간직하고 있는 것이고, 帝旺은 독립적이고 조화가 자
유자재롭기 때문에 陰干陽干을 모두 갖추고 있는 것이며, 죽어서 묻
히는 墓는 육신인 물체이고 물체는 陰에 속하기 때문에 墓는 모두가
陰干을 지니는 것이다.

　예컨대 삼합인 寅午戌의 火局에서는 寅은 장생이므로 陽火인 丙
火가 발생하고 午는 제왕이니 陰陽干인 丙丁火를 모두 가지고 있으
며 戌은 墓이기 때문에 陰火인 丁火가 각각 묻혀 있는 것이다. 즉 三
合의 始作이고 오행의 발생인 장생은 모두가 陽干을 지니고 있고,
三合의 終末이고 오행의 무덤인 墓에는 모두가 陰干이 묻혀 있으며,
三合의 천하제왕은 조화의 조건인 陰陽干을 모두 간직하고 있는 것
이다. 즉 삼합을 중심으로 해서 地藏干을 살필 수가 있는 것이다.

〈表 3-43〉 方局別 地藏干體系

方局			生(長生)		旺(帝旺)		墓	
			地支	地藏干陽干	地支	地藏干陰陽干	地支	地藏干陰干
寅卯辰	동방	木局	寅	甲	卯	甲乙	辰	乙
巳午未	남방	火局	巳	丙	午	丙丁	未	丁
申酉戌	서방	金局	申	庚	酉	庚辛	戌	辛
亥子丑	북방	水局	亥	壬	子	壬癸	丑	癸

1) 寅午戌三合의 地藏干觀察

寅午戌三合 火局의 경우를 보면 寅은 火의 모체로서 최초로 火를 발생시켜 탄생시킨다. 그러나 火를 탄생시킬려고 하면 자궁이 있어야 하기에 자궁인 戊土가 맨먼저 등장한다. 이러한 戊土에서 丙火가 탄생하면 이 어린아이를 기를 乳母(유모)를 들이대는데 火에게 젖을 먹이고 살찌우는 것은 木뿐이므로 甲木이 유모로 배치된 것이다.

丙火는 戊의 자궁에서 태어나서 甲木의 젖을 먹고 씩씩하게 자라 유모로부터 독립하는데 이렇게 독립하여 순수하게 성숙한 火가 午이다. 午는 제왕의 火로서 군림을 하고 이러한 전성기가 지난 火가 병들어 묻히는 땅이 바로 戌이다. 戌은 火의 무덤이기에 土가 있고 火의 시체인 陰의 丁火가 묻혀있는 것이다.

2) 亥卯未三合의 地藏干觀察

亥卯未三合의 木局을 보면 亥는 木의 발생처이므로 자궁인 戊土가 있다. 이러한 戊土에서 甲木이 탄생하는데 어린 甲木을 기를 유모인 壬水가 대기하고 있다. 亥에서 자라난 木은 나날이 성장하고 성숙하여 마침내 卯에서 독립하고 군왕으로서 군림한다. 세월이 흘러 늙고 병들어 죽으면 未에서 묻히니 未에는 乙木이라는 생물의 시체가 있고 뜨거운 불덩이인 丁火가 타고 있다. 이렇게 조물주가 중생의 무덤을 화장터인 未土에 장만해준 것 같다.

3) 申子辰三合의 地藏干觀察

申子辰三合의 水局을 보면 申은 水의 산모이자 발생처이므로 자궁인 戊土를 지니고서 그곳에서 壬水를 탄생하며 壬水를 기를 유모로서 庚金을 대기시켜 놓고 있다. 庚金의 젖을 먹고자란 水는 무르익은 子에서 샘터인 申을 떠나 독립하고 군왕이 되어서 자유로이 瀑布水(폭포수)처럼 흐른다. 그리고는 늙고 병들어 기진맥진하면 水의 무덤인 辰에서 묻힌다.

4) 巳酉丑三合의 地藏干觀察

巳酉丑三合의 金局을 보면 巳는 오곡백과인 金을 처음으로 탄생시키는 열매의 모체이다. 장생의 발생처이므로 자궁인 戊土를 지니고서 庚金이라는 열매를 탄생시키면 이를 기르고 여물게하는 유모인 태양의 丙火를 대기시켜놓고 있는 것이다. 이렇게 하여 열매인 金이 여물어 성숙하는 酉에서는 산모인 巳火와 유모인 丙火곁을 떠나서 황금의 오곡백과를 과시하는 군왕으로서 군림하는 것이다. 그리고는 겨울내내 사람의 식용으로 소비되면서 겨울이 저무는 金의 무덤인 丑에서 묻히여 자취를 감추는 것이다.

金이 쇳덩이라면 이러한 무쇳덩이를 녹여서 철강으로 만드는 가마솥은 巳이다. 여기서 巳는 장생처로서 자궁인 戊土를 지니고 있으니 가마솥은 巳이고 쇳덩이는 庚金이며 용광로의 불덩이는 丙火이고 사용되던 金이 늙고 병들어서 폐물로 묻히는 무덤이 바로 丑인 것이다.

3. 地藏干의 戊己土觀察法

모든 만물은 太極인 땅(地)과 子宮에서 발생하여 태어나고(長生) 왕성(帝旺)하게 성장한 후에 죽어서 묻히(墓)는 그곳이 土이다. 土는 陽의 戊土와 陰의 己土가 있는데 陽土는 陽氣를 간직하고 있고 陰土에는 陰氣가 묻혀 있는 것이다. 그래서 長生은 어머니의 자궁(土)속에서 탄생하는 과정으로 양기가 발생되는 곳이기에 그 모체인 자궁의 땅은 당연히 양기를 간직한 戊土여야 하므로 寅申巳亥는 각각 戊土를 간직하고 있는데 유독 申만은 陰土인 己土를 하나 더 가지고 있다.

한편 墓는 음기가 묻혀 있는 곳이나 무덤은 음양에 따라서 戊土와 己土로 나뉘어지니 墓의 辰戌丑未중에서 辰戌은 陽土이기에 戊土로 구성되고 丑未는 陰土이기에 己土로 구성되는 것이다. 그러나 子午卯酉의 帝旺은 어머니의 자궁을 떠났으니 흙과는 인연이 없듯이 흙(土)이라고는 한점도 없다. 그러나 天干 丙火는 태양이고 태양에는 黑點(흑점)이 존재하므로 제왕인 午에는 陰土인 己土가 간직되어 있는 것이 특징이다.

第3節 餘氣·正氣·中氣의 形成法則

寅申巳亥의 장생은 이제 막 태어나는 아기별이기 때문에 반드시 산모의 자궁인 戊土를 배치하면서 아기를 키울 수 있는 유모별을 배치한다. 一年을 다스리는 歲君(세군)은 아버지(父)이고 12개로 나누어진 달(月)은 어머니(母)이다.

맨처음 만물을 생산하는 것이 初氣의 餘氣五行(여기오행)이고 중
간에 생산하는 것이 中氣十干(중기십간)이며 마지막으로 생산을 담
당하는 아내가 바로 正氣地藏干(정기지장간)인 것이다.

그리고 四生地(사생지)인 寅申巳亥(인신사해)에서는 長生이 붙
고, 四敗地(사패지)인 子午卯酉(자오묘유)에서 午외에는 餘氣正氣
만 있고 中氣가 없으며, 四庫地(사고지)인 辰戌丑未(진술축미)에는
中氣가 3일뿐인데 이들을 정리해 보면 다음과 같다.

〈表 3-44〉地藏干形成法則

四生地	寅申巳亥	長生이 붙음
四敗地	子午卯酉	午외에는 中氣가 없음
四庫地	辰戌丑未	中氣가 3일뿐임

1. 正氣와 餘氣形成의 法則

正氣(정기)의 지장간은 本氣로서 건록의 오행이기 때문에 힘이
넘치고 왕성한 기운이다. 그래서 正氣의 지장간은 생산기간이 길고
많을뿐만이 아니라 자기분량을 완수하고도 힘이 남아서 다음달까지
넘어서 계속 생산을 하는 것이다. 이같이 移越(이월)된 正氣의 작용
이 바로 餘氣(여기), 즉 初氣의 지장간이므로 이달의 正氣와 다음달
餘氣의 지장간이 똑같은 것이다. 이렇게 初氣는 먼저달 正氣의 餘分
이기 때문에 이를 餘氣라고 부르는 것이다.

2. 中氣形成의 法則

① 申子辰三合은 水局인데 가운데 글자인 子水의 속에는 壬癸가 암장되어 있다. 그래서 三合 첫글자인 申속에는 餘氣인 壬水가 들어가고, 끝글자인 辰속에는 正氣인 癸水가 들어가는 것이다.

② 寅午戌三合은 火局인데 가운데 글자인 午火의 속에는 丙己丁이 암장되어 있다. 그래서 三合 첫글자인 寅속에는 餘氣인 丙火가 들어가고, 끝글자인 戌속에는 正氣인 丁火가 들어가는 것이다.

③ 亥卯未三合은 木局인데 가운데 글자인 卯木의 속에는 甲乙이 암장되어 있다. 그래서 三合 첫글자인 亥속에는 餘氣인 甲木이 들어가고, 未속에는 正氣인 乙木이 들어가는 것이다.

④ 巳酉丑三合은 金局인데 가운데 글자인 酉金의 속에는 庚辛이 암장되어 있다. 그래서 三合 첫글자인 巳속에는 餘氣인 庚金이 들어가고, 끝글자인 丑속에는 正氣인 辛金이 들어가는 것이다.

⑤ 그리고 丑의 地藏干은 癸(9)辛(3)己(18)인데, 餘氣로 다음 順인 戊 대신 己가 온다. 그 이유는 丑이 陰이기 때문에 陽土인 戊 대신에 陰土인 己가 온 것이다. 즉 陰中에는 陽이 있고 陽中에는 陰이 있기 때문에 그러한 것이다.

⑥ 이제 막 태어난 長生의 中氣와 늙고 병들어 무덤에 갇힌 墓의 中氣는 큰힘을 나타낼수가 없는데 가장 허약한 것은 늙어빠진 墓의 中氣이다. 그래서 墓의 中氣는 고작 3일 뿐이고 長生의 中氣는 5~7일간의 생산능력을 가질뿐이다.

第4節 地藏干의 力量과 早見表

1. 地藏干 探索理由와 力量

天命四柱分析(천명사주분석)에서 지장간을 찾는 이유는 나자신인 日干은 하늘(天)이므로 地支속에서 하늘(天干)을 찾는 이치인 것이다. 예컨대 나자신은 天干이므로 地支속에서 天干을 찾아야만 비로소 나와의 時間·機會·目的·空間·場所·相對 등을 찾을 수가 있는 것이다.

예컨대 巳火의 地藏干은 戊庚丙(무경병)이다. 이를 月運·年運·大運으로 나누어서 그 역량을 비교하여 보면 다음과 같다. 즉 아래의 표에서와 같이 그 기간에 해당되는 天干의 기운이 가장 왕성하게 활동하므로 日干과 用神과 그 기간동안의 天干을 잘 대조해야만 한다.

〈表 3-45〉 巳中地藏干 戊庚丙의 陰陽力量과 期間算法

巳火	支藏干氣運	力 量	
		算 法	期 間
月運	戊의 氣運	餘 氣	9日間
	庚의 氣運	中 氣	5 〃
	丙의 氣運	正 氣	16 〃
年運	戊의 氣運	360日 × 9/30	108〃
	庚의 氣運	360日 × 5/30	60 〃
	丙의 氣運	360日 ×16/30	192〃
大運	戊의 氣運	60個月 ×9/30	18個月間
	庚의 氣運	60個月 ×5/30	10 〃
	丙의 氣運	60個月 ×16/30	32 〃

2. 地藏干의 綜合早見表

① 예컨대 月運에서 地支가 巳火라고 할 경우에 巳火의 地藏干은 戊
9일·庚5일·丙16일의 30일로 구성이 된다.

② 그리고 年運에서는 1년은 12개월이고 360일이 된다. 그러므로
戊의 氣運은 360×9/30＝108일이 되는 것이고, 庚의 氣運은
360×5/30＝60일이 되며, 丙의 氣運은 360×16/30＝192일이
되는 것이다.

③ 또한 大運에서는 5년의 60개월을 기준으로 한다. 그러므로 대
운에서 戊의 기운은 60×9/30＝18개월이 되고, 庚의 기운은 60
×5/30＝10개월이 되며, 丙의 기운은 60×16/30＝32개월이 되
는 것이다. 즉 그 기간에 해당되는 天干의 기운이 가장 왕성하게
활동하므로 日干과 用神과 그 기간동안에 해당되는 大運의 天干
과를 잘 대조를 해야만 하는 것이다.

④ 1년은 양력으로 365일이지만 陰曆은 원칙적으로 354일을 기준으
로 한다. 그러나 윤달이 있을 경우에는 384일을 기준으로 하지만
地藏干을 살필 경우에는 1년을 360일을 기준으로 하는 것이다.

350 第3編 天干地支의 思惟體系

〈表 3-46〉地藏干의 綜合早見表

12地支			子	丑	寅	卯	辰	巳	午	未	申	酉	戌	亥
生·旺·墓			旺	墓	生	旺	墓	生	旺	墓	生	旺	墓	生
地藏干	陰陽干		陰陽	陰-	-陽	陰陽	陰-	-陽	陰陽	陰-	-陽	陰陽	陰-	-陽
	餘氣 산모	干	壬	癸	戊	甲	乙	戊	丙	丁	己	庚	辛	戊
		日數	10	9	7	10	9	9	10	9	7	10	9	7
	中氣 아기	干	-	辛	丙	-	癸	庚	己	乙	戊/壬	-	丁	甲
		日數	-	3	7	-	3	5	9	3	3/3	-	3	5
	正氣 유모	干	癸	己	甲	乙	戊	丙	丁	己	庚	辛	戊	壬
		日數	20	18	16	20	16	16	11	18	17	20	16	16
質量	一月	合數	30	30	30	30	28	30	30	30	30	30	28	30

〈表 3-47〉地藏干配屬의 12命盤

巳	餘氣 戊 9	午	餘氣 丙 10	未	餘氣 丁 9	申	餘氣 己 7				
	中氣 庚 5		中氣 己 9		中氣 乙 3		中氣 戊 3 / 壬 3				
	正氣 丙 16		正氣 丁 11		正氣 己 18		正氣 庚 17				
辰	餘氣 乙 9					酉	餘氣 庚 10				
	中氣 癸 3						中氣 - -				
	正氣 戊 16						正氣 辛 20				
卯	餘氣 甲 10					戌	餘氣 辛 9				
	中氣 - -						中氣 丁 3				
	正氣 乙 20						正氣 戊 16				
寅	餘氣 戊 7	丑	餘氣 癸 9	子	餘氣 壬 10	亥	餘氣 戊 7				
	中氣 丙 7		中氣 辛 3		中氣 - -		中氣 甲 5				
	正氣 甲 16		正氣 己 18		正氣 癸 20		正氣 壬 16				

노병한 교수의 天文地理人事學시리즈

古典 風水學 原論

청오경, 금낭경, 장서문대, 발미론, 산능의장 외 12종
　고전풍수론 총망라—주역설괘전/천옥경/의룡경/도장12법/장법도장/론양댁천원가/지리변혹/지리10불장/풍수100문/평사옥척변위/감룡경/정약용자찬묘지명/설심부 등이 수록되어 있다.

古典 四柱命理學 通論

　〈고전사주명리학통론〉은 사주명리 분야 연구자들을 위해 고전부터 근대이론까지 반드시 읽어야 할 양서와 정통이론만 엄선해 원문을 그대로 실어 편찬했다. 사주명리학의 연원과 개관 및 사주명리학자들을 시대별로 정리한 1장부터 운명개선원리학을 주제로 개선명운이론 · 개조명운원리 등 10장으로 구성되어 있다.

막히고 닫힌 운을 여는 기술

　막히고 닫힌 운(運)을 열리게 하는 개운(開運)의 방법을 이해하고 터득하면 누구나 자신이 소원하는 바를 얻을 수 있다.
　이러한 점이 바로 자연 속에 감춰진 비밀의 문을 들어간 방위학술이 갖는 불가사의함이다. 믿고 따르는 자는 소원을 이룰 것이나 그렇지 않으면 주어진 운명대로 살아갈 수 밖에 없음이 운명이다.

기도발이 센 기도명당 50선

　기도발이란 시간 · 공간 · 인간의 삼위일체가 관건!
　기도발의 3대 결정 요인은 누가 · 언제 · 어디서 기도를 할 것인가 이다.
　첫째로 기도하는 주체가 본인인 경우와 가족이나 성직자 등의 대리인이 하는 경우 그 기도발의 차이는 상당하다.
　둘째는 기감(氣感)이 좋고 신명(神明)의 감응이 좋은 날짜와 시간 선택에 따라 기도발의 차이가 엄청나다.
　셋째로 기도하는 장소가 어디냐에 달려있다.
　신명의 감응이 높고 빠르며 좋은 장소에서 하는 기도는 그 기도발이 매우 빠르고 크게 나타난다.
　전국에 산재한 분야별 기도명당들을 소개한다.

집터와 출입문 풍수

이 책에서는 풍수지리서의 고전에서부터 출발하여 선지식들과 선대들에 의해 실지경험들을 토대로 비전(秘傳)되어 오던 풍수비록들 중에 필전되어져야 할 내용들 중에서 「집터와 출입문풍수」에 국한해서 구성했다.

이 책에서 밝힌 풍수비결들은 천지신명이 제시한 신비로운 이치로서 이를 숙독하여 각 집터와 주택에 적용하면 가족들의 건강 · 부귀 · 화목 · 발전 · 장수를 도모할 수 있을 것이다.

주택풍수학 통론

인간이 살아가는 터전인 공간을 선택할 권리는 스스로에게 주어져 있다. 이렇게 삶의 터전인 공간의 선택문제가 바로 주거공간으로서의 주택이고, 활동공간으로서 사무실, 공장, 점포 등이다. 이 책에서 다루고자 하는 주택풍수학의 공간의 내용은 주거공간에 중점을 둔 주택풍수 뿐만 아니라, 활동공간인 사무실, 공장, 점포, 상가건물 등에도 폭 넓게 적용되는 이론이다.

독자들의 입에서 입으로 더 알려진 책!
역학계의 현역 전문가들이 극찬하고 먼저 선택한 책!
김 용 연 선생의 명저

神算六爻
이것이 귀신도 곡하는 점술이다
- 입문에서 완성까지 -

所願하고 希望하는 事案의 成事와 成敗여부를 측정하고 판단함에
이보다 신통할 순 없다.

어렵다고 하는 육효 — 일찍이 이렇게 명쾌한 논리로 알기쉽게 쓰여진 책은 없었다. 입문에서 완성까지 3개월이면 끝낸다.

수 천년 전부터 전해오는 전통육효에다 30여년이 넘는 저자의 연구와 경험을 더해 만들어 졌다. 풍부한 예문과 쉽고도 명쾌한 설명은 다른 어떤 육효 책에서도 볼 수 없는 이 책만의 자랑으로 초보자도 쉽게 배울 수 있도록 엮었다.

혼자서도 차분하게 읽어 나가다 보면 어느새 본인은 물론 주변 사람들의 미래사에 대해 정확한 답을 얻을 수 있는 경지에 오른 훌륭한 점술가가 되어 있는 자신을 발견할 수 있을 것이다.